Entwicklungen im Web 2.0

SPRACHE · MEDIEN · INNOVATIONEN

Herausgegeben von Jens Runkehl, Peter Schlobinski und Torsten Siever

Band 3

PETER LANG

Frankfurt am Main · Berlin · Bern · Bruxelles · New York · Oxford · Wien

Torsten Siever / Peter Schlobinski (Hrsg.)

Entwicklungen im Web 2.0

Ergebnisse des III. Workshops
zur linguistischen Internetforschung

PETER LANG
Internationaler Verlag der Wissenschaften

Bibliografische Information der Deutschen Nationalbibliothek
Die Deutsche Nationalbibliothek verzeichnet diese Publikation
in der Deutschen Nationalbibliografie; detaillierte bibliografische
Daten sind im Internet über http://dnb.d-nb.de abrufbar.

Umschlaggestaltung:
© Olaf Glöckler, Atelier Platen, Friedberg

Gedruckt auf alterungsbeständigem,
säurefreiem Papier.

ISSN 2190-6386
ISBN 978-3-631-60530-1
© Peter Lang GmbH
Internationaler Verlag der Wissenschaften
Frankfurt am Main 2012
Alle Rechte vorbehalten.

www.peterlang.de

Einleitung

Es ist keine 20 Jahre her, dass das World Wide Web seine populäre Entwicklung begonnen hat – mit unvorhersehbaren Konsequenzen für sich selbst und die Medienlandschaft im Allgemeinen. Inzwischen nimmt die Zukunft der durch das Internet grundlegend beeinflussten Medien- und Kommunikationslandschaft allerdings Gestalt an; sie beginnt sich an Plakaten zu offenbaren, auf denen dafür geworben wird, dass sich Plakate nicht nur mobil buchen, sondern via Smartphone auch (und mit einem QR-Code (s. Netlink 693) versehen) gestalten lassen. Sie zeigt sich bei Arbeitnehmern, die ihr Büro dank Mobiltelefon und Surfstick (mit Internet-Flatrate) ins Café und in die Bahn verlegen und sicherlich auch an Konzepten wie der *Cloud*, in der sich inzwischen zahlreiche Anwendungen finden und die zunehmend von Privatpersonen und Unternehmen genutzt wird. Kaum ausgerufen, hat sich die Informationsgesellschaft zu einer Wissens- und Netzwerkgesellschaft verändert, die ohne Partizipation oder – schlagwortartiger formuliert – ohne die Entwicklung des *Web 2.0* (auch *Social Web* genannt) gar nicht denkbar wäre. Und der Fortschritt ist nicht auf den technischen Bereich beschränkt. Die Veränderungen ziehen sich durch sämtliche gesellschaftliche Segmente, ob in der Wirtschaft, Kultur oder Politik. In der Kunst (Ausstellungen im Netz, professionelle Fotocommunitys), der Literatur und sogar in der Politik verändert sich die Darstellungs- und Kommunikationsweise. Im politischen Bereich wird »das Web« durch twitternde Politiker informiert (oder umgekehrt) und mit Beteiligungsplattformen wie Adhocracy (http://adhocracy.de/) wird versucht, demokratische Strukturen zu erweitern bzw. die Demokratie »flüssiger«, transparenter und flexibler zu gestalten. Die Gesellschaft erschließt in und mit der Cloud einen neuen, weiteren Lebensraum.

Was an Kontur gewonnen hat, ist durch Faktoren wie Echtzeit und Vernetzung gekennzeichnet und gilt für sämtliche modernen Gesellschaften – weltweit. Mit zunehmender Geschwindigkeit beeinflussen die Teilhabenden ihre Strukturen und diese wirken wieder zurück auf die Gesellschaft. Als Folge beobachten wir eine sich verändernde Arbeitswelt, ein verändertes Freizeitverhalten, andere Entscheidungsprozesse, neue Definitionen wie die von Freunden und Beziehung oder eine ungekannte Transparenz (etwa beim Sport durch Plattformen wie http://www.runtastic.com/) etc.

Die Kommunikationsformen des Internets bieten Möglichkeiten und Einschränkungen, die auch auf die sprachlichen Handlungen der Nutzer einwirken. Wer im (oder zumindest mit dem) Web 2.0 bestehen möchte, muss sich sprachlich anpassen: Dies gilt für die die Sprache prägenden Rahmenbedingungen wie Zeichenbegrenzungen ebenso wie für die Sprachhandelnden selbst, die sich der Kommunikationsformen auf ihre Weise bedienen. Die hier versammelten Beiträge bieten Einblicke in die genannten Veränderungen. Sie gehen auf Präsentationen während des III. hannoverschen Workshops zur linguistischen Internetforschung im März 2010 zurück und bilden gemeinsam einen Beitrag zur sich konstituierenden Medienlinguistik im Sinne einer Perspektive auf Medien mit linguistischen Mitteln. Gegenstand sind sowohl konkrete Kommunikationsformen wie Facebook, Microblogs, Communitys für Fotos und Literatur und maschinendeterminierte Dialoge sowie übergreifende Themen wie Partizipation, Interaktivität, Multimodalität, Hybridität, Mehrsprachigkeit und Code-Switching.

Um die Lesefreundlichkeit zu erhöhen, wurde darauf verzichtet, die für Belege zum Teil ausufernden Internetadressen in Gänze in den Fließtext zu integrieren. Stattdessen werden sie neben der Nennung der Domain mit einer Verweisziffer (*Netlink*) versehen. Die Ziffer dient als Schlüsselwert, durch dessen Eingabe unter http://www.mediensprache.net/netlink/ die gewünschte Internetseite aufgerufen wird, ohne dass die vollständige Adresse eingegeben werden muss.

Hannover, im April 2012

Inhaltsverzeichnis

Jens Runkehl (Darmstadt)

1 Vom Web 1.0 zum Web 2.0

Der Begriff ›Web 2.0‹[1] hat als Schlagwort eine beachtliche Breitenwirkung entfaltet, indem das dahinterstehende Konzept mittlerweile auch Eingang von der digitalen in die analoge Welt gefunden hat. So findet sich neben der ›Computer-Maus 2.0‹ ebenso das ›Büro 2.0‹ oder der ›Schülerstreich 2.0‹. Als Schlagwort symbolisiert er Partizipation und Vernetzung der sozialen handelnden Akteure im digitalen Raum. Da beide Elemente jedoch auch schon Bestandteil des ›Web 1.0‹ waren[2], ist nach der besonderen, im engeren Sinne ›neuen‹ Qualität dieses Terminus zu fragen. Eine Klärung des Begriffs wird zusätzlich erschwert, wenn das Konzept von Web 2.0 unterschiedlich interpretiert wird. Mal werden Begriffe wie *Web 2.0* und *Social Web* synonym gebraucht (Stanoevska-Slabeva 2008: 16), an anderer Stelle wird ihnen eine jeweils unterschiedliche Qualität zugesprochen (Ebersbach/Glaser/Heigel 2008: 23ff.).

Wie immer man eine Klassifikation im Einzelnen vornimmt, und welche Wertigkeit man den einzelnen Bestandteilen beimisst, muss eins klar festgestellt werden: Web 2.0 ist nicht nur eine weitere technische Neuerung unter vielen. Der Begriff stellt ein Sammelbecken verschiedener Dienste bereit, welcher die gesellschaftliche, wirtschaftliche und politische Realität nachhaltig beeinflussen kann, oder auch schon verändert hat[3].

Betroffen sind dabei alle Bereiche des gesellschaftlichen Lebens gleichermaßen: Ob nun in der persönlichen, ökonomischen oder politischen Kommunikationslandschaft. Überall scheint das Gewicht von Partizipation und

---

1 Zur Entstehung des Begriffs beispielsweise Huber 2008: 13. Unter verschiedenen Gesichtspunkten einführend: Zeger (2009), Zerfaß/Welker/Schmidt (2008a+b), Huber (2008), Meckel/Stanoevska-Slabeva (2008), Gehrke (2007)

2 Teilhabe am Netz 1.0 drückt sich durch Bereitstellung oder Download von Informationen aus, während Vernetzung wesentlich durch die kommunikativen Dienste Chat und Mail geprägt sind.

3 So etwa im US-amerikanischen Wahlkampf von Barack Obama 2008, in der Veröffentlichung diplomatischer US-Berichte durch WikiLeaks 2010, oder der Plagiatsaffäre um die Dissertation von Karl-Theodor zu Guttenberg 2011.

Vernetzung – nach dem Web 1.0 – eine weitere, zusätzliche Qualität bekommen zu haben. Diese neue Qualität wird dabei durch ein weiteres Medium befördert: Durch die Übertragung der kommunikativen Möglichkeiten in die Welt der mobilen Kommunikation[4] ist dies automatisch mit in den Blick zu nehmen. Während die SMS anfänglich auf den Verbreitungsweg des Handys beschränkt war, interagieren Soziale Netzwerke oder Twitter mühelos über Smartphones oder Tablet-PCs.

1.1 Technisch-soziale Konzepte von Web 2.0

Zu den zentralen qualitativen Änderungen des Web 2.0 im Gegensatz zum Web 1.0 zählt eine veränderte Distribution von Informationen bei gleichzeitig erhöhter Diffusion im Hinblick auf die Vernetzung von Informationen (vgl. Tab. 1-1). Der Aspekt der *Distribution* meint dabei im Web 1.0 im Wesentlichen die Speicherung von Daten auf eigenen Servern[5]. Hierbei hat der Anbieter

Inhalt	Web 1.0	Web 2.0
Individuelle Webpräsenz	Eigene Homepage	Facebook, Google+
Datenverarbeitung	Eigener FTP-Server	Flickr, Youtube
Enzyklopädien	Encyclopädia Britannica	Wikipedia
Werbung	DoubleClick	Google AdSense

Tab. 1-1: Web 1.0 vs. Web 2.0 an exemplarischen Beispielen.

die volle Kontrolle darüber, wer was sehen, bzw. herunterladen oder editieren kann[6]. Darüber entscheidet sich auch, ob und wie Informationen untereinander vernetzbar sind. Im Web 2 hingegen wird die Verteilung von Informationen von externen Anbietern (YouTube, Flickr, Wikipedia, Google) übernommen. Dabei werden i.d.R. *alle* Informationen *allen* Nutzern zur Verfügung gestellt, sofern keine rechtlichen bzw. individuellen Beschränkungen[7] dem entgegenstehen. Vorgesehen ist hier zudem der kommunikative Eingriff durch Dritte (Kommentierung) an diesen Informationen, wie auch deren Implementierung auf Angeboten Dritter (z.B. YouTube-Videos auf Blog-Seiten).

---

4   Döring (i.V.), Frehner (2008), Höflich/Hartmann (2006).
5   Z.B. Bilder/Filme auf dem eigenen FTP-Server, was wiederum erfordert zusätzliche technische Kompetenzen.
6   Dieser Aspekt ist prinzipiell auch in Web-2-Angeboten (Facebook) gegeben. Doch gerade hier ist vor dem Hintergrund der Datensicherheit immer wieder die Schwierigkeit moniert worden, wie undurchsichtig diese Einstellung von Anbietern eingerichtet, und von Nutzern verändert werden können.
7   Z.B. Urheberrechtschutzverletzungen.

Die erhöhte *Diffusion* hebt auf die erhöhte Dynamik der Vernetzung ab. Die Veränderung weg von statischen (Homepage) hin zu dynamischen Informationssystemen (Facebook-Konto) ermöglicht eine ungleich höhere Durchdringung von Texten auf einem Informationsangebot durch Dritte. Der Unterschied zeigt sich an den genannten Beispielen ganz deutlich. Die klassische Homepage im ›1.0‹-Verständnis diente als Plattform zentral dem Identitätsmanagement insbesondere durch Aufbau und Pflege eines (positiven) Image, und wurde – der Logik folgend – nur vom Betreiber selbst mit Inhalten befüllt. Da die dortigen Informationen nicht weiter kommentierbar sind, wird hier die Idealisierung der eigenen Darstellung begünstigt. Ein Nutzer-Account bei Facebook dient dagegen zwar auch dem Identitätsmanagement, gleichzeitig tritt als weiterer relevanter Faktor das Beziehungsmanagement hinzu. Diese Verschränkung einer Interaktionsmöglichkeit durch Dritte unterwirft den Einzelnen dann weniger der Imagearbeit, als vielmehr einem ›Authentizitätsmanagement‹. Der Grad der individuellen Vernetzung (Anzahl der Freunde) wird zusätzlicher Ausdruck der eigenen Glaubwürdigkeit[8].

1.1.1 Kategorien für Web 2.0

Im Web 2.0 gibt es eine Fülle von Anwendungen zu jedem kommunikativen Bereich[9]. Und vielfach erfüllen die verschiedenen Dienste unterschiedliche Aufgaben. So werden bei Wikipedia nicht nur Informationen bereit gestellt, sondern auch Diskussionen über Qualität und Sinnhaftigkeit von Informationen geführt. Und neben klaren Merkmals- bzw. Aufgabenkategorien sind auch Schnittmengen zwischen verschiedenen Angeboten zu erkennen.

Eine ›lebensnahe‹ Unterscheidung findet sich bei Ebersbach/Glaser/Heigl (2008: 33ff.), die Web-2-Anwendung in ›Plattformen‹ unterteilen, wie sie jedem Nutzer bekannt sein dürften. Dadurch ergeben sich für sie folgende Praktiken:

1. *Wikis*[10] bieten eine öffentliche Editierbarkeit der Inhalte. Die Gesamtdatenbasis liegt in nicht-linearer Form vor[11], während die Ordnung einzelner Beiträge[12] den Nutzern obliegt. Die Vorgehensweise kann als ergebnisori-

---

8   So wird unter Netz-Nutzern kolportiert, dass man mittlerweile gar nicht einmal durch kompromittierende Fotos bei Facebook gesellschaftlichen Schaden nehmen könne, als vielmehr durch vollständige Absenz auf solchen Plattformen.
9   So ist Wikipedia zwar das bekannteste, dennoch aber nur eines von vielen Online-Lexika
10 Vgl. Stegbauer (2009), Pentzold (2007), Jaschniok (2007).
11 Die A-Z-Abfolge eines klassischen Lexikons kann virtuell vorgehalten werden.
12 Meint die Untergliederung von Einzelartikeln bzw. die homogene Unterteilung von Klassen von Beiträgen (z.B. Länder-Artikel).

entiert bezeichnet werden, da die jeweils aktuellste Variante eines Beitrags präsentiert wird. Authentizität wird hier durch objektive nachprüfbare Sachverhalte dokumentiert.

2. *Blogs*[13] stellen Inhalte in chronologisch umgekehrter Reihenfolge dar. Der Kreis der Editoren ist hier begrenzter, wohingegen allen Nutzern eine Kommentarfunktion zur Verfügung steht. Die Texte sind eher kurz und achten auf Aktualität. Authentizität wird durch die (subjektive!) Glaubwürdigkeit des Einzelnen erzielt. Als ein Bog-Derivat, das unter dem Namen ›Micro-Blog‹ firmiert ist der Dienst Twitter[14] zu zählen.

3. *Social Networks* stellen Profilseiten von Einzelpersonen, Gruppen (z.B. Verbände/Parteien) oder auch Unternehmen dar. Hier geht es bei der strukturierten Datenpräsentation wesentlich darum, die Beziehungen zu anderen Menschen darzustellen. Eine authentische Darstellung ist an die intersubjektiven Äußerungen Dritter gebunden[15]. Binnendifferenziert werden können diese Netzwerke, indem Gruppenbildungen stattfinden. So etwa für berufliche oder private Interessen. Gleiche Lebenssituationen (alleinerziehende Mütter), die gleiche Altersstufe (Ü-30), oder ein geteilter geografischer Raum (hessische Bergstraße) können ebenso spezifische Netzwerke etablieren.

4. *Social Sharing* meint die zur-Verfügung-Stellung von Informationsressourcen (Bilder, Filme), wobei diese geordnet und bewertet werden können. Dabei ist auch die Unterteilung in öffentliche und private Bereiche möglich.

5. Es lassen sich weitere Konzepte ausmachen, die »sich keiner konkreten Applikation zuordnen lassen, sondern diese eher übergreifend bedienen oder ergänzen« (Ebersbach/Glaser/Heigl (2008: 125). Hierunter wird das Auszeichnen von Informationen (Tagging) ebenso verstanden, wie auch Newsfeeds (RSS), oder Mashups[16].

Schmidt (2009) gibt demgegenüber eine nachvollziehbare Unterscheidung für Web-2.0-Anwendungen, indem er sie funktional unterteilt in Informations-, Beziehungs- und Identitätsmanagement.

---

13 Schmidt (2006), Zerfaß/Boelter (2005).
14 Simon/Bernhardt (2008).
15 Die kohärente Darstellung eines Sachverhalts verschiedener Editoren über den Eigentümer manifestiert dessen Glaubwürdigkeit.
16 Die Bereitstellung von Informationen aus verschiedenen Ressourcen (z.B. YouTube-Videos auf der eigenen Website).

1. Das *Informationsmanagement* selektiert, filtert, bewertet und verwaltet Informationen. Hierunter fallen Tätigkeiten wie das Taggen, Bewerten oder Abonnieren (z.b. RSS-Feeds) von Information.

2. Das *Beziehungsmanagement* knüpft dagegen neue, bzw. pflegt bestehende Verbindungen. Dies kann sich im Aussprechen von Kontaktgesuchen ebenso niederschlagen, wie im Verlinken von Weblogeinträgen.

3. Das *Identitätsmanagement* wiederum beinhaltet die Funktionen des zugänglich-Machens von Aspekten der eigenen Person. Dies drückt sich im Anlegen einer Profilseite ebenso nieder, wie in der Er- und Bereitstellung eines Podcasts.

Ebersbach/Glaser/Heigl sehen im Identitäts- bzw. Beziehungsmanagement von Schmidt lediglich »zwei Seiten einer Medaille« (ebd. 2008: 33). Statt dessen beobachten sie als drittes relevantes Merkmal die *Kollaboration*. Die Schwierigkeit einer klaren Trennschärfe besteht an dieser Stelle an den nur ungenügend voneinander abgegrenzten Begriffen *Vernetzung, Kollaboration, Kommunikation*. Ja nach Sichtweise gelangt man so zu unterschiedlichen Konzepten bzw. Kategorien.

1.1.2 Vernetzen und (noch nicht) mitmachen

Es gilt als paradigmatisch für die Anwendungen des Web 2.0, dass durch sie zwei Merkmale eine neue Qualität bekommen. Einerseits wird eine Steigerung des Kommunikationsgrades angenommen. Hier geht man davon aus, dass eine rein individuelle und mehrheitlich konsumierende Kommunikation zunehmend durch eine öffentlich vernetzte und mehrheitlich produzierende Kommunikation substituiert wird. Nicht nur das sprachliche Produkt des Einzelnen (E-Mail, Blog- oder Twitter-Beitrag) ist von Interesse, sondern vielmehr das Zusammenspiel mehrerer (Teil)Texte, wie auch die Kontextualisierung und Vernetzung dieser sprachlichen Einheiten Zweitens entwickelt sich der *Mitgestaltungsgrad* von einem rein rezipierendem Nutzer hin zu einem aktiv sich-vernetzendem und produzierendem Kommunikationsteilnehmer. Von Interesse ist also die Vernetzung der Nutzer untereinander, wie auch die Anzahl der tatsächlich aktiven Nutzer.

1.1.2.1 Vernetzung

Es gilt, zwei Formen der Vernetzung zu bedenken: Einerseits vernetzen Nutzer sich untereinander, indem Profile miteinander verkoppelt werden (Selbstvernetzung). Die Größe der ›Freunde‹, oder ›Follower‹ ist nicht zuletzt ein Distinktionsmerkmal, das auch im Sinne der Relevanz der Person im Kosmos der ›digital Natives‹ interpretiert wird. Sie drückt sich u.a. durch die in den Online-Ablegern von Zeitschriften zitierten Daten etwa über die Freunde-Anzahl eines Barack Obamas während dessen Wahlkampf aus. Oder aber in der sehr wirkungsvoll inszenierten Wette, ob eine Privatperson (der Schauspieler Ashton Kutcher) oder ein Vertreter aus dem Bereich der klassischen Massenmedien (der Nachrichtensender CNN) erstmals die Zahl von einer Million Followern auf Twitter generieren kann. Solche Ereignisse gerinnen in der Vorstellungen, dass wer durch Vernetzung nicht (digital) in Erscheinung tritt, real gar nicht existieren kann. Man kann dieses Deutungsmuster als ›kreationistisch‹ abtun, sollte jedoch dennoch folgenden Gedanken nicht vernachlässigen: Diejenigen, die Informationen über Personen suchen (Freunde, Personaler), tun dies zunächst im Netz. Bei dieser Suche werden dann zwei verschiedene Formen von Informationen sichtbar: Solche, die der Einzelne von sich selbst generiert. Aber ebenso solche Informationen treten zutage, die dadurch entstehen, das andere sich mit der gesuchten Person im Netz mit Informationen in Verbindung bringen.

Diese ›Fremdvernetzung‹ ist es denn auch, die zum Ende des Jahres 2010 breite Felder der Diskussion rund um soziale Vernetzung beherrscht: So bot Facebook beispielsweise die Möglichkeit, die eigenen E-Mail-Konten für das Soziale Netzwerk zu öffnen. Dieses suchte daraufhin alle Personen heraus, um mögliche Verbindungen – auch zu Dritten – herzustellen. Durch solche Praktiken geraten auch Menschen in den digitalen Sog von Netzwerken, die mit diesen explizit nichts zu tun haben wollen.

1.1.2.2 Partizipation

Welches Bild ergibt sich, wenn man gegenwärtig vorliegende Untersuchungen und Entwicklungen reflektiert, die sich auf die aktive Teilhabe im Netz 2.0 beziehen? Hier zeigt sich, dass Anwendungen wie Videocommunities, Wiki-Websites oder Weblogs sich einer beachtlichen Benutzungshäufigkeit erfreuen, allerdings legt erst ein binnendifferenzierender Blick die Tatsache frei, dass die reine Benutzung noch keinen Aufschluss auf eine passive (rein rezipierende), bzw. aktive (tatsächlich produzierende) Haltung des Nutzers bietet. Gegenwärtige Untersuchungen belegen, dass rund 2/3 der Nutzer solcher Angebote die tatsächlich passiv ›konsumieren‹; und somit nicht mit eigenen sprachlichen Beiträgen zur Entwicklung dieser Plattformen beitragen.

1.1.3   Potenziale und Risiken

Die grundlegende und nachhaltige Veränderung sozialer Wirklichkeit durch Informationsverbreitung und -partizipation mittels Web-2.0-Anwendungen ist nicht zu leugnen[17]. Hier tritt das gesellschaftspolitische Potenzial deutlich zu Tage. Dennoch darf nicht vergessen werden, dass sich durchaus ›Mythen‹ verbreiten, die eine genauere Beleuchtung verdienen.

Wie schon im Web 1.0 werden Web-2.0-Anwendungen mit dem Begriff der Freiheit in Verbindung gebracht. Sowohl das Individuum, als auch kollektive Interessen sind in der Lage, sich ohne Einschränkungen zu artikulieren und Ideen zu verbreiten[18]. Dem stehen immer wieder Meldungen gegenüber, dass Länder, die sich in politischen Krisen befinden, Instrumente suchen, den Zugang zum Internet zu beschneiden, oder auch ganz zu blockieren. Aber nicht nur totalitäre Systeme versuchen, »Information Empires« (Wu 2010) zu etablieren. Die relevanten Internetplattformen, die zentrale 2.0-Angebote zur Verfügung stellen (Google, Facebook u.a.) sind zunehmend darauf bedacht, ihren Nutzern alle gewünschten Informationen aus einer Hand zu bieten, damit diese die eigene Plattform gar nicht mehr verlassen müssen. »Netzstrategen sprechen von einem ›walled garden‹, einem ummauerten Garten. In Wahrheit ist es eher eine Weide: Die Leute dürfen nach Herzenslust grasen, werden dabei aber regelmäßig gemolken. Computer registrieren bis ins Detail, was immer sie tun. Die Werbewirtschaft zahlt gut für Daten aus derart frei laufender Nutzerhaltung« (Dworschak 2010: 177)[19]. In solchen Momenten zeigt sich auch das handfeste ökonomische Interesse solcher Angebote.

Darüber hinaus wird im Zusammenhang mit Web 2.0 vielfach von der – im positiven Sinne vorhandenen – *Egalität* der handelnden Akteure gesprochen. Wenn alle in einer Gemeinschaft zusammengeschlossen sind, sind damit auch alle gleich. Dem ist entgegenzusetzen, dass eine Plattform wie Wikipedia beispielsweise klare hierarchische Strukturen aufweist, in der Entscheidungsbefugnisse unmißverständlich geregelt sind. Machtstrukturen können sich dann in sogenannten ›Edit-Wars‹ entladen, bei der widerstreitende Positionen nicht zwingend durch Diskurs gelöst werden müssen (vgl. auch Stegbauer 2009: Kap. 8 + 11). Ebenso existieren gruppenspezifische Social-Media-Bereiche, die

---

17   Zu denken ist etwa an die politischen Umbrüche in der arabischen Welt (z.B. Tunesien, Ägypten, Libyen) in 2010/2011.

18   So haben unter http://de.guttenplag.wikia.com/wiki/Plagiate Nutzer Hinweise auf nicht ausgezeichnete Textstellen in der Dissertation von Karl-Theodor zu Guttenberg zusammengetragen.

19   Ob dies Bemühen langfristig ertragreich sein wird, bleibt abzuwarten. Schon AOL versuchte durch eine geschlossene Nutzerplattform Besucher nach Möglichkeit auf dem eigenen Angebot zu halten, was jedoch mißlang.

sich gerade durch ihre Interessens-Distinktion von anderen Gruppen abheben, und sich gerade *nicht* mit ihnen verbunden wissen möchten. Und schließlich darf zum gegenwärtigen Zeitpunkt ebenfalls nicht vergessen werden, dass bestimmte Bevölkerungsgruppen das Web 2 noch gar nicht erreicht haben. Eine weitere Implikatur über das Web 2.0 ist die *Beförderung der Individualität*. Durch die leichte Handhabbarkeit der Anwendungen ist es – so die Theorie – potenziell dem Einzelnen einfacher und umfangreicher möglich, seiner Individualität Ausdruck zu verleihen. Hierzu ist festzustellen, dass bei einigen Plattformen (bspw. Partnerschaftsbörsen) eine ›Identitätsdeterminierung‹ durch die jeweilige Anwendung vorgenommen wird. Somit kann also beispielsweise der eigene Partnerstatus eben nicht frei und kreativ selbst bestimmt bzw. beschrieben werden, sondern wird mittels eines Menüs dem Nutzer angeboten, aus welchem er aussuchen muss, auch wenn er sich dort nicht vollständig wiederfindet. Zu fragen ist in diesem Zusammenhang, ob eine Einrichtung wie der »like-it«-Button bei Facebook nicht eher die Interessen von Kollektiven befördern. Der Bogen kann dabei noch weiter gespannt werden: Auch der Twitter-Dienst wird mittlerweile durchaus als Gradmesser für (nationale/globale) Themen verstanden: Was dort auftaucht, passiert auch tatsächlich in der realen (medialen) Welt, bzw. ist von Interesse – und umgekehrt. Die unterschiedliche Behandlung der Naturkatastrophen in Haiti (Erdbeben) und Pakistan (Überflutung) auf Twitter hat dies eindrucksvoll dokumentiert.

Diese erwähnten vorkonfektionierten Identitätsfragmente auf Partnerschaftsbörsen führen zu einem weiteren vermeintlichem Vorurteil zum Web 2.0. Nämlich dem, dass dieses *nicht-kommerziell* sei. Das vorgefertigte Angebot bei der Selbstbeschreibung dient natürlich auch dem Zweck der besseren Vermarktbarkeit des Nutzerprofils. Nutzer klassifizieren sich selbst und bieten den Plattformanbietern somit Hinweise, wie bestimmte Aspekte einer ökonomischen Vermarktung zugeführt werden können.

Ganz grundsätzlich ist zu konstatieren, dass das Web 2.0 gerade den Gedanken der ökonomischen Verwertbarkeit der Daten in sich trägt – so wie es Google zu einem sehr frühen Zeitpunkt verstanden hat[20]: Es werden Dienste der verschiedensten Art angeboten, die vordergründig kostenlos sind. Sie sind dies jedoch nur im – für den Nutzer – monetären Sinn: Er bezahlt kein Geld für die Nutzung einer Suchmaschine. Die Währung, die dabei den Besitzer wechselt ist die Information. Diese wiederum wird für den Nutzer möglichst so weiterverarbeitet, dass er einen unmittelbaren Nutzen daraus zu ziehen scheinen kann.

---

20   Jarvis (2009), Reischl (2008).

1.1.4   Entwicklungstendenzen?

Wohin bewegt sich die Entwicklung des Web 2.0? Akzeptiert man die Entwicklungslinie von einem Web 1.0 hin zum einem Web X, dann ist zu fragen,
wie sich dies technologisch und – im Hinblick auf die hier verhandelten Fragestellungen – sprachlich niederschlagen könnte. Die prognostizierten technischen Entwicklungen können hierfür einige Indizien liefern.

Betrachtet man die Entwicklungslinie in Abb. 1-1, dann wird mindestens
ein Sachverhalt klar: Künftig soll Technik intelligenter werden, um dem Individuum noch bessere Vernetzungs- und Informationsmöglichkeiten zu bieten.

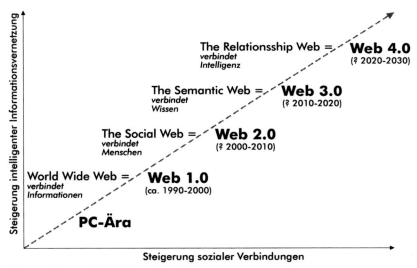

Abb. 1-1: Szenario für die Entwicklung des Internets.

Die Vorstellung, dass ein Web 3.0 *Wissen*, ein Web 4.0 *Intelligenz* verbinden
soll, erlaubt mindestens folgenden, sehr allgemeinen Rückschluss:

1. Zunächst werden weitere Informationen benötigt, damit mehr (valides)
    Wissen vorhanden ist, welches miteinander in Beziehung gesetzt werden
    kann. Diese Informationen werden von den Teilnehmern der Web-Kom-
    munikation selbst bereit gestellt werden. Sei es in Form von individuellen
    Informationen (Social Networks), sei es in Form von kollektivem Wissen
    (Wikis).

2. Diese Fülle von Informationen muss dann automatisch und qualitativ
hochwertig in Beziehung gesetzt werden. Nicht nur das: Künftige infor-
mationsverarbeitende Systeme werden – so die Vorstellung – Vorlieben
und komplexe implizite Vorannahmen ›vorausdenken‹ können[21], um bessere Ergebnisse zu liefern. Da dies ›nur‹ eine technische Hürde ist, dürften
die dafür benötigten Informationssysteme auf absehbare Zeit zur Verfügung stehen.

In der Summe wird sich sowohl der Einzelne, als auch das Kollektiv fragen
lassen müssen, ob es all diese Informationen a) tatsächlich will und b) ob wir
künftig noch in der Lage sein werden, die Menge an Informationen gewinn-
bringend zu verarbeiten. Schon heute deuten Untersuchungen die Überlastung
des Einzelnen durch mediale ›Dauerbeschallung‹ an.

1.2   Sprachliche Konzepte von Web 2.0?

Die Sprachwissenschaft versucht seit dem Ende der 90er Jahre das Phänomen
des veränderten und angepassten Sprachgebrauchs im Netz zu beschreiben.
Die dort gewonnen Erkenntnisse können in verdichteter Form durch zwei zentrale Erkenntnisse beschrieben werden:

1. Es gibt nicht *die* Netzsprache im Sinne einer homogenen Varietät. Dazu
   ist die Bandbreite der kommunikativen Praktiken zu divergent, was sich
   unverkennbar in einem ausgesprochen heterogenen Gebrauch sprachlicher
   Muster/Register niederschlägt. Insofern ist das Reden von einem einheit-
   lichem »Netspeak« (Crystal 2001: insbes. 12-23) eine unzulässige Verall-
   gemeinerung.
2. Die in den einzelnen kommunikativen Praktiken vorfindlichen sprachlichen Muster werden vielmehr gedeutet als »funktionale Schriftsprachva-
   rianten, die sich in Konkurrenz zu Standardisierungs- und Normierungs-
   prozessen ausbilden und die im Hinblick auf die medialen Bedingungen
   und kommunikativen Funktionen optimiert sind« (Schlobinski 2005: 7f.).
   Die Ausdrucksformen von Sprache weiten sich also aus, um den Bedürfnissen der Teilnehmer einer Sprachgemeinschaft unter spezifischen tech-
   nisch-medialen Bedingungen gerecht zu werden.

---

21   So wie beispielsweise Google bei registrierten Nutzern *schon getätigte* Suchanfragen (auch
     von ›Freunden‹ im Netzwerk Google+ nutzt, um für *künftige* Suchanfragen relevantere Er-
     gebnisse präsentieren zu können.

1.2.1   Vorgänger im Web 1.0

Auffällig an frühen Arbeiten zur Internetkommunikation ist, dass sie sprachliche Befunde ganz wesentlich an einem aus der Romanistik stammendem
Konzept abgleichen, die feststellen, dass unter bestimmten Bedingungen »bestimmte geschriebene Texte deutliche Merkmale von Mündlichkeit tragen«
(Koch/Oesterreicher 1985: 15)[22] Die linguistische Forschung zur Internetkommunikation griff und greift nach wie vor auf dieses Modell zurück. Damit
hat es mittlerweile »den Status einer Grundlage, auf die man sich unbesorgt
berufen kann« (Hennig 2001: 219).

Neben diesen weithin sprachsystematisch orientierten Beschreibungen gibt
es ebenso Arbeiten im Bereich des Sprachgebrauchs. Je nach Fragestellung
bieten sich entsprechend unterschiedliche Instrumentarien an. Die Herausforderung besteht dabei darin, dass es meist nicht die eine Systematik oder
Herangehensweise gibt, die zu einer erfolgversprechenden Beschreibung von
sprachlichen Phänomen führt. Hier sollen exemplarisch[23] lediglich drei Beispiele als Anregung genannt werden:

1. Die multimodalen Konfigurationen von Informationen im Netz haben
    es mich sich gebracht, dass insbesondere die *Verschränkung von Text und
    Bild*[24] eine nachhaltige Beschäftigung nach sich gezogen haben. Für das
    Netz sind in diesem Kontext beispielsweise die Arbeiten von Schmitz
    (2003a, 2003b, 2004, 2005, 2006) interessant, die eine qualitative Unter-
    scheidung bei Beschreibung von Text-Bild-Verhältnissen zu beschreiben
    versucht. Zu dem Versuch einer solchen Modellierung ist anzumerken,
    dass es von der sprachwissenschaftlichen Forschung bislang nicht weiter
    aufgegriffen wurde. Ein ähnliche Herangehensweise, allerdings unter
    deutlich geöffneter Perspektive[25] wird unter dem Begriff des Textdesigns
    (Roth/Spitzmüller 2007) behandelt.
2. Die Verschiedenartigkeit der Erscheinungen in ihren genuin sprachlichen
    Ausprägungen, ihre collagenartige Verwendung und Vernetzung auf ver-
    schiedenen Plattformen (Facebook, Blog) hat die *Diskurslinguistik* auf den
    Plan gerufen. Diese versucht, sich »nie auf singuläre Kommunikations-

22 Die wissenschaftstheoretische Herleitung von Koch/Oesterreicher (1985, 1994) wird hier
    nicht gegeben. Exemplarisch am Beispiel E-Mail aus- und weitergearbeitet z.B. in Dür-
    scheid (2000).
23 Das Forschungsfeld hat sich auch hier nahezu unüberschaubar ausdifferenziert. Eine Ge-
    samtschau methodischer Herangehensweisen wie dies Auer (1999) für sprachliche Interak-
    tion geleistet hat, wäre sicher auch für die CvK-Forschung ein wünschenswertes Unterfan-
    gen.
24 Eine grundlegende Auseinandersetzung zum Thema findet sich in Stöckl (2004).
25 Dies meint die Einbeziehung von Modalitäten, die über das Bild hinausreichen.

formen [zu] beziehen, sondern immer auf eine Pluralität von Äußerungen, die dann in ihrer intertextuellen Vernetzung sprachwissenschaftliche Aufmerksamkeit erfahren« (Warnke 2007: 18), zu konzentrieren. Hierfür wurde ein diskurslinguistisches Mehrebenenmodell (DIMEAN) von Warnke/Spitzmüller (2008) vorgeschlagen. Dieses sehr komplex geratene Modell muss jedoch m.E. aus pragmatischen Gründen notwendigerweise für die jeweils einzelne explizite Fragestellung kritisch überprüft und ggf. adaptiert werden. Hierbei können ferner auch Konzepte der Textlinguistik[26] im Allgemeinen und der Intertextualität bzw. Textsortenvernetzung (Janich 2008b) im Besonderen kritisch hinterleuchtet und implementiert werden.

3. Schließlich versucht die *ethnografische Herangehensweise* zu klären, wie sprachliche Äußerungen vor dem Kontext sozialer Herkünfte/Beziehungen zu interpretieren sind. Dies kann exemplarisch anhand von SMS-Kommunikation nachvollzogen werden (Androutsopoulos/Schmidt 2001). Hierbei spielt die teilnehmende Beobachtung als Forschungsinstrument eine zentrale Rolle, um die Begründung von Form und Funktion sprachlicher Strukturen aus dem sozialen Kontext spezifischer Gruppen zu interpretieren. Zu prüfen wäre in diesem Kontext die Einbindung etablierter Konzepte der linguistischen Soziolinguistik[27].

1.2.2 Perspektiven auf die linguistische Web-2-Forschung

Für die sprachwissenschaftlichen Fragen im Web 2.0 gilt zunächst einmal, dass die bereits unter 1.2.1 erprobten Modelle auch für diesen Anwendungsbereich benutzt werden können, was Vergleiche über Web 1.0- und Web 2.0-Applikationen zulässt. Darüber hinaus könnten folgende Aspekte eine verschärfte Aufmerksamkeit verdienen:

1. In der bisherigen CvK-Forschung ist – soweit zu sehen ist – jeweils mit Einzelkorpora an verschiedenen Fragestellungen gearbeitet worden. Hier wäre es denkbar, in Verbundprojekten größere Korpora zu generieren, die dann gemeinsam, aber je nach individuellem Forschungsinteresse, unterschiedlichen Untersuchungsaspekten und -theorien zugeführt werden. Dies würde es erlauben, Einsichten nicht nur aus einer theoretischen Perspektive (z.B. Gebrauch/Veränderung des Sprachsystems) zu erhalten, son-

---

26   Im Überblick: Janich (2008a).
27   Einführend: Löffler (2005), Dittmar (1997).

dern vielmehr auch Verschränkungen (ethnografische vs. textlinguistische Verfahren) sichtbar werden zu lassen.

2. Ferner ist zu prüfen, ob bislang in der CvK-Forschung ›randständige‹ linguistische Grundlagen nicht deutlicher einbezogen werden sollte. Denkbar wäre etwa, ob die in der Pragmatik verorteten Kooperationsprinzipien und Konversationsmaximen von Grice nicht Aufschluss darüber geben könnten, welche (Teil)Texte mit welchen anderen Elementen (und hier wiederum mit welcher Quantität, Qualität etc.) in Verbindung stehen.

3. Vor dem Hintergrund eines immer ›intelligenter‹ werdenden Internets wird sicher mehr und mehr auch die Mensch-Maschine-Interaktion zu berücksichtigen sein. Wenn Maschinen in der Lage sein sollten, menschliche Anfragen ›intelligent‹ zu beantworten, wird die Frage aufgeworfen werden müssen, wie sehr sich die maschinelle Rückkopplung an (welcher Form von) menschlicher Sprache orientiert und wie gut sie dies realisiert.

Aufs Ganze gesehen wird sich die Forschungslandschaft weiter ausdifferenzieren und sicherlich noch stärker als bisher durch Rückgriffe auf benachbarten Disziplinen (z.B. Geschichte, Soziologie, Politologie, Kommunikationswissenschaft u.v.a.m) eigenen theoretischen Fundamente absichern. Gleichzeitig könnte sich Bedeutung eigener Teilbereiche eine neue Wertigkeit erhalten, wenn beispielsweise mittels der Pragmatik Fragen an die kommunikativen Dienste des Web 2.0 gestellt werden.

Im einen wie im anderen Fall ist die Wirklichkeit der wissenschaftlichen Beschreibung mindestens um einen Schritt voraus. Von Vorteil ist es da, Web-2.0-gemäß zu forschen: mitmachen und vernetzen.

Literatur

Alby, Tom (2007). Web 2.0. Konzepte, Anwendungen, Technologien. München Wien.

Androutsopoulos, Jannis und Gurly Schmidt (2001): »SMS-Kommunikation: Ethnografische Gattungsanalyse am Beispiel einer Kleingruppe«. In: Zeitschrift für Angewandte Linguistik 36, S. 49-79.

Auer, Peter (1999). Sprachliche Interaktion. Eine Einführung anhand von 22 Klassikern. In: Konzepte der Sprach- und Literaturwissenschaft. Hgg. v. Peter Eisenberg & Helmuth Kiesel. Tübingen.

Bittner, Johannes (2007). Textdesign in digitalen Medien. Das Beispiel World Wide Web. In: Textdesign und Textwirkung in der massenmedialen Kommunikation. Hgg. v. Kersten Sven Roth & Jürgen Spitzmüller. Konstanz, S. 225-245.

Crystal, David (2001): Language and Internet. Cambridge.

Dittmar, Norbert (1997). Grundlagen der Soziolinguistik – Ein Arbeitsbuch mit Aufgaben. In: Konzepte der Sprach- und Literaturwissenschaft. Hgg. v. Peter Eisenberg und Helmuth Kiesel. Tübingen.

Döring, Nicola (i.V.). Psychologie der Mobilkommunikation. Göttingen.

Dürscheid, Christa (2000). »Rechtschreibung in elektronischen Texten«. In: Muttersprache 1, S. 52-62.

Dworschak, Manfred (2010). »Das Netz im Netz«. In: Der Spiegel 47, S. 176-177.

Ebersbach, Anja, Markus Glaser und Richard Heigl (2008). Social Web. Konstanz. [UTB 3065].

Eimeren, Birgit van und Beate Frees (2009). Der Internetnutzer 2009 – multimedial und total vernetzt? In: Media Perspektiven 7, S. 334-348.

Fisch, Martin und Christoph Gscheidle (2006). Onliner 2006: Zwischen Breitband und Web 2.0 – Ausstattung und Nutzungsmotive. In: Media Perspektiven 8, S. 431-440.

Fisch, Martin und Christoph Gscheidle (2008). Technische Ausstattung der Onliner in Deutschland. In: Media Perspektiven 7, S. 345-349.

Frehner, Carmen (2008). Email – SMS – MMS. The Linguistic Creativity of Asynchronous Discourse in the New Media Age. Bern et al.

Gehrke, Gernot (Hg., 2007). Web 2.0 – Schlagwort oder Megatrend? Fakten, Analysen, Prognosen. In: Schriftenreihe Medienkompetenz des Landes Nordrhein-Westfalen. Band 6. Düsseldorf München.

Gerhards, Maria, Walter Klingler & Thilo Trump (2008). Das Social Web aus Rezipientensicht: Motivation, Nutzung und Nutzertypen. In: Zerfaß/Schmidt (2008b), S. 129-148.

Hennig, Mathilde (2001). »Das Phänomen des Chat«. In: Jahrbuch der ungarischen Germanistik. Hgg. v. Vilmos Ágel & Andreas Herzog. Budapest Bonn, S. 215-239.

Hofer, Klaus C. und Hansjörg Zimmermann (22000). Good webrations 2.0. München.

Höflich, Joachim R. & Maren Hartmann (Hgg., 2006). Mobile Communication in Everyday Life: Ethnographic Views, Observations and Reflections. Leipzig.

Huber, Melanie (2008). Kommunikation im Web 2.0. Konstanz.

Janich (Hg., 2008a). Textlinguistik. 15 Einführungen. Tübingen.

Janich (2008b). Intertextualität und Text(sorten)vernetzung. In: Textlinguistik. 15 Einführungen. Hg. v. Nina Janich. Tübingen, S. 177-196.

Jarvis, Jeff (32009). Was würde Google tun? Wie man von den Erfolgsstrategien des Internet-Giganten profitiert. München.

Jaschniok, Meike (2007). Wikipedia und ihre Nutzer. Zum Bildungswert der Online-Enzyklopädie. Marburg.

Koch, Peter & Wulf Oesterreicher (1985). »Sprache der Nähe – Sprache der Distanz. Mündlichkeit und Schriftlichkeit im Spannungsfeld von Sprachtheorie und Sprachgeschichte«. In: Romanistisches Jahrbuch 36, S. 15-43.

Koch, Peter & Wulf Oesterreicher (1994). Schriftlichkeit und Sprache. In: Schrift und Schriftlichkeit. Ein interdisziplinäres Handbuch internationaler Forschung. Hgg. v. Hartmut Günther und Otto Ludwig. Berlin New York, S. 587-604.

Löffler, Heinrich (32005). Germanistische Soziolinguistik. In: Grundlagen der Germanistik. Hgg. v. Werner Besch & Hartmut Steinecke. Berlin.

Meckel, Miariam und Katarina Stanoevska-Slabeva (2008). Web 2.0: Die nächste Generation Internet. Baden Baden.

Möller, Erik (22006). Die heimliche Medienrevolution. Wie Weblogs, Wikis und freie Software die Welt verändern. Hannover.

Pentzold, Christian (2007). Wikipedia. Diskussionsraum und Informationsspeicher im neuen Netz. Baden-Baden.

Rauwald, Christoph (2008). Hypertext. Geschichte und Versuch einer Typologie. Saarbrücken.

Reischl, Gerald (2008). Die Google Falle. Die unkontrollierte Weltmacht im Internet. Wien.

Roth, Kersten Sven & Jürgen Spitzmüller (Hg., 2007). Textdesign und Textwirkung in der massenmedialen Kommunikation.

Schlobinski, Peter (2005). Editorial: Sprache und internetbasierte Kommunikation – Voraussetzungen und Perspektiven. In: Websprache.net. Sprache und Kommunikation im Internet. Hgg. v. Torsten Siever, Peter Schlobinski und Jens Runkehl. Berlin New York, S. 1-14.

Schmidt, Jan (2006). Weblogs: Eine kommunikationssoziologische Studie. Konstanz.

Schmidt, Jan (2009). Das neue Netz: Merkmale, Praktiken und Folgen des Web 2.0. Konstanz.

Schmit, Jan, Beate Frees und Martin Fisch (2009). »Themenscan im Web 2.0«. In: Media Perspektiven 2, S. 50-59.

Schmitz, Ulrich (2003a).»Lesebilder im Internet. Neue Koalitionen und Metamorphosen zwischen Text und Bild«. In: Zeitschrift für Germanistik: NF 3, S. 605-628.

Schmitz, Ulrich (2003b). »Text-Bild-Metamorphosen in Medien um 2000«. In: Wissen und neue Medien. Bilder und Zeichen von 800 bis 2000. Hgg. v. Ulrich Schmitz & Horst Wenzel. Berlin, S. 241-263.

Schmitz, Ulrich (2004). Sprache in modernen Medien. Einführung in Tatsachen und Theorien, Themen und Thesen. In: Grundlagen der Germanistik. Hgg. v. Werner Besch und Hartmut Steinecke. Band 41. Berlin.

Schmitz, Ulrich (2005). »Sehflächen lesen. Einführung in das Themenheft«. In: DU 4, S. 2-5.

Schmitz, Ulrich (2006). »Schriftbildschirme. Tertiäre Schriftlichkeit im World Wide Web«. In: Neuere Entwicklungen in der linguistischen Internetforschung. Hgg. v. Jannis Androutsopoulos, Jens Runkehl, Peter Schlobinski & Torsten Siever. Hildesheim Zürich New York, S. 184-208.

Simon, Nicole und Nikolaus Bernhardt (2008). Twitter. Mit 140 Zeichen zum Web 2.0. München.

Stanoevska-Slabeva, Katarina (2008). Web 2.0 – Grundlagen, Auswirkungen und zukünftige Trends. In: Web 2.0. Die nächste Generation Internet. Hgg. v. Miriam Meckel & Katarina Stanoevska-Slabeva. Baden Baden, S. 13-38.

Stegbauer, Christian (2009). Wikipedia: Das Rätsel der Kooperation. Wiesbaden.

Stöckl, Hartmut (2004). Die Sprache im Bild – Das Bild in der Sprache. Zur Verknüpfung von Sprache und Bild im massenmedialen Text. Konzepte, Theorien, Analysemethoden. In: Linguistik – Impulse und Tendenzen. Hgg. v. Susanne Günthner, Klaus-Peter Konerding, Wolf-Andreas Liebert & Thorsten Roelcke. Band 3. Berlin New York.

Warnke, Ingo (2007). Diskurslinguistik nach Foucault – Dimensionen einer Sprachwissenschaft jenseits textueller Grenzen. In: Diskurslinguistik nach Foucault. Theorie und Gegenstände. Hg. v. Ingo Warnke. Berlin New York, S. 3-24.

Warnke, Ingo & Jürgen Spitzmüller (Hgg., 2008). Methoden und Methodologien der Diskurslinguistik – Grundlagen und Verfahren einer Sprachwissenschaft jenseits textueller Grenzen. In: Methoden der Diskurslinguistik. Sprachwissenschaftliche Zugänge zur transtextuellen Ebene. Hgg. v. Ingo Warnke & Jürgen Spitzmüller. Berlin New York, S. 3-54.

Willems, Herbert (Hg., 2008). Weltweite Welten. Internet-Figurationen aus wissenssoziologischer Perspektive. Wiesbaden.

Wu, Tim (2010). The Master Switch: The Rise and Fall of Information Empires. New York.

Zeger, Hans G. (2009). Paralleluniversum Web 2.0: Wie Online-Netzwerke unsere Gesellschaft verändern. Wien.

Zerfaß, Ansgar und Dietrich Boelter (2005). Die neuen Meinungsmacher. Graz.

Zerfaß, Ansgar, Martin Welker & Jan Schmidt (Hgg., 2008a). Kommunikation, Partizipation und Wirkungen im Social Web. Band 1: Grundlagen und Methoden: Von der Gesellschaft zum Individuum. Köln.

Zerfaß, Ansgar, Martin Welker & Jan Schmidt (Hgg., 2008b). Kommunikation, Partizipation und Wirkungen im Social Web. Band 2: Strategien und Anwendungen: Perspektiven für Wirtschaft, Politik und Publizistik. Köln.

Netaya Lotze (Hannover)

2 »Determinierte Dialoge?«
Chatbots auf dem Weg ins Web 3.0

2.1 Chatbots und ECAs

Aus dem WWW sind sie schon lange nicht mehr wegzudenken: Chatbots – artifizielle Dialogagenten, künstliche Intelligenzen, mit welchen wir natürlichsprachlich in Interaktion treten können. Sie informieren Kunden weltweit auf kommerziellen Websites der unterschiedlichsten Anbieter, führen Kinder durch E-Learning-Anwendungen und erklären uns vielfältige Themenbereiche. Seit geraumer Zeit moderieren solche Bots Chatrooms und begegnen uns als artifizielle Charaktere in MMORPGs[1]. Auch auf deutschsprachigen Seiten nimmt die Zahl der online gestellten Agenten täglich zu. So ist die freundliche Kundenberaterin *Anna* auf http://www.ikea.com/de/ gern bei der Auswahl eines Regals behilflich, während der virtuelle Bundesadler auf http://adler.bundestag.de/ Wissenswertes zur deutschen Verfassung ausgibt und der übellaunige Roboter Elbot von Artificial Solutions seine User mit sarkastischen Sprüchen unterhält. IT-Firmen vertreiben benutzerfreundliche Chatbotsoftware, so dass jeder Betreiber, jeder Betrieb und jede öffentliche Einrichtung den eigenen Chatbot oder Lingubot kreieren kann, der optimal abgestimmt auf den jeweiligen Anwendungsbereich Kundengespräche übernimmt und so hilft, die Kosten für Beratungsgespräche zu minimieren.

Vergleicht man diese neue Generation von Dialogagenten mit klassischen Chatbots, die nach dem Prinzip von Weizenbaums *ELIZA*[2] auf Schlüssel-

---

1   *Massively Multiplayer Online Role-Playing Games*, interaktive Rollenspiele im Internet (z.B. ›World of Warcraft‹).

2   Joseph Weizenbaum (1966). *ELIZA* wurde als virtuelle Psychologin eingesetzt und rief bei ihren »Patienten« soziale Wirkungen hervor, obwohl sie ganz einfachen Algorithmen folgte. *ELIZA* kann man testen unter: Netlink 631.

wörter reagieren und Usereingaben in Rückfragen umwandeln konnten, so fällt auf, dass sich in den letzten Jahren vieles verändert hat. Die Chatbots der Zukunft sind so genannte ECAs – Embodied Conversational Agents. Sie sind anthropomorph gestaltet und interagieren multimodal. Hinter oft aufwendig animierten Avataren und charmant designten Agenten-Personae verbergen sich sophistizierte Systemarchitekturen, die nicht nur auf umfangreiche, semantische Lexika zurückgreifen können, sondern auch Dialogwissen miteinbeziehen. Viele ECAs verfügen über Sprechakterkennung, einfache Syntaxparser, Modelle zum Turn-Taking etc.; darüber hinaus können dynamische Usermodelle aufgebaut werden, die es dem Bot ermöglichen, sich an seine Interaktionspartner zu ›erinnern‹. ECAs werden von der am MIT tätigen Forscherin und ›Mutter‹ bekannter Systeme wie ›REA‹[3], Justine Cassell, wie folgt definiert:

> »Computer interfaces that hold up their end of conversation, have bodies and know how to use it for conversational behaviours as a function of the demands of dialogue and emotion, personality, and social convention« (Cassell, 2000).

Was wie Science Fiction klingt, ist die erklärte Zielsetzung der Kostrukteurinnen und Konstrukteure. Als Weiterentwicklung der klassischen Interface-Metapher stellen Interface-Agenten eine benutzerfreundliche Alternative zur grafischen Schnittstelle mit Icons und Pointer auf einer Desktop-Oberfläche dar, die vor allem Nutzer mit geringer Technikexpertise anspricht und einen spielerischen Zugang zu Onlineanwendungen offeriert. Die virtuelle Assistenz wird klassische Web-Navigationen in den kommenden Jahren wohl kaum ablösen (vgl. Krämer 2008), eröffnet aber einen weiten Bereich neuer Interaktionsformen im WWW.

Selbstverständlich entwickeln ECAs nicht wirklich Emotionen oder gar eine eigene Persönlichkeit. Allerdings wird durch die Implementation psychologischer Modelle und die konsistente Darstellung von Persönlichkeitsmerkmalen im Dialogdesign bisweilen die Illusion menschenähnlichen Verhaltens geschaffen, so dass User dazu tendieren menschliche Eigenschaften an das System zu attribuieren. Diese Tendenz schlägt sich auch auf der Ebene der sprachlichen Performanz im Dialogverhalten der Nutzer nieder. ›Computer-Talk‹ (CT vgl. Zoeppritz 1985, Krause, Hitzenberger, Womser-Hacker 1992) bedeutet längst nicht mehr die Eingabe knapper Befehle oder eine besonders explizite Ausdrucksweise. Vielmehr mischen sich solche Charakteristika der Mensch-Maschine-Interaktion (MMI, HCI) mit konventionalisierten und dynamischen Aspekten der Mensch-Mensch-Kommunikation (MMK, HHC).

---

3   Real-Estate Agent. Informationen über REA findet man unter: Netlink 632.

2.2 Forschungsansätze

Wie menschliche Wesen mit freiem Willen und der Möglichkeit zur spontanen Veränderung ihrer ursprünglichen Dialogziele mit deterministischen Automaten natürlichsprachlich interagieren, ist aus linguistischer Perspektive interessant aber systematisch schwer zu fassen. Zahlreiche Variablen beeinflussen jede konkrete Dialogsequenz. So sind Usereingaben abhängig vom Kontext der jeweiligen Anwendung, von Vorannahmen und der Expertise der User (vgl. Krämer 2008), vom Usertyp (vgl. Fischer 2006), von erlernten Gesprächsprotokollen (vgl. Sacks, Schegloff, Jefferson 1992) und von kognitiven Perzeptions- und Produktionsprozessen. Außerdem spielt es selbstverständlich eine wichtige Rolle, ob die Interaktion im WWW chatbasiert oder medial mündlich über ein Sprachausgabe- und Spracherkennungsmodul erfolgt. Zudem werden Dialoge mit artifiziellen Agenten restringiert durch die begrenzten Möglichkeiten der jeweiligen Systemarchitektur und des konkreten Dialogdesigns. Unter all diesen Prämissen abzustecken, wie sich Menschen im Dialog mit mechanistischen Agenten verhalten, bleibt eine Herausforderung für die Linguistik, der die Aufgabe zukommt, Dialogtranskripte (Logfiles mit oder ohne Metadaten) mit ihren Methoden zu evaluieren und so erstens Erkenntnisse über menschliches Sprachverhalten in einem sehr speziellen situativen Kontext zu gewinnen und in einem zweiten Schritt dieses Wissen nutzbar zu machen für innovative Dialogdesigns. Denn je antizipierbarer Useräußerungen in einem bestimmten Anwendungskontext sind, desto leichter lassen sich robuste Dialoge implementieren.

Um möglichst viele Ideen zur Antizipierbarkeit von Dialogverläufen für die Überlegungen zur Usersteuerung nutzbar zu machen, wurden für das Promotionsprojekt diverse Ansätze miteinbezogen, die sich aus äußerst unterschiedlichen Perspektiven mit Kommunikation und Interaktion beschäftigen. Zwei Zugänge wurden aus der Gesprächsforschung zur Mensch-Mensch-Kommunikation in die Untersuchung eingebunden:

- Teilgebiete der klassischen Konversationsanalyse (Sacks, Schegloff, Jefferson 1992, vgl. Lectures 1964–65). Aus dem Bereich der Konversationsanalyse sollten vor allem Überlegungen zur ›conditional relevance‹, der bedingten Erwartbarkeit von Folge-Turns, und zu ritualisierten Paarsequenzen (z.B. Gruß – Gegengruß in Eröffnungsphase) beim Evaluieren und Designen von HCI-Dialogen berücksichtigt werden.

- Das psycholinguistische Modell zum Konzept ›Alignment‹ (Pickering & Garrod 2004, Branigan 2005, Szmrecsanyi 2005). Alignment scheint für die HCI insofern interessant, da Versuche gezeigt haben, dass Menschen dazu tendieren, sprachliche Strukturen ihres Gegenübers zu kopieren, was unter entsprechenden Bedingungen Gesprächsbeiträge antizipierbarer machen könnte.

Zahlreiche Studien zum Nutzerverhalten im Dialog mit artifiziellen Agenten haben einige interessante Ergebnisse erbracht, die ebenfalls in die Überlegungen miteinbezogen werden sollten.

- Die Diskussion um ›Computer-Talk‹ (CT) als strukturelle oder funktionale Varietät (Zoeppritz 1985; Krause, Hitzenberger, Womser-Hacker 1992; Fischer 2006).
- Überlegungen zu anthropomorphem Design (vgl. ›Uncanny Valley‹ Mori 1970) und zu sozialen Wirkungen virtueller Helfer (Krämer 2008).

2.2.1 Überlegungen aus dem Bereich der Konversationsanalyse

Die langjährige Forschung im Bereich der Konversationsanalyse hat gezeigt, dass Kommunikation unter Menschen bestimmten Mustern folgt. Konventionen und bestimmte Sprachroutinen prägen unsere Art zu kommunizieren. Daher ist es bis zu einem gewissen Grad möglich, weiterführende Redebeiträge (Turns) zu antizipieren. Dies gelingt uns z.b. dann, wenn wir bisweilen im Gespräch den angefangenen Satz unseres Gegenübers adäquat komplettieren, obwohl wir eigentlich nicht wissen können, was unser Gesprächspartner denkt. Es kann angenommen werden, dass Dialoge mit deterministischen Systemen zu einem höheren Grad vorhersagbar sein müssten als Dialoge unter nicht-deterministischen Wesen. Dialogagenten können nur eine endliche Menge von Turns ausgeben, so dass User nur eine begrenzte Zahl von Ausgangs-Turns vorfinden, auf die sie ihre Folge-Turns beziehen können. Dialogdesigner machen sich diese Begrenztheit bei der Entwicklung von computer- oder telefonbasierten Konversationsagenten schon lange zu Nutze. Ein Konversationsagent muss den User-Input nicht ›verstehen‹, in dem Sinne, dass er komplexe Modelle der Gesprächssituation, der Inhalte und des Gesprächspartners auf Basis von Datenbanken berechnet; vielmehr genügt eine einfache Analyse der Eingabe und eine regelbasierte Ausgabe vorformulierter und im Idealfall adäquater Antworten. Solche Analysen erfolgen bislang linguistisch auf lemmatischer Ebene als Schlüsselwortanalyse. Dieses Prinzip kann um strukturelle Aspekte – einerseits im Bereich der Lexik und der Syntax, andererseits aber in Bezug auf Dialogstrukturen – erweitert werden. Die Struktur der Adjazenzpaare lässt sich beispielsweise gut auf die HCI übertragen. Auf eine Frage folgt fast immer eine Antwort, auf einen Gruß ein Gegengruß. Dieser Umstand reduziert die Anzahl möglicher Ausgaben seitens des Bots z.b. bei Entscheidungsfragen auf nur zwei alternative Möglichkeiten. Userführung wird auf diese Art und Weise einfacher. Dialoge, die ausschließlich solchen Paarsequenzen folgen, werden aber auch leicht als trivial und sehr künstlich empfunden. Besser funktioniert die Abstimmung auf den User bei stark ritualisierten Sequenzen wie der Begrüßung und der Verabschiedung. Eine informelle Begrüßung durch den Bot provoziert eine ebenfalls informelle Floskel auf Seiten des Users, die der Bot im nächsten Zug parsen können muss. Hier lohnt es sich, eine umfangreiche Datenbank für informelle Begrüßungen anzulegen, wie sie in einigen hochentwickelten Bots bereits realisiert ist (vgl. z.B. System *Max* der Universität Bielefeld).

Bot: Hallo!

User: Hallo!/ Hey!/ Tach!/ Moin!/ Was geht?/ Ciao! usw.
(Makro für das Parsing, möglicher User-Turns)

Ein solches Dialogdesign macht sich die Tatsache zu Nutze, dass unterschiedliche User-Gruppen (vgl. Fischer 2006) die gleiche Tendenz zeigen, nämlich das System als soziales Gegenüber zu behandeln und damit das Inventar an konventionalisierten Strukturen aus der HHC zumindest teilweise auf die HCI zu übertragen. Sobald vom System ein gewisser Grad an syntaktischer und diskursiver Komplexität vorgegeben ist, neigen User unabhängig vom jeweiligen Usertyp dazu, erlernte Strategien aus der HHC auf die HCI anzuwenden, wie die vorliegende Studie in vielen Punkten belegt (vgl. dazu Kapitel 2.3, Beispiel Elbot-Korpus).

2.2.2   ›Computer-Talk‹

Seit Zoeppritz (1985) ist die Interpretation von Userverhalten gegenüber artifiziellen Dialogpartnern als so genannter ›Computer-Talk‹ (CT) ein gängiges Paradigma. CT wird dabei entweder als sprachliches Register oder als funktionale Varietät definiert. Unter der Annahme, dass es sich bei CT um ein allgemeines Phänomen handele, das sprachübergreifend beobachtet werden könne, wurden in den vergangenen 30 Jahren unterschiedliche Studien zur Nutzersprache durchgeführt mit dem Ziel, CT anhand seiner sprachlichen Charakteristika genauer zu definieren. Eine Durchsicht der prominenten Forschungsergebnisse dieser Zeit ist jedoch eher verwirrend als klärend, da

in vielen Fällen widersprüchliche Ergebnisse in Bezug auf das selbe Phänomen vorliegen. Die betreffenden Studien konzentrieren sich auf semantische
und pragmatische Unterschiede zwischen HHC und HCI. Dabei stehen die
Bereiche Höflichkeit, lexikalische Vielfalt, Variabilität, Simplifizierung, Überspezifizierung und Dialogstruktur im Vordergrund. Syntax spielt eine untergeordnete Rolle. Vergleicht man aber die Ergebnisse, zeichnet sich letztlich kein
einheitliches Bild ab, wie Krämer (2008) feststellt.

- *Höflichkeit:* Während Morel (1989) weniger sprachliche Merkmale für
  Höflichkeit in der HCI findet und Johnstone et al. (1994) erklären, weniger implizites Grounding führe zu weniger Orientierung an Höflichkeit,
  sehen Richards und Underwood (1984a) keinen Höflichkeitsunterschied
  zwischen HHC und HCI, solange nur das System höflich sei. Und Ward
  und Heeman (2000) bekräftigen die letztere These, indem sie genauso viel
  please und *thank you* und höfliche Verabschiedungen in HHC- und HCI-
  Korpora finden. Fischer (2006) findet für das Deutsche zwar weniger *bitte,*
  hält aber in Bezug auf Begrüßungs- und Verabschiedungsroutinen fest:
  »What can be found, however, is that speakers indeed attend to polite-
  ness.« (Fischer 2006: 67).
- *Lexikalische Vielfalt:* Amalberti et al. (1993: 558) gehen davon aus, dass na-
  ive User in der HCI eine größere Anzahl von Wortformen gebrauchen als
  in der HHC. Die Zahl der Wortformen (Tokens) nehme aber mit wachsender Expertise ab. Johnstone et al. (1994) und Oviatt (1995) dagegen
  zählen zwar eine geringere Anzahl von Lemmata in der HCI, allerdings
  seien die Äußerungen der User jeweils länger als ein durchschnittlicher
  Turn in der HHC.
- *Variabilität:* Amalberti et al. (1993: 558) finden keinen Unterschied zwischen der HHC und der HCI in Bezug auf Variabilität. Hitzenberger und
  Womser-Hacker (1995: 59), Gustafson (2002: 69), Falzon (1988) gehen
  dagegen von einem restringierten Lexikon und weniger syntaktischen
  Konstruktionen (Phrasen) aus. Krause und Hitzenberger (1992, Auf-
  satzsammlung) konstatieren ebenfalls eine Abnahme an Variation von
  der HHC zur HCI. Richards und Underwood (1984b) zählen allgemein
  weniger Vokabeln, während Gieselmann und Waibel (2005) eine große
  Bandbreite an syntaktischen Konstruktionen und eine große Vielfalt an
  lexikalischen Einheiten beobachten.
- *Simplifizierung:* Krause (1992a: 48–50) stellt viele Vereinfachungen in der
  Sprache der User im Vergleich zur HHC fest. So findet er beispielsweise
  keine Determinatoren, Konjunktionen und Präpositionen, dafür aber vie-

le Ellipsen, die zu einem Telegrammstil führen. Womser-Hacker (1992) und Gustafson (2002) sprechen vorsichtiger von einfacher Syntax und von weniger Variation in der Syntax. In Bezug auf orale Kommunikation mit einem Bot können Richards und Underwood (1984b) bestimmte Simplifikationsstrategien ausmachen. Darunter fallen z.b. langsames Sprechen und weniger ambige Pronomina.

- *Überspezifizierung:* Krause (1992a) nimmt zusätzlich zu einem Trend zur sprachlichen Vereinfachung auch die gegenläufige Tendenz zur Überspezifizierung an (vgl. auch Zoeppritz 1985), d.h. zusätzliche Determinatoren, Konjunktionen, Präpositionen und Präpositionalphrasen. Womser-Hacker (1992) und Hitzenberger und Womser-Hacker (1995) können diese Hypothese statistisch nicht verifizieren.

- *Dialogstruktur:* Amalberti et al. (1993) halten weniger Konnektive, mehr Bitten um Wiederholung und eine gesteigerte Aufmerksamkeit auf Grounding für die Struktur der Dialoge in der HCI für charakteristisch. Diese These steht in direktem Kontrast zu Johnstone (1994). Krause und Hitzenberger (1992) und Hitzenberger und Womser-Hacker (1995) finden allgemein weniger Partikeln, also auch weniger Konnektive. Oviatt (1995) bemerkt ein Fehlen von Struktur allgemein in der HCI. Porzel und Baudis (2004) dagegen meinen, die User hielten an alltagssprachlichen Strukturen fest. Jönsson (1996) stellt fest, dass weniger Bezug auf Kontextinformationen genommen, aber dennoch früher Erörtertes als gesichert wahrgenommen werde.

Aus diesen und anderen empirischen Ergebnissen im HCI-HHC-Vergleich wurden entsprechende Theorien abgeleitet. Prominent und von besonderer Bedeutung für das im Folgenden vorzustellende Projekt sind die ›Register-Hypothese‹ von Hitzenberger und Womser-Hacker (1992), die CT als strukturelle Varietät auffasst, und die 2006 erschienene Studie von Fischer, in der auf der Basis einer experimentellen, qualitativen Untersuchung die These vertreten wird, CT sei eine funktionale Varietät und vergleichbar mit dem Phänomen ›Foreigner-Talk‹.

Die Gegensätze zwischen den jeweiligen Ergebnissen der oben angeführten Studien sind wohl in erster Linie auf drei Faktoren zurückzuführen. Erstens wurden sowohl Systeme mit Sprachsteuerung untersucht als auch solche, mit denen über eine Tastatur interagiert wurde, »and several studies have shown that there are differences on the basis of the input modality (e.g. Womser-Hacker 1992)« (Fischer 2006: 4).

Zweitens ist es dem immensen technischen Fortschritt im Bereich der Sprachanwendungen und der Künstlichen Intelligenz (KI) innerhalb der vergangenen 30 Jahre zuzuschreiben, dass in den 1980er und 1990er Jahren das Forschungsobjekt Chatbot noch ein anderes war, als es die modernen ECAs heute sind. So zeichnet sich mit wachsender Komplexität der Systeme auch ein geringerer Unterschied zwischen HCI und HHC ab, wie z.b. ein Vergleich der Studien von Zoeppritz (1985), Hitzenberger und Womser-Hacker (1995) sowie Porzel und Baudis (2004) zeigt.

Der dritte problematische Faktor scheint allen Studien systematisch zu Grunde zu liegen: Indem versucht wurde, die Charakteristika eines CTs zu definieren, wurde übersehen, dass der vermeintlich spezielle CT auch weder ein eigenständiges, von der HHC abzugrenzendes Register oder Code, noch eine bestimmte strukturelle oder funktionale Varietät sein könnte. »A number of early systematic studies show that the way people talk in in human-computer interaction differs in many respects from the way they talk to each other.« (Fischer 2006: 1). Dieser Umstand könnte mit bestimmten Mechanismen zusammenhängen, die menschlicher Kommunikation im Allgemeinen zu Grunde liegen. Fischer beobachtet:

> »[...] however in the course of time and with more familarity with the wizard´s [or the system´s] behaviour their [the user´s] linguistic behaviour becomes more and more similar to the linguistic behaviour observed in the human-to-human control group.« (Fischer 2006: 5)

Amalberti et al. (1993) und Zoltan-Ford (1991) schließlich bemerken, dass sich viele User dem System sprachlich anpassen, indem sie das gleiche linguistische ›Material‹ verwenden. So liegt die Überlegung nahe, dass ein bestimmtes Dialogdesign auch ein ganz bestimmtes Userverhalten evoziert. Indem sich die technischen Möglichkeiten der KI artifizieller Dialogagenten über die Jahrzehnte immer weiter verbessert haben und die Dialogperformanz der Systeme immer anthropomorpher wurde, entwickelte sich auch das Userverhalten immer weiter hin zu einer der HHC ähnlichen Art der Kommunikation. Einfache Befehle und Staccato-Stil konnten abgelöst werden durch natürlichsprachliche Äußerungen, weil moderne Systeme diese Struktur a) selbst vorgeben und b) auch größtenteils parsen können. Solche Entwicklungen können anhand von Studien mit Bots unterschiedlicher Generationen nachgezeichnet werden. Die vorliegende Studie zeigt, dass natürlichsprachlichere Dialogdesigns auch konventionellere Nutzerreaktionen auszulösen scheinen (dazu Kapitel 4). Das Konzept von CT als Register oder Varietät müsste dahingehend aufgeweicht werden, dass innerhalb einer Interaktion das Dialogdesign dynamisch Einfluss auf das Userverhalten nimmt.

Unter diesem Gesichtspunkt wird das Modell zum lexikalischen und syntaktischen Alignment von den Psycholinguisten Pickering und Garrod (2004) interessant.

2.2.3   Alignment

Während sprachliche Routinen innerhalb einer Sprachgemeinschaft für eine gewisse Zeit die gültige Norm darstellen und damit als Momentaufnahme einen eher statischen Charakter haben, beschreiben Pickering und Garrod (2004) Alignment als einen Mechanismus, der Interaktion dynamisch regelt. Menschen tendieren dazu, sprachliche Strukturen ihres Gegenübers zu spiegeln. Hartsuiker (2005) definiert Alignment entsprechend als »tendency to repeat a recently encountered structure«. Auf der Ebene der Performanz spricht man daher von persistenten Strukturen (Szmrecsanyi 2005). Diesem Verhalten liege nach Pickering und Garrod kognitiv ein ›Lower-Level-Priming‹-Mechanismus zu Grunde. Dabei betonen sie den mechanistischen Charakter ihres Modells. Alignment ermögliche es, Dialoge bis zu einem gewissen Grad ohne Einbindung von höheren Kognitionsprozessen zu führen. Ein solch mechanistischer Zugang zur dialogischen Interaktion könnte für HCI-Anwendungen insofern fruchtbar gemacht werden, als mechanistische Userreaktionen von einem deterministischen System unter Idealbedingungen zuverlässig getriggert werden können müssten; d.h. sie müssten von einem bestimmten Stimulus unter bestimmten Bedingungen direkt ausgelöst werden können. Da in der Realität jedoch zahlreiche, nur bedingt kontrollierbare Variablen in das System mit hineinspielen, ist die zuverlässige Antizipierbarkeit von Userreaktionen über Alignment-Mechanismen unwahrscheinlich. Findet man aber in realen Dialogen persistente Strukturen, kann man unter Umständen Aussagen darüber treffen, wo im Dialog Alignment wahrscheinlich ist und wo nicht. Diese Information wäre für ein innovatives Dialogdesign von großem Nutzen.

Alignment findet sich dabei sowohl auf der Ebene der Lexik, d.h. einzelne Wörter werden übernommen, als auch bei komplexeren syntaktischen Strukturen, d.h. die Syntax einer Äußerung kann unabhängig von deren Lexik übernommen werden. Auf einer weiteren übergeordneten Ebene findet man sogar Hinweise auf so genanntes konzeptionelles Alignment bei differenzierten, kognitiven Modellen wie z.B. Raumdeixis.

Für den Bereich der Syntax stellen Pickering und Branigan den Prozess des
syntaktischen Alignments (syntaktisches Priming, syntaktische Persistenz) wie
folgt dar:

»Observational evidence demonstrates that people have a tendency to repeat syntactic
structure (Schenkein, 1980; Tannen, 1989; Weiner & Labov, 1983). Following the
classic work of Bock (1986), a large number of studies have shown that similar effects
can be demonstrated in controlled experiments and that nonsyntactic (e.g., lexical, se-
mantic, prosodic) explanations of the results can be discounted. Thus the phenomenon
is known as syntactic priming (or syntactic persistence or structural priming).«
(Pickering & Branigan 2000: 205)

Gries (2005: 365) fasst syntaktisches Alignment so:

»As a variety of studies has shown, speakers tend to repeat syntactic structures they
have just encountered (produced or comprehended) before. This tendency has been re-
ferred to as structural priming, syntactic persistence or syntactic priming.«

Bei Evaluationen von Dialogtranskripten über Interaktionen mit artifiziellen Agenten finden sich zahlreiche Nachweise für solche intuitiven strukturellen sowie lexikalischen Aushandlungsversuche über Lemmata, Strukturen
und Referenz, die selbstverständlich gegenüber einem rein deterministischen
System logisch keinen Sinn ergeben (vgl. Fischer 2010 und Datenbasis der
vorgestellten Studie). Auch wenn User in der HCI teilweise »deviant or odd
formulations« (Zoepperitz 1985: 1) produzieren, muss dieser Umstand also
nicht notwendig ein Beleg für die Existenz von CT als sprachlicher Varietät
sein. Auch hier lässt sich das Userverhalten teilweise über das Dialogdesign
der Agenten interpretieren. Was User produzieren, gleicht oftmals in Struktur
und Lexik den Systembeiträgen in hohem Maße. Eine mögliche Erklärung
wäre, dass auch hier allgemeine Alignment-Prozesse vorliegen könnten. Das
hieße, die User passten sich der Sprache des Systems an, und zwar sowohl in
lexikalischer als auch in syntaktischer Hinsicht. Dabei scheinen die gleichen
Mechanismen eine Rolle zu spielen, wie sie für die HHC nachgewiesen werden konnten (vgl. u.a. Bock 1986; Branigan 1995, 2006; Branigan und Pickering 2000; Gries 2005). Je nach Design und Komplexität des Systems würden
andere sprachliche Strukturen realisiert. Damit würde der Begriff des CTs als
sprachliches Register angreifbar. Eine Perspektivänderung von einem statischen CT-Begriff hin zu einer prozessualen Auffassung von einer Usersprache,
die als Produkt allgemeiner Dialogmechanismen und eines speziellen System-
Designs beschrieben werden kann (abhängig von zahlreichen Variablen), wäre
denkbar.

2.3 Hypothesen

Empirische Dialogdaten zeigen, dass User durchaus ihre Sprache der Sprache des Systems anpassen. Dies geschieht sowohl auf lexikalischer als auch auf syntaktischer Ebene. Äußerungen wie diese zeigen deutlich, dass Alignment in der HCI stattfindet. Der User im Beispiel übernimmt einzelne Lexeme aus dem System-Output, ohne mit dem eigenen Beitrag wirklich kohärent an den System-Turn anzuschließen. Solche Ad-hoc-Eingaben mit lexikalischer Persistenz legen eine Interpretation als Lower-Level-Priming nahe. Das System reagiert nun im letzten Turn des Triplets auf Schlüsselwörter. Der Mechanismus ist dem eines Lower-Level-Primings ähnlich. Könnte man nun den ersten System-Turn unter der Annahme, dass der User alignt, in die Interpretation des User-Turns miteinbeziehen, würde ›kochen‹ mit höherer Priorität geparst und ein kohärenterer Systembeitrag wäre das Ergebnis.

Elbot: Ich lese am liebsten [...] Kochbücher.

User: Ich liebe gekochte Katzen.

Elbot: Eigentlich habe ich gar kein richtiges Lieblingstier.

Abb. 2-1: Alignment und Pseudo-Alignment

Die Frage ist nun: Unter welchen Bedingungen treten solche persistenten Strukturen in HCI-Dialogen auf und inwiefern können diese Informationen nutzbar gemacht werden für so etwas wie einen alignmentsensitiven Parser zur Erkennung der Usereingaben?

Zur Operationalisierung dieser Grundüberlegung wurden als Ausgangspunkt für die Korpusstudie folgende Hypothesen aufgestellt:

- $H_0 1$: In den vorliegenden HCI-Protokollen lassen sich korpusbasiert keine persistenten Strukturen (nach Szmrecsanyi) auf der Performanzebene nachweisen – weder im Userinput noch im Systemoutput.
- $H_0 2$: Charakteristika eines CTs (nach Krause, Hitzenberger, Womser-Hacker bzw. Fischer) können im Userinput nicht nachgewiesen werden.
- $H_1 1$: Zwischen Systemoutput und Userinput besteht ein Zusammenhang hinsichtlich der in H01 und H02 genannten Parameter.
- $H_1 2$: Zwischen der Variable ›Persistenz‹ und den verschiedenen Charakteristika eines möglichen CTs besteht ein Zusammenhang – sowohl im Verhältnis System User als auch im Verhältnis User–System.

2.4 Die Korpusstudie

Das grundlegende Interesse der vorgestellten Studie besteht darin, persistente
Strukturen in Mensch-Maschine-Dialogen als Hinweis auf Alignment empirisch (in Logfiles) nachzuweisen und diese in Kontext zu vermeintlichen
Parametern eines CTs zu setzen. Dabei wird im ersten Schritt das Userverhalten evaluiert. Im
zweiten Schritt können
Vermutungen angestellt
werden über die Vor-
hersagbarkeit möglicher
Userturns, sofern Nut-
zer dazu neigen, ihren
Sprachgebrauch den

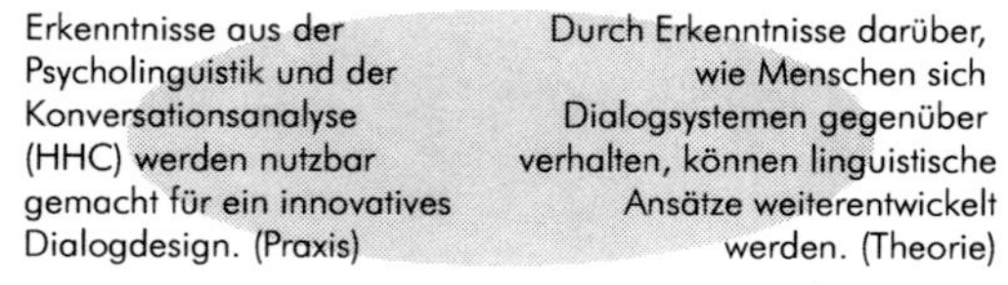

Erkenntnisse aus der
Psycholinguistik und der
Konversationsanalyse
(HHC) werden nutzbar
gemacht für ein innovatives
Dialogdesign. (Praxis)

Durch Erkenntnisse darüber,
wie Menschen sich
Dialogsystemen gegenüber
verhalten, können linguistische
Ansätze weiterentwickelt
werden. (Theorie)

Abb. 2-2: Research-Loop

Systemausgaben anzupassen. Idealerweise könnte diese Herangehensweise zu
einem Research-Loop (s. Abb. 2-2) zwischen Theorie und Praxis führen. Wenn
man also weiß, wann, wo und unter Berücksichtigung welcher Variablen User
zum System alignen, sich also dem Sprachgebrauch des Bots anpassen, werden
Userturns an dieser Stelle und unter den speziellen Umständen antizipierbar,
was zu einem innovativen Dialogdesign beitragen könnte.

Um vorhersagbare Strukturen zu ermitteln und auf deren Grundlage Rück-
schlüsse auf das Userverhalten ziehen zu können, wurde eine umfangreiche
Korpus-Analyse durchgeführt. In vier Textkorpora, bestehend aus den Log-
files von Systemen mit unterschiedlich sophistizierter Architektur und unter-
schiedlichem Dialogdesign, konnten Strukturen nachwiesen werden, die als
Indikatoren für wahrscheinliche strukturelle Eigenschaften des Folge-Turns
(Second Pair Part, SPP) angesehen werden können und gleichzeitig auf einer
Übertragung bekannter Muster aus der HHC auf die HCI schließen lassen.
Als Vergleichskorpus diente eine Auswahl medial schriftlicher, synchroner
computervermittelter Mensch-Mensch-Dialoge (CMC) aus Teilen des Dortmunder Chat-Korpus (Beißwenger 2007). Untersucht wurden also ausschließlich Transkripte chatbasierter HCI im Vergleich zu chatbasierter HHC. Die
untersuchten Bots befinden sich technisch auf unterschiedlichen Entwick-
lungsstufen.

2.4.1   Die untersuchten Systeme

Abb. 2-3: Twipsy

Der Bot *Twipsy*[4] war das Maskottchen der Expo2000 in Hannover und ist damit das älteste System innerhalb der Studie. Bei *Twipsy* handelt es sich um einen klassischen Chatbot mit vergleichsweise einfachem Dialogdesign.

Karlbot[5], der virtuelle Pressesprecher der Firma Kiwi-Logic, war das Aushängeschild der Firma. Aus diesem Grund war das Dialogdesign aufwendig und bewusst an natürlichen Dialogen orientiert. *Karlbot* ist ein prototypischer Talking-Head, also ein animierter Kopf mit Sprachfunktion.

Das dritte System im Vergleich ist *Max*[6], der virtuelle Museumsführer im Heinz-Nixdorf-Museum in Paderborn, ein ECA mit elaborierter Architektur, in dessen Dialogdesign diverse Überlegungen zur Userführung und zum Userverhalten

Abb. 2-4: Karlbot

eingeflossen sind. Die grafische Darstellung ist anthropomorph und sensibel auf die Redebeiträge abgestimmt. Die Version, deren Logfiles in der Studie analysiert wurden, stammt von 2005.

Abb. 2-5: Max

Der vierte Dialogagent ist *Elbot*[7], vielen bekannt durch seine Präsenz im Netz (u.a. auf www.freenet.de) und als Gewinner im Loebner-Contest. Elbot verfügt über eine besonders umfangreiche, semantisch organisierte Datenbank, die die vergleichsweise einfache Systemarchitektur aufwiegt. Äußerst intelligente Ideen zur Psychologie der User und eine ausgearbeitete Agenten-Persona lassen Elbot oft über längere Passagen sehr natürlich wirken.

Abb. 2-6: Elbot

---

4   Twipsy wurde im Jahr 1999 von Dorothee Wagner und Constantin Schmitt für die Firma KiwiLogic geschrieben und auf der Homepage der Expo 2000 als Infobot eingesetzt.

5   *Karlbot* wurde im Jahr 2002 von Nikolas Prehn, Toby Sharp und Marion Gövert geschrieben und war verbunden mit einer damals äußerst innovativen Animation in LifeFX.

6   *Max* wurde in dieser Version 2005 von Prof. Dr. Ipke Wachsmuth und Dr. Stefan Kopp an der Universität Bielefeld entwickelt (SFB 673). Er verfügt über einen Syntaxparser und über eine Sprechakterkennung. Seine Architektur gleicht in Grundzügen der von Cassells *REA*.

7   *Elbot* wurde vom Psychologen Fred Roberts für die Firma Artificial Solutions entwickelt. Die englische Version gewann 2008 die Silbermedaille im Loebner-Contest.

Alle Systeme sind als Infobots einsetzbar, wobei Smalltalk bei Chatbots im WWW generell in den meisten Anwendungskontexten eine wichtige Rolle spielt. Dialogagenten im Netz sollen meist nicht nur informieren, sondern auch unterhalten.

Das CMC-Vergleichkorpus ist ebenfalls in einem Help-Desk-Umfeld entstanden. Auch hier finden sich Smalltalk-Sequenzen, immer dann, wenn die Bibliotheksmitarbeiter untereinander chatten. Die Korpora sind also hinsichtlich ihres situativen Entstehungskontexts untereinander vergleichbar. Sie umfassen einen Gesamtumfang von 183 Dialogen (insgesamt 56 218 Wortformen).

2.4.2 Methode

Die Aufbereitung und Analyse der Korpora erfolgte in neun Schritten.

1. Bereinigen der Korpora/Extrahieren der Stichproben (halbautomatisch)
2. Tokenisieren, Lemmatisieren und POS-Taggen (automatisch: Programm *Netaya.Class*[8], Tree-Tagger der Universität Stuttgart[9])
3. Nachannotation lexikalischer Kategorien (per Hand)
4. Annotation syntaktischer Kategorien nach deskriptivem Modell (per Hand)
5. Annotation Sprechakte nach SWBD-DAMSL[10] (per Hand)
6. Annotation Persistenzen (per Hand)
7. Trennung User/Systemkorpus (automatisch: *Programm DivideByUser*[11])
8. Datenerhebung (halbautomatisch)
9. Statistik

Die annotierten Korpora liegen in Form von Excel-Tabellen vor, um die unterschiedlichen Annotations-Kategorien in unterschiedlichen Spalten fassen zu können. ›La‹ steht für lexikalisches Alignment, ›Sa‹ steht für syntaktisches Alignment, unterschiedliche Farben kennzeichnen Bezüge.

---

8   Richard Stephanus (2007)
9   Schmidt et al. (1996)
10   Swichboard-DAMSL (Dialogue Act Markup in Several Layers), vgl. Shallow-Discourse-Function Annotation Coders Manual (Dan Jurafsky, Liz Shriberg, Debra Biasca University of Colorado at Boulder & +SRI International, 1997)
11   Richard Stephanus (2008)

Wortform	Lex. Kategorie	Lemma	Synt. Kategorie	Sprechakt	Persistenz
User:					
sehr	ADV	sehr			
komisch	ADJD	komisch	<adjgr>	[fe]	
elbot:					
Komisch	ADJD	komisch			
im	APPRART	im	<pgrngr2>		
Sinne	NN	Sinn			
von	APPR	von			
merkwürdig	ADJD	merkwürdig			
oder	KON	oder	<^ko'>		
im	APPRART	im	<pgrngr2'>		La1'
Sinne	NN	Sinn			La1'
von	APPR	von			La1'
amüsant	ADJD	amüsant	<ella'>	[qr']	Sa1'
?	$.	?			NL1
User:					
im	APPRART	im	<pgrngr2>		La2
sinne	NN	Sinn			La2
von	APPR	von			La2
du	PPER	du			Sa2
sack	NN	Sack	<ella>	[fl]	
elbot:					
Können	VMFIN	können	<vgr'>		
Sie	PPER	Sie|sie|sie			NL2‹
sich	PRF	er|es|sie|Sie			
vielleicht	ADV	vielleicht			
etwas	ADV	etwas			
gewählter	ADJD	gewählt	<adjgr>		
ausdrücken	VVINF	ausdrücken	<hs>	[qy']	
?	$.	?			

Abb. 2-7: Auszug aus dem annotierten Korpus (farbig unter Netlink 694)

2.4.3 Ergebnisse

Die Studie hat im Vergleich von Dialogen mit sehr unterschiedlichen Systemen folgende Variablen nahe gelegt, von denen Userverhalten abhängig zu sein scheint und anhand derer Userverhalten im Gegenzug auch von Dialogdesignern antizipiert werden kann:

- Individuelle Variablen
  - Erfahrungen/Vorannahmen/Technologieexpertise
  - Usertyp (nach Fischer)
- Systemvariablen
  - Systemarchitektur
  - Dialogdesign
  - Grafische Darstellung
  - Multimodalität
- Soziale/intersubjektive Variablen
  - Sprachroutinen/Protokolle (Conversational Analysis)

• kognitive Variablen: Alignment als Lower Level Priming
• CT oder kein CT?
▪ *Kanalvariablen*
    • Chatbasierte Systeme vs. telefonbasierte Systeme

Das Zusammenspiel dieser Variablen wird in Abb. 2-8 grafisch veranschaulicht. Die rot markierten Bereiche zeigen den Schwerpunkt der Studie an. Die Evaluation der intersubjektiven Variablen fließt in ein innovatives Dialogdesign ein.

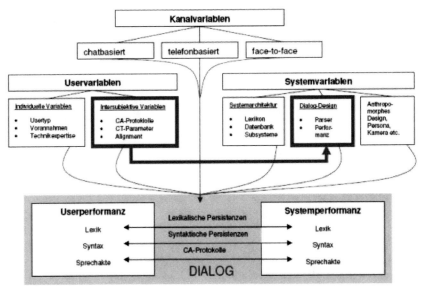

Abb. 2-8: Dialogvariablen

In Abhängigkeit von diesen Variablen lassen sich nun Vorhersagen über bestimmte Aspekte des Userverhaltens machen. Im Rahmen dieser Studie wurde dabei auf drei Bereiche fokussiert:

a)   strukturelle Besonderheiten der Mensch-Maschine-Interaktion
b)   kommunikative Besonderheiten der Mensch-Maschine-Interaktion
c)   Alignment

In Bezug auf alle drei Bereiche lässt sich diskutieren, inwieweit die Interaktion mit dem artifiziellen Gegenüber einer Mensch-Mensch-Interaktion gleicht. Ob die Illusion eines natürlichen Dialogs gelingt, hängt von unterschiedlichen Aspekten ab. Einen allgemeinen CT als sprachliches Register, wie er von Zoeppritz (1985) proklamiert und von Krause, Hitzenberger und Womser-Hacker in den 1990ern empirisch überprüft wurde, kann anhand der im Korpus erhobenen Daten nicht nachgewiesen werden. Vielmehr stellt sich die Interaktion mit dem virtuellen Agenten als äußerst komplexes System aus User-, System- und Kanalvariablen dar, die direkten Einfluss nehmen auf das strukturelle und kommunikative Verhalten von Usern. Eine solche, differenzierte Perspektive erscheint nahe liegend, plausibel und fruchtbar für weitere Forschungen.

2.4.3.1 Strukturelle Aspekte

Wie sich die unterschiedlichen Variablen auf strukturelle Aspekte der Userbeiträge auswirken, illustriert z.b. die Vorkommmenshäufigkeit von einfachen Befehlen ohne syntaktische Einbettung, wie *schließen, zurück, Ende,* die von Krause, Hitzenberger und Womser-Hacker als charakteristisch für CT angesehen wurde. Die Dialoge mit dem ältesten, am wenigsten ausgearbeiteten System *Twipsy* (Mitte) weisen eine große Häufigkeit von solchen einfachen Befehlen auf. Beim elaborierteren System *Elbot* (zweites von rechts) dagegen zeigt sich, dass User sogar weniger Befehle verwenden als Menschen im Chat mit anderen Menschen (vgl. CMC, ganz rechts).

Tab. 2-1: CT-Befehle

Die Frequenz von isolierten Befehlen in MMI-Dialogen hängt also vom System-Design und von Usererwartungen an das System ab, die sich in den vergangenen zehn Jahren (*Twipsy* wurde 2000 online gestellt) deutlich verändert haben. Einen ähnlichen Trend kann man in Bezug auf die Länge der User-Turns (Anzahl Wortformen) feststellen. Während ältere Systeme mit längeren System-Turns sehr knappe User-Turns evozierten (*Twipsy, Karlbot*), rufen die neueren Systeme (*Max, Elbot*) mit kür-

zeren, natürlicheren System-Turns auch etwas längere User-Turns hervor, so
dass sich die Turn-Länge der User-Turns bei den neueren Systemen der der
System-Turns anzugleichen scheint. Die lexikalische Variabilität als Anzahl
unterschiedlicher Lemmata nimmt bei den neueren Systemen innerhalb der
User-Turns zu. Die syntaktische Komplexität (Komplexität von Phrasen nach
Anzahl ihrer Organisationsebenen) einzelner Turn-Constructional-Units
(TCUs) innerhalb der User-Turns kommt bei den neueren Systemen der Ver-
teilung in der CMC nahe. Bei älteren Systemen kann sowohl die Neigung zu
Verknappung als auch zur Übernahme komplexer Strukturen aus den System-
Turns beobachtet werden (syntaktisches Alignment). Die TCUs auf Seiten des
Systems und auf Seiten der User gleichen sich bei den neueren Systemen syn-
taktisch eher, was eine Entwicklung hin zur natürlicheren Kommunikation
mit dem virtuellen Gegenüber nahe legt.

2.4.3.2 Kommunikative Aspekte

Ähnliches lässt sich auch in Bezug auf kommunikative Funktionen, wie Begrüßungen, Verabschiedungen, das Konzept der Höflichkeit usw. beobachten.
Charakteristika eines CTs können zwar nachgewiesen werden, sind aber stark
abhängig von Systemar-
chitektur und Dialogde-
sign, Uservariablen und
situativem Kontext.

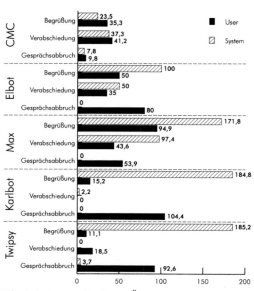

Tab. 2-2: Gesprächsrahmen-Übersicht

2.4.3.3 Alignment

Das Alignmentkonzept
kann ebenfalls in Ab-
hängigkeit von System-,
User- und Kanalvariab-
len beobachtet werden.
Grundsätzlich kann man
folgende Faustregel auf-
stellen: Je sophistizierter
das Dialogdesign und
je anthropomorpher der
Avatar ist, desto häufiger
findet sich in den Dialo-
gen Alignment. Das gilt

sowohl für syntaktisches als auch für lexikalisches Alignment. Die eigentliche Systemarchitektur spielt dabei keine prominente Rolle.

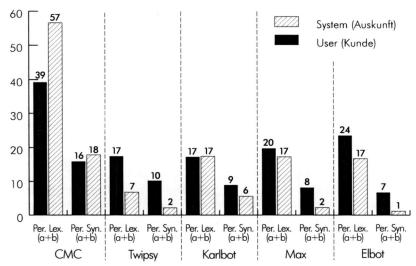

Tab. 2-3: Verteilung Alignment

Die Systeme *Twipsy, Karlbot, Max* und *Elbot* sind nach Alter und Komplexität geordnet, als Vergleichgröße dient die CMC. Elbot als System mit dem elaboriertesten Dialogdesign weist insgesamt (lexikalisch und syntaktisch) die meisten Persistenzen auf.

Bestimmte Strukturen zeigen die Tendenz, Alignment zu triggern. Dabei handelt es sich in erster Linie um Nomina in Subjekt- und Objektfunktion, Nominal- und Präpositionalphrasen und um ganze Sätze. Alignment findet sich präferiert am Ende des Turns in Form von Statements, Fragen oder Direktiven, als thematisch neue Information oder in Form von Witzen und Paradoxien.

2.5   Fazit

Es lässt sich festhalten, dass Userverhalten sensibel auf unterschiedliche Variablen reagiert und dass sich User eindeutig in ihrem Kommunikationsverhalten an Mensch-Mensch-Dialogen orientieren – egal ob das Gegenüber ebenfalls ein Mensch oder ein artifizielles System ist. Besonders intuitive Konzepte wie

Alignment, also die Tendenz von Usern, sich dem Sprachgebrauch des Systems anzupassen, werden unreflektiert auf die Mensch-Maschine-Interaktion übertragen, was nahe legt, dass Menschen die Interaktion mit dem virtuellen Gegenüber als soziale Situation wahrnehmen (vgl. Krämer 2008) bzw. erlernte Muster aus der Mensch-Mensch-Kommunikation unbedacht übertragen (vgl. Nass & Moon 2000). Dieser Umstand bestätigt die Überlegungen aus der Konversationsanalyse (Sacks, Schegloff, Jefferson 1992), dass Dialoge erlernten Protokollen folgen und dass Menschen bei der Konstruktion ihrer TCUs Bezug zu adjazenten Strukturen herstellen. Die Diskussion um CT als strukturelle oder funktionale Varietät kann dabei als sekundär angesehen werden, da das Dialogverhalten der Nutzer in der Interaktion mit modernen, multimodalen Agenten weitgehend eher auf bekannte Mechanismen aus der computervermittelten, synchronen Mensch-Mensch-Kommunikation zurückgeführt werden kann als dass es eigenen Mechanismen folgte.

Es liegt eine große Verantwortung einerseits bei Dialogdesignern, die diesen Umstand für die Implementierung neuer Systeme als Potenzial nutzen können, andererseits aber auch bei den Geistes- und Sozialwissenschaften, denen es obliegt, solche neuen Bereiche der Kommunikation zu evaluieren. Denn der Entwicklungstrend ist eindeutig: In immer mehr Bereichen unseres alltäglichen Lebens hält die Kommunikation mit Technologien Einzug und mit Blick auf die hier diskutierte Studie kann man Elliott und Brzezinski zustimmen, wenn sie schreiben:

»Designing software as a social interface is not something we can avoid because it happens whether we plan for it or not; we have no choice in doing it but only in doing it right« (Elliott & Brzezinski 1998).

Ein erster Schritt, »es richtig zu machen«, besteht darin, die Wirkungen virtueller Dialogagenten auf eine User-Sprache genauer zu verstehen und sie sensibel als in einen weiter gefassten situativen Kontext eingebettet zu begreifen. Es bleibt zu hoffen, dass in Zukunft weitere linguistische Arbeiten dazu beitragen, ein Bewusstsein für die Komplexität des Systems Mensch-Maschine zu schaffen und damit den Weg zu bereiten für neuartige Technologien im Web 3.0.

Literatur

Amalberti, René; Noëlle Carbonell; Pierre Falzon (1993). User representations of computer systems in human-computer speech interaction. International Journal of Man-Machine Studies 38, 547-566.
Branigan, Holly J.; Michael Pickering (1995). Syntactic Priming: Investigating the Mental Re-

presentation of Language. In: Journal of Psycholinguistic Research, 24 (6). 489-505.

Branigan, Holly J.; Michael Pickering; Jamie Pearson, Janet F. McLean; Clifford Nass (2003). Syntactic Alignment between computers and people: the role of belief about mental states. In: Proceedings of the Twenty-fifth Annual Conference of Cognitive Science Society, Boston.

Bock, J. Kathryn (1986). Syntactic persistence in language production. In: Cognitive Psychology 18. 355-387.

Carstensen, Kai-Uwe et al. (2004). Computerlinguistik und Sprachtechnologie. Heidelberg.

Cassell, Justine (2000). More than Just Another Pretty Face: Embodied Conversational Interface Agents. In: Communications of the ACM 43(4). 70-78.

Döring, Nicola (2001). Sozialpsychologische Chat-Forschung: Methoden, Theorien, Befunde. In M. Beißwenger (Hg.). *Chat-Kommunikation: Sprache, Interaktion, Sozialität & Identität in synchroner computervermittelter Kommunikation. Perspektiven auf ein interdisziplinäres Forschungsfeld.* Stuttgart. 141-186.

Döring, Nicola (2003). Sozialpsychologie des Internet. Die Bedeutung des Internet für Kommunikationsprozesse, Identitäten, soziale Beziehungen und Gruppen. Göttingen.

Döring, Nicola (2004). Computervermittelte Kommunikation, Mensch-Computer-Interaktion. In: Rainer Kuhlen, Thomas Seeger & Dietmar Strauch (Hg.). *Grundlagen der Information und Dokumentation.* München.

Döring, Nicola; Sandra Pöschl (2005). Wissenskommunikation in Chats. In Kai Lehmann; Michael Schetsche (Hg.). Die Google-Gesellschaft. Bielefeld. 273-280.

Elliott, Clark; Jacek Brzezinski (1998). Autonomous Agents as Synthetic Characters. In: AI Magazine, 19 (2). 13-30.

Falzon, Pierre (1988). Man-machine voice dialog: The role of interlocuter models. In: Man-Machine Systems. Analysis, Design and Evaluation. Proceedings of IFIP/IFAC. 511-516.

Fischer, Kerstin (2006). What Computer Talk Is an Isn´t – Human-Computer conversation as Intercultural Communication. In: Sprachwissenschaft / Computerlinguistik Bd. 17. Saarbrücken.

Gieselmann, Petra; Alex Waibel (2005). What makes human-robot dialogues struggle? In: Proceedings of the Ninth Workshop on the Semantics and Pragmatics of Dialogue 2005, DIALOR 2005.

Gries, Stefan Th. (2005). Syntactic Priming: A Corpus-based Approach. In: Journal of Psycholinguistic Research, 34 (4). 365-397.

Gustafson, Joakim (2002). Developing Multimodal Spoken Dialogue Systems. Empirical Studies of Spoken Human-Computer Interaction. Stockholm.

Hartsuiker, Robert J.; Martin Corley; Heike Martensen (2005). The lexical bias effect is modulated by context, but the standard monitoring account doesn't fly: Related Beply to Baars, Motley, and MacKay (1975). Journal of Memory and Language, 52. 58-70.

Hitzenberger, Ludwig; Christa Womser-Hacker (1995). Experimentelle Untersuchungen zu multimodalen natürlichsprachlichen Dialogen in der Mensch-Computer-Interaktion. In: Sprache und Datenverarbeitung 19 (1). 51-61.

Hopcroft, John E. (2002b). Einführung in die Automatentheorie, formale Sprachen und Komplexitätstheorie. Oxford.

Jönsson, Arne (1996). A model for dialogue management for human-computer interaction. In: Proceedings of ISSD 96. Philadelphia.

Johnstone, Anne; Umesch Berry, Tina Nguyen; Alan Asper (1994). There was a long pause: Influencing turn.taking behaviour in human-human and human-computer spoken dialogues. In: International Journal of Human-Computer Studies 41. 383-411.

Jurafsky, Daniel; James H. Martin (2002). Speech and Language Processing. An Introduction to Natural Language Processing, Computational Linguistics and Speech Recognition. Upper Saddle River.

Krämer, Nicole (2008). Soziale Wirkungen virtueller Helfer. Stuttgart.

Krause, Jürgen; Ludwig Hitzenberger (Hg.) (1992). Computer Talk. Hildesheim.

Morel, Mary-Annik (1989). Linguistic features of huma-machine oral dialogue. In: EUROS-PEECH-1989. 2236-2239.

Mori, Masahiro (1970). Bukimi no tani – The Uncanny Valley. In: Energy 7 (4). Tsukuba. 33-35.

Nass, Clifford; Youngme Moon (2000). Machines and mindlessness: Social responses to computers. In: Journal of Social Issues 56 (1), 81-103.

Oviatt, Sharon (1995). Predicting spoken disfluencies during human-computer interaction. Computer Speech and Language 9. 19-35.

Pickering, Michael; Holly J. Branigan (2000). Activation of Syntactic Information During Language Production. In: Journal of Psycholinguistic Research, 29 (2). 250-216.

Pickering, Michael; Simon Garrod (2004). Towards a mechanistic psychology of dialogue. In: Behavioural and Brain Scieces 27, 169-225.

Porzel, Robert; Manja Baudis (2004). The tao of chi: Towards effective human-computer interaction. In: Proceedings of HLT-NAACL, 209-216.

Reeves, Byron; Clifford Nass (1996). The Media Equation. Stanford: CSLI and Cambridge: Cambridge University Press.

Richards, M. A.; K. M.Underwood (1984a). How should people and computers speak to one another? Proc. Interact 1984. IFIP (1984). 33-36.

Richards, M. A.; K. M.Underwood (1984b). Talking to machines: how are people naturally inclined to speech? Contemporary Ergonomics. London. 62-67.

Sacks, Harvey; Gail Jefferson (Hg.) (1992). Lectures On Conversation, Vol. I + II. Oxford.

Schenkein, Jim N. (1980). A taxonomy of repeating action sequences in natural conversation. In: Butterworth (Hg.). Language Production, Vol. I: Speech and Talk. London. 21-57.

Szmrecsany, Benedikt (2005). Language users as creatures of habit: A corpus-based analysis of persistence in spoken English. In: Corpus Linguistics and Linguistic Theory 1 (1). 113-149.

Tannen, Deborah (1989). Talking Voices: Repetitition, Dialogue, and Imigary in Conversational Discourse. Cambridge.

Waibel, Alex; Chiori Hori (2005). Spontanous Speech consolidation of spoken language applications. In: INTERSEPEECH-2005. 617-620.

Ward, Karen; Peter A. Heeman (2000). Acknowledgements in human-computer interaction. In: Proceedings of the ANLP-NAACL. 281-287.

Weiner, E. Judith; William Labov (1983). Constraints of the agentless passive. Journal of Linguistics. 19. 29-58.

Womser-Hacker, Christa (1992). Experimentelle Grundlagen und statistische Auswertung von Hypothesentests zur Mensch-Computer-Interaktion. In Jürgen Krause und Ludwig Hitzenberger (Hg.). Computer Talk. 84-104.

Yankelovich, Nicole (1997): Using natural dialogs as the basis of speech interface design. In: Luperfoy. Automated Spoken Dialog Systems. MIT Press.

Zoeppritz, Magdalena (1989). Computer talk? Technical Report TN 85.05, IBM Heidelberg Scientific Centre.

Zoltan-Ford, Elizabeth (1991). How to get people to say and type what computers can understand. In: International Journal of Man-Machine Studies 34. 527-647.

Links

E.L.I.Z.A.: Netlink 631
REA: Netlink 638

Bildnachweise

Twipsy (nicht mehr aktiv): Netlink 633
Karlbot: Netlink 634
Elbot: Netlink 637
Max: Kopp, Stefan (2007), Präsentation LU Hannover

Korpora

Dortmunder Chat-Korpus (Beißwenger, Michael; Angelika Storrer): Netlink 639
Hannover Chatbot-Korpus (Lotze, Netaya)

CHRISTINA MARGRIT MÜLLER (ZÜRICH)

3 Kommunikation im Bild: Notizen in Fotocommunitys

Ein in der Fotocommunity Flickr hochgeladenes Foto hat es nicht leicht, dass von ihm Notiz genommen wird – es hat zurzeit über sechs Milliarden Konkurrenten, die ebenfalls aufgerufen, als Favorit gebookmarkt, kommentiert und mit Notizen versehen werden wollen. Während die Aufrufe und Favoriten lediglich auf Klicks beruhen, handelt es sich bei den Kommentaren und Notizen um Texte, welche die User der Fotocommunity im ersten Falle unterhalb, im zweiten Falle innerhalb eines Bildes anbringen können.

Die Fotos auf Flickr sind also stets von Texten begleitet; überhaupt sind Bilder praktisch nie ohne Texte anzutreffen (vgl. Schmitz 2003: 250). Auch das Umgekehrte ist heutzutage der Regelfall: Der prototypische Text ist nicht monomodal sondern bi- oder multimodal (vgl. Schmitz 2004: 127 und Stöckl 2004: 246). Gegenwärtig werden multimodale Kommunikate (vgl. Dürscheid 2011) mit großer Selbstverständlichkeit produziert und rezipiert, von Linguisten jedoch noch selten untersucht:»Philologen [...] verstehen wenig von Bildern und äußern sich auch nicht dazu. Von Berufs wegen interessieren sie sich nicht dafür. Linguisten sind bilderblind.« (Schmitz 2005: 197). Die »Bildlinguistik«[1] steht ziemlich am Anfang; viele Gebiete sind noch wenig oder gar nicht erforscht, so auch beispielsweise Text-Bild-Bezüge in Social-Networking- oder Social-Sharing-Communitys (vgl. Klemm/Stöckl (2011: 16).

Anhand einer Korpusanalyse werden in diesem Beitrag intertextuelle und intermediale Bezüge von Notizen in der Fotocommunity Flickr analysiert. Es wird aufgezeigt, wozu solche Notizen überhaupt verwendet werden, in wel-

---

1   Titel eines kürzlich erschienenen Sammelbandes (Diekmannshenke et al. 2011); mit dem
    Terminus ist »die Betrachtung der Bezüge zwischen Sprache und Bild in Gesamttexten und
    die Nutzbarmachung linguistischer Konzepte, Modelle und Methoden für die Beforschung
    des in vorwiegend massenmediale Texte integrierten Bildes« (Klemm/Stöckl 2011: 9) ge-
    meint.

chem Verhältnis sie zu anderen Notizen sowie weiteren Teiltexten auf der Fotoseite stehen und was sie für Bezüge zum Foto selbst aufweisen.

3.1 Kommunikation über Bilder – Kommunikation im Bild

Kommunikation über Bilder ist doppeldeutig: Einerseits kann man anhand von
Bildern etwas mitteilen, andererseits kann man sich auch über dieselben Bilder anhand von Sprache austauschen – sei es in einem medial mündlich oder
schriftlich geführten Dialog. Kommunikation über Bilder in diesem letzt-
genannten Sinne ist ein Teilbereich der Kommunikation über Kunst, welche
bisher aus linguistischer Perspektive kaum erforscht worden ist (Hausendorf
2007: 38). Während Hausendorf (2005, 2006 und 2007) in seinen Arbeiten
hauptsächlich mündlich realisierte Kunstkommunikation untersucht, geht es
im vorliegenden Beitrag um getippte Kommunikation über Bilder, die auf der
Social-Sharing-Website *Flickr.com* erfolgt. Nun kann man natürlich einwen-
den, dass es sich nicht bei allen Flickr-Bildern um Kunstwerke handelt, doch
ist dies ein abstrakter Begriff; welchen Artefakten das Prädikat Kunstwerk
verliehen wird, bestimmen verschiedene Individuen und Institutionen in kon-
troversen Diskursen (vgl. Warnke 2008: 23). So wird im Allgemeinen wohl
auch Fotografien, die von Profis – welche Flickr aus Gründen des Marketings
nutzen – geschaffen wurden, eher Kunststatus zugebilligt als solchen, die von
Amateuren erstellt wurden. Die Amateure wiederum lassen sich nach Neumann-Braun und Astheimer (2010: 14) ihrerseits in zwei Gruppen unterteilen:
in *Dilettanten* und *Knipser*. Die Dilettanten eifern Profis nach; je nachdem,
wie gut dies gelingt, können deren Fotografien der Kunst zugerechnet werden
oder nicht. Die Knipser hingegen machen überwiegend Schnappschüsse im
privaten Kreis und erheben nicht unbedingt ästhetische Ansprüche (vgl. Neu-
mann-Braun/Astheimer 2010: 14). Die Bilder auf Flickr sind breit gestreut auf
einem Spektrum zwischen Kunstwerken und Schnappschüssen ohne jegliche
künstlerische Fertigkeit.

Es ist jedoch nicht das Ziel einer linguistischen Analyse, zu definieren,
was Kunst überhaupt ist, vielmehr kann man die Praxis der Kommunikation über Kunst auch auf nicht-künstlerische Bilder anwenden (Thim-Mabrey
2007: 100). Solche von Amateuren erstellte Bilder sind auf Flickr weitaus in der
Überzahl: »Kostengünstige Herstellung, Bearbeitung, Reproduktion und Distribution von Bildmaterial sind heute eine Selbstverständlichkeit, die nach der
öffentlichen, massenmedialen Kommunikation nun auch die private Kommunikation erfassen« (Stöckl 2004: 3). In der Forschung wurde Kommunikation
im Zusammenhang mit Alltagsbildern bisher kaum untersucht (vgl. Schmitz

2005: 197). So haben auch die Arbeiten von Stöckl beispielsweise vor allem die Werbung im Blick, also professionell gestaltete Text-Bild-Kombinationen; solche von Kommunikationslaien produzierte blendet Stöckl (2004: 254) aus. Auf Flickr lassen sich zweierlei Arten von Text-Bild-Gefügen finden: Einerseits können Fotografen ihren Bildern sprachliche Metainformationen in Form von Titeln, Beschreibungen und Tags hinzufügen. Andererseits entstehen aber auch Text-Bild-Bezüge in der Kommunikation über die Bilder, das heißt Bezüge zwischen dem Bild und den Kommentaren und Notizen. Der vorliegende Aufsatz nimmt sich der Analyse dieser beiden Formen laienhaft erstellter Text-Bild-Gefüge an.

Auf Flickr können die User via Kommentare – bestehend aus Text- oder auch Bildelementen – über ein Bild kommunizieren; der Urheber eines Bildes kann einen Titel und eine Beschreibung verfassen. Obgleich mitunter in der Textfunktion abweichend, doch von der Form her vergleichbar, gab es mit Texten versehene Bilder natürlich auch schon zu analogen Zeiten. Man denke zum Beispiel an barocke Emblemata, die aus Motto (Titel), Pictura (Abbildung) und Subscriptio (Bildunterschrift) bestehen, oder auch an die Beschriftung von Gemälden in Museen und Galerien[2] (vgl. zu Bildtiteln Bruch 2005). Neu ist bei Flickr, dass die Nutzer sowie deren Kontakte[3] über Tags, Kommentare und Notizen kommunizieren können. Die Tags dienen zur Verschlagwortung der Bilder (sogenanntes *Social-Tagging*, vgl. dazu Frohner 2010), die Notizen ermöglichen eine Kommunikation über das Bild im Bild.

Notizen-Kommunikation ist auch in anderen Fotocommunitys möglich, beispielsweise auf Ipernity. Die Plattform Flickr wurde ausgewählt, da sie eine der ersten Social-Sharing-Sites und noch immer die größte und bekannteste ihrer Art ist. Social-Sharing-Sites »dienen der Bereitstellung digitaler Medientexte wie Fotos, Videos und Musik für eine meist unbegrenzte Netzöffentlichkeit«, während Social-Networking-Sites »ihren Nutzern die Einrichtung einer Profilseite und die Vernetzung mit anderen Profilseiten« ermöglichen (Androutsopoulos 2010: 422). Doch auch viele Social-Sharing-Sites besitzen inzwischen Networking-Funktionen (vgl. Boyd/Ellison 2007: 216); Lerman und Jones (2007) zeigen in ihrem Beitrag sehr schön, dass Inhalte auf Social-Sharing-Sites praktisch nicht zur Kenntnis genommen werden, wenn die User über kein Netzwerk verfügen; sie sprechen vom »social network backbone of social media sites« (Lerman/Jones 2007: o.S.). Sowohl Social-Sharing- als auch

---

2 Seit September 2009 ist es auf Flickr möglich, als Kurator Galerien mit Bildern fremder User zu erstellen; allein durch die Wortwahl (Galerie, Kurator) wird von Flickr also impliziert, dass es sich bei den Bildern um Kunstwerke handelt: Netlink 671.

3 Auf Social-Sharing- sowie Social-Networking-Sites existieren zwei verschiedene Arten von Kontakten: einseitige Kontakte wie bei Flickr oder Twitter (*following* vs. *followers*) sowie gegenseitige Kontakte wie beispielsweise auf studiVZ.

Social-Networking-Sites verfügen sowohl über Sharing- als auch Networking-Komponenten, wobei der Unterschied in der Gewichtung dieser Komponenten liegt.

3.2 Notizen auf Flickr

Im Februar 2004 präsentierte die Firma Ludicorp die erste Betaversion der Fotocommunity Flickr, drei Monate später wurde es möglich, Tags und Notizen zu den Bildern zu erstellen. Erstellte Notizen können gelesen werden, wenn man mit der Maus über das Foto fährt. Zunächst erscheinen – von den Usern

Abb. 3-1: Beispiel einer Flickr-Seite mit Notizen (Quelle: Netlink 667)

selbst festgelegte – Rechtecke in unterschiedlicher Länge und Breite. Befindet sich der Mauscursor im Bild, so werden stets sämtliche Notizenfelder angezeigt. Will man die Notizen lesen, so muss man mit der Maus über jedes einzelne Notizfeld fahren, das heißt, die Notiztexte werden nie alle miteinander, sondern stets nacheinander angezeigt. Die Notiztexte erscheinen – fakultativ ergänzt mit dem Usernamen des Verfassers – in einem mit Farbe hinterlegten Textfeld neben dem Notizfeld. Konstituierend für eine Notiz ist also nicht nur die Schrift, sondern auch die Anordnung der dazugehörigen Notizfelder, wie sich in Abschnitt 3.4 noch zeigen wird. Abbildung 3-1 zeigt einen Screenshot[4] einer Flickr-Seite, auf der mit Notizen ausgiebig gespielt wurde.

Bei einem mit Notizen versehenen Foto sind demnach drei Ebenen zu unterscheiden: zunächst das Bild an sich, darüber gelagert dann die verschiedenen Notizfelder und schließlich die Notiztexte. So entstehen Text-Bild-Kombinationen, bei denen Bild und Text nicht nebeneinander, sondern ineinander stehen.

Das für die Analysen herangezogene Korpus wurde aus dem Gruppenpool der Gruppe »Wir sprechen Deutsch«[5], welche keine thematische Ausrichtung hat, zusammengestellt und beinhaltet eine aus 50.050 Elementen gezogene Stichprobe von 1.339 Elementen. Anhand einer systematischen Zufallsauswahl wurde jedes 30.

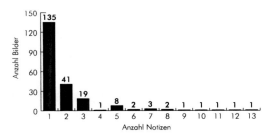

Abb. 3-2: Verteilung der Notizen auf die Bilder

Bild, welches mindestens fünf deutschsprachige Kommentare oder Notizen erhalten hat, ins Korpus aufgenommen. Da ein Foto üblicherweise vielen verschiedenen Gruppen angehört, kann die Analyse nicht nur als repräsentativ für die gewählte Gruppe, sondern auch für einen Ausschnitt der deutschsprachigen Flickr-Community gelten. Die erfassten Fotos wurden zwischen Februar 2006 und Juli 2009 auf Flickr hochgeladen. Wann ein Foto einer Gruppe hinzugefügt wurde, ist unbekannt.

Von den genannten 1.339 Fotos im Korpus weisen 216 eine oder mehrere Notizen auf, was einem Anteil von 16 Prozent entspricht. Diese vergleichsweise kleine Zahl kann nicht auf die Standardeinstellung von Flickr zurückgeführt werden, welche vorsieht, dass zwar sämtliche User der Community Kommentare schreiben, jedoch nur die Kontakte eines Fotografen Notizen hinzufügen können. Diese Standardeinstellung wird nämlich aufgehoben, wenn man ein Foto einer Gruppe hinzufügt: Es können dann sämtliche Gruppenmitglieder Kommentare und Notizen verfassen. Im Korpus finden sich insgesamt 430 No-

---

4   Aus Platzgründen wurde lediglich der erste Kommentar zum Foto abgebildet.
5   Netlink 640.

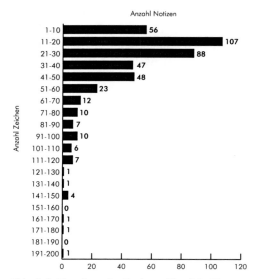

Anzahl Notizen

Abb. 3-3: Verteilung der Zeichenzahl auf die Notizen

tizen. Die Verteilung auf die 216 Fotos, die überhaupt Notizen erhalten haben, sieht wie folgt aus:

In 62% aller Fälle wurde also pro Foto nur eine einzige Notiz verfasst. Bei den übrigen 81 Fotos, die zwei oder mehr Notizen erhalten haben, stellt sich die Frage, inwiefern die Notizen aufeinander Bezug nehmen. Darauf gehe ich in Abschnitt 3.4 ein.

Eine Notiz ist laut DUDEN eine »kurze, stichwortartige schriftliche Aufzeichnung«, was durchaus auch auf die Flickr-Notizen zutrifft: Die maximale Zeichenanzahl ist auf 300 begrenzt, was in etwa der doppelten Länge eines Tweets (140 Zeichen) oder einer einfachen SMS[6] (160 Zeichen) entspricht. Notizen werden also für kürzere Mitteilungen verwendet, im Gegensatz zu den Kommentaren, die bis zu 49 996 Zeichen[7] erlauben. Selbst die 300 Zeichen der Notizen werden im Korpus allerdings niemals nur annähernd ausgeschöpft: Die längste Notiz ist 199 Zeichen lang, die kürzeste Notiz besteht aus einem einzelnen Zeichen. Im Durchschnitt ist im untersuchten Korpus eine Notiz 35 Zeichen lang, in der Graphik ist die Verteilung der Anzahl Zeichen pro Notiz ersichtlich (vgl. Abb. 3-3).

3.3 Kommunikative Verwendung von Notizen

Im Flickr-Blog wird der Verwendungszweck der Notizen wie folgt beschrieben: »notes […] allow you to annotate regions of photos, pointing out the people, places and things which make up the story.«[8] Während also Tags für das Foto als Ganzes vergeben werden können, beziehen sich Notizen bloß auf

---

6   Die meisten Mobiltelefone können heute allerdings überlange SMS, sogenannte Multi-SMS, verschicken. Dabei werden die Texte allerdings systemintern aufgeteilt und einzeln versendet.

7   Zum Vergleich: Diese Zeichenzahl entspricht in etwa dem Umfang dieses Aufsatzes.

8   Quelle: Netlink 669.

selbst festgelegte Ausschnitte eines Bildes. Doch haben Notizen und Tags auch eine Gemeinsamkeit: Zusammen mit dem Bildtitel und der Bildbeschreibung bilden diese Texte die Grundlage für die Suchfunktion auf Flickr. Darüber können also lediglich Bilder gefunden werden, welche zuvor von den Usern entsprechend beschriftet oder verschlagwortet wurden. Dieses sogenannte Social-Tagging ist nach Schmidt (2009: 157)

> »eine bestimmte Praxis des Informationsmanagements, die auf der freien Vergabe von individuell wählbaren Schlagworten, den ›tags‹ beruht. Werden die Schlagworte einer Vielzahl von Nutzern aggregiert, können sich daraus Ordnungsmuster ergeben, die als ›Folksonomies‹ bezeichnet werden«.

Da die Schlagworte frei gewählt werden können, entstehen verschiedene Probleme sprachlicher Natur (vgl. auch Ebersbach et al. 2011: 146f.). Zudem werden Tags um Aufmerksamkeit zu erheischen zur Manipulation verwendet, beispielsweise durch sogenanntes Tagspamming: »Man gibt einfach viele beliebte Tags an, wodurch ein Objekt höher gerankt und ständig gefunden wird – egal, ob die Tags nun passen oder nicht.« (Ebersbach et al. 2011: 147). So lassen sich bei der Fotoseite unter Abbildung 3-1 folgende Tags finden, die keinen Bezug zum Bild aufweisen: *tagporn, hot, brazilian, girls, casino, sex und supersexy.*

Durch einen unbekannten Algorithmus wird auf Flickr zudem die ›Interestingness‹ eines Fotos bestimmt. Besonders sehenswerte Fotos gelangen so in den »Explore-Pool«, was eine Anerkennung für den Fotografen darstellt. Im Korpus findet sich ein Foto (siehe Tab. 3-3), welches acht Notizen, 42 Tags und 419 Kommentare erhalten hat. Der Kommentar *ich liebe F5.*[9] drückt kurz und bündig aus, wie die Manipulation auf Kommentar-Ebene durchgeführt wurde: Über die Funktionstaste F5 wurde die Seite stets neu geladen, Kommentare wurden in kürzesten Abständen verfasst und die Seite wurde so quasi als Chatraum benutzt. Auch die große Anzahl der Tags führte dazu, dass das Foto im Explore-Pool gelandet ist. So wurden beispielsweise Sätze als einzelne Tags geschrieben: »und«, »es«, »war«, »doch«, »explore… «. Das Überlisten des Algorithmus wird ebenfalls in Tags kommentiert: *mehdorn ist in explore!, und nur wegen dem gequatsche, wie geil ist das denn?! und flickr ist zu lahm.* Zudem wird anhand dieser und den folgenden Tags klar, dass die beteiligten User das Foto einfach um der Unterhaltung willen manipuliert haben, als eine Art Spiel mit dem Ziel, den Algorithmus auszutricksen: *tagertainment, notetertainment* und *commentertainment.* Analog können auch Notizen zu Manipulationszwecken verwendet werden (vgl. Tabelle 3-3).

---

9   Sämtliche Zitate von Flickr-Usern werden in originaler Schreibweise unverändert wiedergegeben.

Kommen wir nochmals auf den im Flickr-Blog angegebenen Zweck der Notizen zurück. Die dort angesprochene Unterscheidung von »people« versus »places and things« wird seit dem 21. Oktober 2009 von Flickr auch technisch ermöglicht: Markiert man im Bild eine Stelle, so wird man gefragt: »Möchten Sie eine **Notiz** oder eine **Person** hinzufügen?« Diese Praxis ist aus Social-Networking-Sites wie Facebook (»Markierung«, bzw. englisch »photo tag«) oder studiVZ (»Verlinkte Personen«) bekannt; Flickr nennt diese Funktion »people in photos«. Anders als bei Facebook oder studiVZ können auf Flickr allerdings nur registrierte User markiert werden; zudem können Personen sowohl mit dem Bild als Ganzem als auch bloß mit einem Ausschnitt verlinkt werden. Zum Zeitpunkt der Korpuserstellung gab es diese technische Unterscheidung von Notizen und Personen noch nicht; in zwei Fotos wurden dennoch Personen mit einer Notiz markiert und mit einem Namen versehen. Daran zeigt sich schön, dass die aus den Social-Networking-Sites bekannte Praxis von Usern und später von den Flickr-Programmierern übernommen worden ist.

Im Folgenden soll es jedoch ausschließlich um den spezifischen Nutzen der Notizen im Rahmen von Metakommunikation über das Bild gehen. Notizen können, wenn man die Kommunikation auf Flickr mit einem Face-to-Face-Gespräch vergleicht, als eine Art Ersatz gesehen werden für die Möglichkeiten des nichtsprachlichen Zeigens auf Fotos, beispielsweise mit dem Finger oder Laserpointer: »In Zweifelsfällen und in Fällen, in denen es auf Details ankommt, hilft unter Anwesenden das Zeigen, dient es doch genau dazu, sinnliche Wahrnehmung(en) kommunikativ verläßlich (sic!) zu etablieren, also, wenn

Ortsadverbien	Richtungsadverbien
Schön ist **hier** die Diagonale, die weiße Gischt und dunklen Uferbereich trennt. Das Quadrat passt **da** sehr gut, auch der Rahmen ist hervorragend abgestimmt!	[...] vor allem ärgert mich, daß alle **hierher** kommen und dabei die Ostsee und Nordsee vergessen, die ich viel bezaubernder finde [...]
Schade, dass der Lieferwaten **dort** herum stand, trotzdem tolle Aufnahme	ja, ja, das ist schon der richtige Altar, **dorthin** wandern viele Wallfahrer ;-)

Tab. 3-1: Lokaladverbien in Flickr-Kommentaren (Hervorhebungen CMM)

man so will, Wahrnehmung unmittelbar in die Kommunikation einzubinden.« (Hausendorf 2006: 89–90). Selbstverständlich sind auch Formen des sprachlichen Zeigens möglich, vor allem durch deiktische Mittel wie Lokaladverbien sowie durch Verbalisierungen von Wahrnehmungen, wie Beispiele aus Flickr-Kommentaren zeigen.

Die Flickr-User haben also die Wahl zwischen rein verbalem Zeigen in einem Kommentar (s. Tab. 3-1) sowie einer Mischung aus nonverbalem (Notizfeld) und verbalem Zeigen (Notiztext) in einer Notiz (s. Tab. 3-2), wobei es Folgendes zu beachten gibt: »The verbalization of a certain perception [...] indeed establishes its communicative relevance and, in this way, can be considered as functionally equivalent with deictic means [...]. Pointing is, nevertheless, in most situations considerably more economical and effective than verbalizing perceptions.« (Hausendorf 2003: 258).

Wozu nun werden die Notizen überhaupt verwendet? Sehr oft werden einzelne Ausschnitte der Fotos beschrieben, gedeutet, erläutert und auch bewertet. Dies entspricht den vier kommunikativen Grundaufgaben, die es in Gesprächen vor Kunstwerken, beispielsweise in einer Ausstellung, zu lösen gilt (vgl. Hausendorf 2006: 74). Folgende Tabelle zeigt anhand von Notizen exemplarisch einige Beispiele dafür aus dem Korpus:

Beschreiben	Deuten	Erläutern	Bewerten
blauer Fußball !	Peace Pigeons! (CMM: Tauben am Himmel hinter einem russischen Wachturm aus der Zeit des kalten Krieges)	Diese Stele markierte die ehemalige »Demarkationslinie« der Deutschen Teilung. In der runden Öffnung befand sich das „Staatssymbol" der DDR.	Den Teil find ich am schönsten
portachiavi - Schlüsselanhänger	ein Krokodil - toll! (CMM: bezieht sich auf eine Wolke)	Da rechts, nicht auf dem Bild, waere der Dorfbrunnen.	wunderschönes Licht !
ganz klar mit messer geschnitten.nicht auf kung fu art	Das sieht aus wie ein Herz, das auf dem Kopf steht! (CMM: zwei sich paarende Libellen)	da siehst du den grund, ein tumor. armes pünktchen... aber sie hatte wirklich ein schönes leben in apelern.	toll wie das Detail hier raus kommt!!
Hier ist ein Bienchen.	es brennt! (CMM: im Abendrot leuchtende Wolken)	Der Falke war schon durchgeflogen!	Waaahhh! Supergenial!

Tab. 3-2: Kommunikative Grundaufgaben vor dem Kunstwerk am Bsp. von Flickr-Notizen

All diese Notizen haben einen expliziten Bezug zum Bild. Teilweise werden in Notizen Ortsadverbien verwendet wie in *Hier ist ein Bienchen*. In den meisten Fällen wird das *hier* jedoch ausgespart, da die Notiz auf eine bestimmte Stelle verweist und sich ein Ortsadverb erübrigt: *[Hier ist ein] blauer Fußball !, [Hier sind] portachiavi – Schlüsselanhänger* oder *[Dies hier ist] ganz klar mit [einem] messer geschnitten.* Doch nicht alle Notizen können einer dieser vier kommunikativen Grundaufgaben vor dem Kunstwerk zugeordnet werden. Einige Notizen haben keinen oder keinen direkten Bezug zum Bild, andere haben Bildbezüge anderer Art. Ein Beispiel für Notizen gänzlich ohne Bildbezug ist in Tabelle 3-3 zu sehen:

Nr.	User	Notiztext
1	Вегитилл	Man könnte ja auch mal anfangen hier eine Unterhaltung zu beginnen
2	frau	da lässt sich doch im leben keiner drau ein...
3	Вегитилл	anscheinend ja doch...
4	frau	subtiler humor ist zu diffizil für dich
5	Вегитилл	Nö, wollte nur ne Note schreiben

Tab. 3-3: Notizen ohne Bildbezug

Daneben gibt es Notizen, die sich bloß auf die vorangegangene Notiz und nicht auf das Bild beziehen. Andere Notizen wiederum enthalten Hyperlinks, einerseits zu einem vielleicht zum Bild passenden Videoclip auf einer externen Website wie YouTube, andererseits auch zu weiteren Flickr-Bildern. Abbildung 3-4 vermittelt einen Überblick zu solchen Notizen sowie zu Notizen mit Bildbezug.

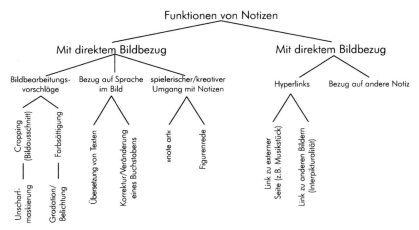

Abb. 3-4: Funktionen von Notizen

Im Folgenden soll es nun um drei weitere Formen von Bezugnahme in Notizen auf die Bilder gehen: um einen 1) spielerischen Umgang mit Notizen, um 2) Bezüge auf Schriftelemente im Bild sowie um 3) Bildbearbeitungsvorschläge.

1. Notizen werden einem Comic ähnlich als Sprechblasen verwendet, wobei der Notiztext dann als Figurenrede (vgl. Stöckl 2004: 272–273) fungiert. Eine weitere kreative Verwendung von Notizen findet man in der sogenannten »note art«: Notizen werden so angeordnet, dass ein Bild im Bild entsteht. Abbildung 3-5 zeigt solche Notizen ohne das dazugehörige Foto. In Abbildung 3-6 wird der Bezug zum Bild deutlich: Der abgelichteten jungen Frau wird eine Zigarette in den Mund gelegt, die auch entsprechend (mit *Cigarette, Rauch*) beschriftet wurde. Hier wird der Kunstbezug transparent.

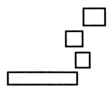

Abb. 3-5: Note art: Notizen vom Bild gelöst.

2. Wenn in einem Bild sprachliche Elemente vorkommen, wird die Notizfunktion genutzt, um einerseits Texte in eine andere Sprache zu übersetzen, andererseits aber auch, um Texte zu korrigieren oder – wie im folgenden Beispiel – zu verändern: So besteht die kürzeste Notiz aus nur einem einzigen Buchstaben; ein *r*, welches über das erste *n* im Wort *Mietenkompostierung* geschrieben wurde – als ironische Korrektur.

Abb. 3-6: *Note art,* ohne und mit Notiztext (Quelle: Netlink 670; Foto ist mittlerweile gelöscht).

3. In den Fotocommunitys geht es unter anderem auch darum, die eigenen fotografischen Fähigkeiten zu verbessern. Neben den bewertenden Kommentaren werden deshalb auch Änderungs- und Verbesserungsvorschläge von anderen Usern gemacht. Hierzu eignet sich die Notizfunktion besonders, da man präzise markieren kann, welcher Teil des Bildes gemeint ist und wie man ihn bearbeiten sollte. Exemplarisch seien Crop-Empfehlungen genannt, bei denen Vorschläge geäußert werden, wie das sogenannte Cropping, das Beschneiden von Fotografien, vorgenommen werden sollte. Das Verb *schneiden* als auch die verbalen Präfixderivate *abschneiden, beschneiden* und *wegschneiden* regieren Akkusativobjekte; diese werden länger oder kürzer realisiert. In der Tabelle 3-4 finden sich Kommentare,

in denen mit relativ wenigen Worten beschrieben wird, wie das Foto gemäß den Kommentierenden zugeschnitten werden könnte. Demgegenüber sehen wir bei den Notizen, dass es noch kürzer geht: Mit einem Demonstrativpronomen (*ich hätte diesen Ausschnitt gewählt*) wird auf den Rahmen des Notizfeldes verwiesen, mit dem Modaladverb so (*[...]ich würde es wirklich so beschneiden*) ebenfalls.

Kommentare	Notizen
(Der eingekastelte Bereich mit dem Brückengeländer stört mich eigentlich nicht, aber du *könntest* **den unteren Rand** entspr. abschneiden)	ich *hätte* **diesen Ausschnitt** gewählt
Wie *wär's*, wenn **du den Vordergrund** beschneiden würdest	Ich weiß, Du machst das ja nicht so gerne, aber ich *würde* es wirklich **so** beschneiden
das untere ist klar besser, wenn Du **es rechts etwas** beschneidest ...	crop???

Tab. 3-4: Kommentare und Notizen mit Crop-Empfehlungen (Hervorhebungen in den Tab. 3-4 bis 3-6 von CMM).

Die kürzeste Variante ist die Frage *crop???* Dass es sich um Empfehlungen handelt, lässt sich am Modus der Verbformen ablesen: Es wird überwiegend der Konjunktiv verwendet, sowohl in der 1. Pers. Sg. (*ich hätte/würde*) als auch in der 2. Pers. Sg. (*du könntest/wenn du würdest*) und einmal in der 3. Pers. Sg. (*könnte man*).

Die in den Kommentaren der Tabelle 3-4 gewählten Umschreibungen zur Festlegung des Ausschnitts sind relativ vage, während die Kombination von Notizfeld und Notiztext quasi einem exakten virtuellen

---

oooh, das liecht! wunderbar! die crop version fingi aso grad chli z knapp. würds nid so fescht zueschnide, *würd* höchschtens **am bode e guete centimeter** wägschnide, **so dass no immer vo links bis rächts e chli schilf z gseh isch.**[1]

der schatten *würde* auch noch durchgehen, *schnittest* du ihn so ab, **dass nur ein grünes dreieck in der ecke bleibt,** er aber nicht nach berühren des randes nochmal ,nen grünen streifen freigibt. aber links, viel zu viel kram, der nichts hinzufügt und überflüssig ist.

Gut festgehalten nur der Rahmen und **die sichtbaren Überreste vom Auto (A-Säule, Amaturenbrett, Rückspiegel)** *könnte* man wegschneiden.

(1) Übertragung ins Standarddeutsche: Oooh, dieses Licht! Wunderbar! Diese Crop-Version finde ich also gerade ein wenig zu knapp. Ich würde es nicht so fest zuschneiden, ich würde höchstens am Boden einen guten Zentimeter wegschneiden, so dass noch immer von links nach rechts ein wenig Schilf zu sehen ist.

Tab. 3-5: Ausführliche Crop-Empfehlungen in Kommentaren

Cropping gleichkommt. Will man allein durch Sprache ein derart akkurates Ergebnis erzielen, müssen die Formulierungen detaillierter ausfallen, wie einige Beispiele aus Kommentaren in Tabelle 3-5 zeigen.

Schließlich gibt es User, die einerseits Notizen verfassen, andererseits aber auch noch einen dazugehörigen Kommentar hinterlassen. So ist die Notiz *hat was!* nicht eindeutig als Crop-Empfehlung zu interpretieren, solange man den Kommentar dazu nicht kennt (s. Tab. 3-6); vielmehr könnte auch ein bestimmter Teil des Fotos bewertet wer-

Kommentare	Notizen
Hammerspitzenmegamässige Aufnahme. Unbedingt Croppen und an die Wand hängen!	Crop-Empfehlung
obige Ausschnitt wür mich reizen!	hat was!

Tab. 3-6: Crop-Empfehlungen sowohl in Kommentaren als auch in Notizen.

den (vgl. kommunikative Grundaufgaben vor dem Kunstwerk, Tab. 3-2). Wir sehen also: Werden Notizfelder mit Kommentar- oder Notiztexten kombiniert, ist dies die effizienteste Art und Weise, eine Crop-Empfehlung abzugeben. Im Gegensatz dazu sind reine Kommentartexte eher umständlich sowohl zu produzieren als auch zu rezipieren. Ziemlich ineffizient ist die Lösung eines Users, das betreffende Bild zu kopieren, in einem Bildbearbeitungsprogramm zuzuschneiden und dann als Bild in einem Kommentar zusammen mit dem Satz *Das Problem mit den Autos kenne ich. Da hilft nur eine enger Schnitt.* einzufügen.

3.4 Dialogische Notizen

Unter dialogischen Notizen werden zwei oder mehrere Notizen verstanden, die untereinander Bezüge aufweisen. Von den insgesamt 430 im Korpus vorhandenen Notizen sind 131 dialogisch, also rund 30 Prozent. Die Abbildung 3-7 zeigt allein die dialogisch verwendeten Notizen und damit, dass es sich in drei Viertel aller Dialoge um zwei sich aufeinander beziehende Notizen handelt, also um klassische Adjazenzpaare, während die restlichen Dialoge aus drei, vier oder maximal fünf Notizen bestehen. Spannend ist nun die Frage, wie dialogische Notizen angeordnet werden.

Sandig (2000: 10) hält fest, dass wir »räumliche Nähe auf einem Text-

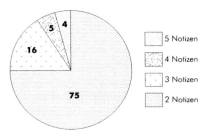

Abb. 3-7: Anzahl Notizen pro Dialog (Angaben in Prozent).

träger [...] als Zeichen der Zusammengehörigkeit [interpretieren]: bei Bild-über- oder -unterschrift, bei Schrift innerhalb der Bildfläche, bei Sprech- oder Denkblasen im Bild usw.« Deswegen darf vermutet werden, dass ein User, der auf eine Notiz Bezug nimmt, sein Notizfeld in unmittelbarer Nähe platziert. Dabei gibt es wiederum drei Möglichkeiten: Überschneidung, Umschließung und Berührung. Bei den aus zwei Notizen bestehenden Dialogen überwiegt mit 78% eindeutig die überschneidende Anordnung, wobei auch hier nochmals zwei Varianten möglich sind. Einerseits wird die Ausgangsnotiz an einer Ecke, andererseits an einer Längskante geschnitten:

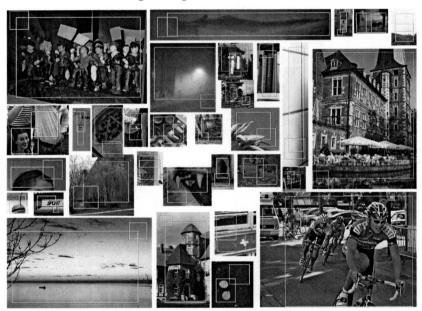

Abb. 3-8: Überschneidung von zwei Notizen

In Tabelle 3-7 sind die übrigen Anordnungen ersichtlich. Lediglich 10% der Notizen haben keinen Schnitt- oder Berührungspunkt, wobei die Notizen doch auch relativ nahe beieinander angelegt worden sind.

Bei zwei sich umschließenden Notizen ist in zwei Fällen die äußere Notiz die Reaktion auf die innere. In einem Fall jedoch ist es umgekehrt, es wird in diesem Beispiel auch ersichtlich, warum in ein Notizfeld hineingeschrieben wird (vgl. Tab. 3-7, Umschließung, 1. Bild). Eine Userin markiert eine Wolkenformation und schreibt dazu: »das sieht ja wie ein fliegender Engel aus !!....................«. Eine andere Userin reagiert folgendermaßen darauf: »Schau

Tab. 3-7: Anordnung von Dialogen mit zwei Notizen

mal man kann ein richtiges Gesicht erkennen«. Die Anordnung der Notizen
ist also nicht willkürlich, vielmehr hat die zweite Userin die Stelle markiert,
auf welche sich ihre Notiz (*ein richtiges Gesicht*) bezieht, wobei sie mit dem Ver-
bum sentiendi im Imperativ in Kombination mit dem Notizfeld also ausdrückt:
schau hierher.

In zwei der vier Fälle, in denen sich die Notizen eines Dialogs nicht berühren, ist ebenfalls die Anordnung von Bedeutung: In einem Bild (s. Tab. 3-7,
Distanzierung, 2. Bild) wurde ein kaputtes Fenster eines alten Hauses markiert
und kommentiert: *this i will repair, before i rent…* Darauf bezieht sich eine Notiz, welche auf die dunklen Wolken am Himmel hinweist: *and the roof quickly,
I think it's going to rain.* Im zweiten Beispiel (Tab. 3-7, Distanzierung, 1. Bild)
zieht sich eine Notiz über den im Foto abgebildeten Himmel und enthält den
Text *Puaffffffffffffffffff, very cool! - .:[yorch]:..* Infolgedessen reagiert ein User
mit den Worten *hey yorch! in this office is working a secretary - she is much more cool
;-).* Für die Leser der Notizen ist es hier ein Leichtes, den Bezug herzustellen,
einerseits durch den Nickname *yorch*, der in der ersten Notiz angegeben und in
der zweiten Notiz als Anrede verwendet wird, andererseits durch das Adjektiv
cool. Die Aussage, die der Urheber der zweiten Notiz treffen will, bezieht sich
auf einen konkreten Ort, auf den einerseits mit dem Notizfeld, andererseits mit
einem Demonstrativpronomen hingewiesen wird.

3.5 Explizite und implizite Bezugnahmen von und auf Notizen

Im Abschnitt 3.3 haben wir bei den Beispielen zu Crop-Empfehlungen gesehen, dass zu einigen Bildern von einem einzigen User sowohl Notizen als auch
Kommentare verfasst werden. Da allerdings die Notizen oft anonym verfasst
sind, ist es dann nicht möglich zu sehen, ob zwei sich aufeinander beziehende
Teiltexte von einem oder von mehreren Usern geschrieben wurden. Zudem
kann ausschließlich bei den Kommentaren der Zeitpunkt des Postens eruiert

werden. Bei den Notizen, aber auch dem Bildtitel, der Bildbeschreibung und den Tags hingegen ist nicht ersichtlich, wann sie verfasst wurden. Somit lässt sich auch nicht feststellen, in welcher Reihenfolge die Teiltexte verfasst wurden. Dies wiederum hat zur Folge, dass unklar ist, ob nun eine Notiz als Reaktion auf einen Kommentar oder ein Kommentar als Reaktion auf eine Notiz erfolgt ist. Zudem muss bedacht werden, dass sämtliche Texte jederzeit von ihren Verfassern verändert und vom jeweiligen Fotografen auch gelöscht werden können.

Nehmen wir als Beispiel ein Blumenfoto mit dem Titel *Tulpen Feuerwerk*. Ein User namens ›eckiblue‹ verfasst einen ersten Kommentar dazu, *Ein Feuerwerk*. Scheinbar bedient er sich desselben Wortschatzes wie die Fotografin. Von Alignment (in dieser Richtung) auszugehen, wäre jedoch falsch, da die Userin einen Folgekommentar verfasst: *Danke Ecki für den Titel*. In diesem Fall wird also klar, dass die Fotografin den Titel hinzugefügt oder verändert hat aufgrund dieses Kommentars; in den meisten Fällen jedoch hat man keine solchen Anhaltspunkte.

Bevor ich auf Bezugnahmen von Notizen auf andere Teiltexte und umgekehrt eingehe, muss der Textbegriff geklärt werden. Für die einzelnen Fotoseiten auf Flickr gilt: An der Produktion der unterschiedlichen Teiltexte sind immer mehrere User beteiligt. Wir haben es also mit einem Gesamttext zu tun, dessen Ausgangspunkt stets eine Fotografie ist. Der Terminus Gesamttext wiederum soll keineswegs suggerieren, dass es sich um einen abgeschlossenen und kohärenten Text handeln muss. Vielmehr umfasst der Terminus Gesamttext die Gesamtheit aller Teiltexte.

Üblicherweise bezieht sich ein Großteil der Texte auf das Bild; wie wir in Abschnitt 3.4 gesehen haben, können sich die Teiltexte zusätzlich aufeinander beziehen, weshalb die Kommunikation bis zu einem gewissen Grad ebenfalls dialogisch verläuft. Die Teiltexte dieses Gesamttextes haben teilweise einen Umfang von mehreren Sätzen, bestehen aber teilweise »nur aus einem (eventuell auch noch unvollständigen) Satz oder gar aus einem Wort« (Adamzik 2004: 44). Bei solchen ›Kurz-Texten‹ handelt es sich laut Adamzik um Randphänomene und darum im herkömmlichen Sinne nicht um prototypische Texte.

Neben traditionellen Bezügen zwischen Texten sind auf Flickr auch hypertextuelle Bezugnahmen möglich, die über die einzelnen Fotoseiten hinausgehen. Unter Umständen ist die Kohärenz zwischen Teiltexten verschiedener Fotoseiten also größer als zwischen zwei Teiltexten einer Fotoseite. Es sind demnach auch über die einzelnen Fotoseiten hinausgehende, nicht hypertextuelle, Bezüge auffindbar. Dies setzt allerdings voraus, dass man in einem bestimmten Netzwerk den Überblick über die hochgeladenen Fotografien hat, ansonsten bleiben diese Bezüge verborgen.

Ein Beispiel soll dies veranschaulichen. Eine Notiz zu einem Foto im Korpus lautet wie folgt: *Hier waren die 5 1/2 Regentropfen drin!* Die über eine Wolke gelegte Notiz würde einen nicht weiter verwundern, wäre der bestimmte Artikel und die Mengenangabe ausgespart worden. Doch so fragt sich der Rezipient, um welche Regentropfen besagter Menge es sich denn handelt. Weder auf der Fotoseite ist davon die Rede, noch im Fotostream (alle hochgeladenen Bilder eines Nutzers). Im Stream der Notiz-Verfasserin – eines Kontakts der Fotografin – hingegen wird man fündig. In einer Bildunterschrift zu einem Foto, das am selben Tag aufgenommen und hochgeladen wurde wie dasjenige mit der Notiz, ist Folgendes zu lesen:

>»Wir hatten natürlich den Regenschirm im Auto gelassen und als *die 5 1/2 Regentropfen* sich aus dem sonnigen Himmel über Rita und mir ausweinen mussten – nun ja, siehe Foto!« (Hervorhebung CMM).

In der Intertextualitätsforschung ist man sich nicht darüber einig, ob die Bezüge zwischen Teiltexten als intertextuell bezeichnet werden sollen. So merkt Janich (2008: 187) an: »Die Beziehungen zwischen Teiltexten ein und desselben Textes (Paratextualität) sind zwar ein zentraler Gegenstand der Textlinguistik, meist aber nicht unter dem Etikett der Intertextualität.« Dies sollte bedacht werden, wenn auch im Folgenden auf Literatur verwiesen wird, die vom Terminus der Intertextualität ausgeht. Adamzik (2004: 98, 105) hingegen zählt sowohl Bezüge zwischen Einzeltexten als auch Teiltexten zur Intertextualität. Es gilt zudem zu bedenken, dass es umstritten ist, »ob das, was Genette Paratexte nennt, nämlich Fußnoten, Titel, Zusammenfassungen, Zitate, Definitionen u. ä., [...] als eigenständige Texte und spezielle Textsorten aufzufassen sind« (Adamzik 2004: 103). Die Bezüge auf den Flickr-Seiten können deshalb an der Grenze zwischen Intra- und Intertextualität lokalisiert werden.

Wenn – um auf Flickr zurückzukommen – von Bezugnahmen von Notizen auf andere Teiltexte oder von diesen auf Notizen die Rede ist, so muss unterschieden werden zwischen impliziten und expliziten Bezügen. So stellt auch Ziegler (2004: 164) fest:

>Die Markierungen von Intertextualität können sehr unterschiedlich ausfallen. Sie können explizit sein, wenn auf einen Autor, auf einen bestimmten Text oder auf eine ganze Gruppe von Texten ausdrücklich verwiesen wird. Sie können aber auch implizit sein, wenn nur gewisse Elemente oder Strukturen des Bezugstextes übernommen werden, was vom Leser verlangt, dass er den Bezugstext und/oder den textstrukturellen Rahmen des Bezugstextes kennt, damit er die notwendigen Relationen herstellen kann.

Sowohl die expliziten als auch die impliziten Bezugnahmen werden zu verschiedenen Zwecken verwendet. Janich (2008: 177–178) nennt einzelne Funktionen, die allesamt »der Erweiterung der Bedeutung des eigenen Textes« dienen: Zusammenfassung, Nachahmung, Ergänzung, kritische Kommentierung, Verstärkung, argumentative Zuhilfenahme, Nachweis fremder Quellen, Markierung von Verbindlichkeit, Widerspruch, Persiflierung und Parodierung sowie Aufmerksamkeitserregung.

Wenn es um Bezüge zwischen Kommentaren und Notizen geht, seien es explizite oder implizite, liegt in einigen Fällen die Funktion der Ergänzung vor: Mit einer Notiz kann man sprachökonomisch auf eine bestimmte Stelle hinweisen. Verweist man mit einem Kommentar auf die Notiz, können noch weitere Informationen ergänzt werden. Dies sei vorgeführt an einem Beispiel einer expliziten Bezugnahme: In einem Kommentar ist zu lesen: ... *siehe Note ... und kam nur mit Mühe wieder hoch!* Damit wird der Rezipient dazu aufgefordert, zuerst die Notiz derselben Userin zu lesen: ... *und da! habe ich gesessen – mit dem Mors im Schnee...* Dort, wo im Kommentartext vier Auslassungspunkte zu finden sind, müssen die Rezipienten also den Notiztext ›einfügen‹. Der deiktische Bezug zum Bild wird im Notiztext nicht nur mit dem Ortsadverb hergestellt, sondern durch ein Ausrufezeichen noch unterstrichen.

In den folgenden beiden Beispielen geht es um implizite Bezüge, bei denen Elemente des Bezugstextes, genauer: jeweils ein Lexem, übernommen werden: Die in Tabelle 3-2 bereits erwähnte Notiz *ein Krokodil - toll!* geht auf die Deutung einer Wolkenformation zurück. Eine andere Userin reagiert darauf mit einem Kommentar. Dass es sich um eine Antwort auf die besagte Notiz handelt, wird wiederum am Pronomen *es* deutlich: *wie windschnittig es in der luft liegt, das krokodil! :-)).* Die von der Notiz-Verfasserin vorgenommene Interpretation wird also in einem Kommentar bestätigt. Eine andere Userin hingegen entgegnet, noch vor dem obigen Kommentar: *Ich glaube ja eher, dass dort ein Drache fliegt! ;-).* Während im ersten Kommentar ein Lexem wiederaufgenommen wird, hat man es im anderen Kommentar mit einem Lexem aus demselben Wortfeld (Reptilien im weitesten Sinne) zu tun.

In einer Notiz zu einem weiteren Bild wird gefragt: *Was soll uns diese Handbewegung sagen?* Die Notiz ist über den Händen eines vielleicht achtjährigen Funkenmariechens angebracht, die flache Hand gegen die Faust haltend. Darauf reagiert der Fotograf in einem Kommentar: *hahaaa! geill.. hab die handbewegung garnicht gesehen.*

Dieses Beispiel macht auch deutlich, dass sich der Kommentartext nicht nur auf den Notiztext bezieht, sondern auch auf den Ausschnitt des Bildes, auf

den mit dem Notizfeld verwiesen wird. Legt man einen engen, lediglich auf
Sprache bezogenen, Textbegriff zugrunde,[10] der Texte nicht als »Konglomerate
verschiedener Zeichensysteme« (Stöckl 2004: III) versteht, bei welchen »der
Gebrauch der Zeichenressource Sprache [...] durch Bilder, Textgraphisches,
Musik, Geräusche etc. ergänzt, geprägt und überformt« wird, so haben wir
es beim obigen Beispiel neben einem intertextuellen auch mit einem inter-
medialen Bezug zu tun. Unter intermedial wird hier »das Zusammenwirken
verschiedener Zeichenressourcen in einem Kommunikat (Multimodalität)«
(Spitzmüller 2010: 114) verstanden; in der Intermedialitätsforschung werden
Zeichenmodalitäten hingegen zuweilen als Medien aufgefasst, daher der Terminus *intermedial*. Gemeint sind also intermediale Bezüge im engeren Sinne
(vgl. Holly 2011: 35), die ich in Anlehnung an die beteiligten Zeichenmodalitäten Sprache (Schrift) und statisches Bild *intermodal* nennen möchte. Um
solche Bezüge soll es auch im letzten Abschnitt gehen.

3.6 Komplementäre Notizen-Bild-Relationen

Nach Nöth (2000: 483f.) können vier verschiedene Text-Bild-Relationen unterschieden werden: redundante, diskrepante, kontradiktorische und komplementäre. Redundante Bezüge, bei denen in Text und Bild ‚dieselbe' Information zu
finden ist, sowie diskrepante Bezüge, bei denen Bild und Text zusammenhang-
los nebeneinander stehen, sind häufig anzutreffen. Kontradiktorische Bezüge,
bei denen sich Text und Bild widersprechen und die als Stilmittel vor allem in
Karikaturen oder in der Werbung verwendet werden, sind in Fotocommunitys
höchst selten. Bei komplementären Text-Bild-Beziehungen schliesslich benötigen die Rezipierenden beide Informationsquellen, um die Gesamtbedeutung
des Kommunikats überhaupt verstehen zu können. Im Folgenden soll es darum
gehen, wie sich Bild- und Textinformation gegenseitig ergänzen und welche
Auswirkungen komplementäre Bild-Text-Relationen auf die Texte haben.

Teiltexte auf Flickr, insbesondere Notizen, können ohne das dazugehörige
Bild oftmals nicht verstanden werden. Umgekehrt benötigen manchmal auch
Bilder Texte, welche notwendige Zusatzinformationen für ein korrektes Verständnis liefern. So kann beispielsweise mit einer Notiz erklärt werden, was
auf dem Bild nicht sichtbar ist, sowohl lokal als auch temporal. Beispiele für
lokale Zusatzinformationen sind die Notizen *4 Monitore der unteren Zeile (2,1
sichtbar) gehören zum dritten System, dessen Störungen würde man hier sehen!* und
Da rechts, nicht auf dem Bild, waere der Dorfbrunnen. Temporale Erläuterungen

---

10   Siehe auch Adamzik (2002), die sich dezidiert gegen einen erweiterten Textbegriff aus-
     spricht.

finden sich in einem Foto eines Mittelalterspektakels, wo ein Falke einer Dame knapp über den Kopf hinweg fliegen soll. In einer Notiz wird angemerkt: *noch lacht sie*, woraufhin die Fotografin erläutert: *Der Falke war schon durchgeflogen!* Text und Bild stehen zumeist in »symbiotisch produktiver Spannung« (Schmitz 2003: 255). Informationen, die dem Bild entnommen werden können, müssen nicht versprachlicht werden. Auffällig sind Notizen, in denen das Subjekt getilgt wird, wie in folgenden drei Beispielen von Notizen zu drei verschiedenen Bildern:

1. zupft ihr immer Federn aus (vgl. Abb. 3-9)
2. passt gut rein
3. braucht nix rauchen sieht schon alles rosarot

Zifonun et al. (1997: 415) stellen fest, dass „fehlendes Subjekt und unbesetztes Vorfeld im Aussage-Modus [...] Auslöser für die Suche nach einzutragenden situativen Gegebenheiten [sind]." Werden die Bilder zur Interpretation herangezogen, ist sofort klar, dass die Notizen nur folgendermaßen verstanden werden können:

1. [Der Gänserich] zupft ihr immer Federn aus (vgl. Abb. 3-9[11])
2. [Der einsame Angler] passt gut rein
3. [Der verkleidete Mann] braucht nix rauchen sieht schon alles rosarot

Während in Beispiel 2 und 3 die beiden abgebildeten Männer und somit die Subjekte per Notizfeld markiert wurden, ist in Beispiel 1 der Kopf der Gans Else (Objekt) und nicht der Gänserich Gustav (Subjekt) markiert (vgl. Abb. 3-9).

Grund dafür ist wohl, dass durch die gewählte Position des Notizfeldes im Bild außerdem angezeigt wird, an welcher Stelle der Gans die Federn ausgezupft werden. Nimmt man nun also die Bildinformationen und die Informationen im Notiztext und dem Titel zusammen, so gelangt man zu folgender Aussage: ›Der Gänserich Gustav zupft der

Gustav und Else

Abb. 3-9: Subjekt im Bild realisiert

---

11   Netlink 641.

Gans Else immer Federn am Hinterkopf aus.‹ Hier ist also das Subjekt weder explizit noch implizit über den Notizrahmen ausgedrückt, sondern muss im Gegensatz zu (2) und (3) kognitiv (interpretativ) erschlossen werden.

Doch auch Äußerungen, die in syntaktischer Hinsicht vollständig sind, wären zu großen Teilen ohne das Bild nicht verständlich. Dies, da die Texte lediglich Metatexte zum Bild sind. Zusätzlich verlangt auch die Kombination von Bild und Text nach Weltwissen, welches der Notiz-Schreiber voraussetzt. Schauen wir uns hierzu ein Beispiel an (siehe Abb. 3-10[12]): *wenn ich das mache bekomme ich jedesmal ärger...* Das Notizfeld ist über einem Straßenschild angebracht, das aufgrund von Weltwissen als Einbahnstraßen-Schild erkannt wird. Der Notizschreiber weist also darauf hin, dass die Radrennfahrer hier etwas tun dürfen, was im normalen Straßenverkehr nicht erlaubt ist.

Abb. 3-10: Pronomen *das* verweist auf Situation

3.7 Fazit und Ausblick

Im Beitrag wurde aufgezeigt, zu welchen kommunikativen Zwecken Notizen in Bildern verwendet werden. Es hat sich gezeigt, dass Notizen in vielen Fällen effizienter und ökonomischer sind als Kommentare unterhalb des Bildes, so zum Beispiel bei Bildbearbeitungsvorschlägen. Mit durchschnittlich 35 Zei-

---

12   Netlink 642.

chen sind Notizen kurze Texte. Die Kürze entsteht häufig dadurch, dass ein Teil der Information im Bild zu finden ist.

Viele Notizen werden zur Lösung der vier kommunikativen Grundaufgaben (beschreiben, deuten, erläutern, bewerten) vor dem Kunstwerk verwendet. Oftmals ist auf Flickr auch eine Kommunikation mit dem Künstler selbst möglich, im Gegensatz zu Ausstellungen und Museen. So entsteht mitunter dialogische Kommunikation über Kunst, teilweise auch via Notizen. Dialoge können auch spielerischer Natur sein, vor dem Hintergrund eines Flickr-Fotos als Bühnenbild kann spielerisch-theatralische asynchrone Kommunikation stattfinden (vgl. dazu Müller 2010).

Schließlich wurden die vielfältigen intertextuellen sowie intermodalen Bezüge von Notizen untersucht; Abbildung 3-11 zeigt in starker Vereinfachung die verschiedenen Relationen auf. Natürlich können sich alle Teiltexte aufeinander sowie aufs Bild beziehen. Darüber hinaus sind auch explizite und implizite Bezüge auf andere Fotoseiten anzutreffen; letztere sind allerdings schwer aufzuspüren.

Text-Bild-Bezüge zeichnen sich dadurch aus, dass die Sprache durch das Bild entlastet wird (oder umgekehrt), da im Bild vorhandene Informationen nicht versprachlicht werden müssen. Gerade bei Notizen, die neben dem Notiztext auch eine Zeigefunktion innehaben, können enge Symbiosen zwischen den beiden Modalitäten entstehen.

Nicht nur in Fotocommunitys ist es möglich, innerhalb eines Bildes zu kommunizieren:

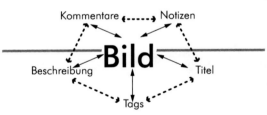

Abb. 3-11: Intertextuelle und intermodale Bezüge auf einer Flickr-Seite

Seit Juni 2008 ist es auch in der Video-Sharing-Community Youtube möglich, Notizen anzufügen. Hier tut sich also ein weiteres Feld auf, das es zu erforschen gilt und das über die Bildlinguistik hinausgeht: Neben der geschriebenen Sprache und dem bewegten Bild kommen dort auch die gesprochene Sprache, Geräusche und Musik hinzu.

Literatur

Adamzik, Kirsten (2002). Zum Problem des Textbegriffs. Rückblick auf eine Diskussion. In: Brauchen wir einen neuen Textbegriff? Antworten auf eine Preisfrage. Hgg. v. Ulla Fix, Kirsten Adamzik, Gerd Antos und Michael Klemm. Frankfurt am Main. [= Forum angewandte Linguistik. Band 40], S. 163–182.

Adamzik, Kirsten (2004). Textlinguistik. Eine einführende Darstellung. Tübingen. [= Germanistische Arbeitshefte. Band 40].

Androutsopoulos, Jannis (2010). Multimodal – intertextuell – heteroglossisch: Sprach-Gestalten in »Web 2.0«-Umgebungen. In: Sprache intermedial. Stimme und Schrift, Bild und Ton. Hgg. v. Arnulf Deppermann und Angelika Linke. Berlin. [= Jahrbuch Institut für Deutsche Sprache, 2009], S. 419–445.

Boyd, Danah M. & Nicole B. Ellison (2007). Social Network Sites: Definition, History, and Scholarship. Journal of Computer-Mediated Communication (13(1), article 11), S. 210–230. Online verfügbar unter: http://onlinelibrary.wiley.com/doi/10.1111/j.1083-6101.2007.00393.x/pdf

Bruch, Natalie (2005). Der Bildtitel. Struktur, Bedeutung, Referenz, Wirkung und Funktion. Eine Typologie. Frankfurt am Main. [= Europäische Hochschulschriften, Reihe 21, Linguistik. Band 285].

Diekmannshenke, Hajo, Michael Klemm & Hartmut Stöckl (Hgg., 2011). Bildlinguistik. Berlin.

Dürscheid, Christa (2011). Medien in den Medien, Szenen im Bild. Eine pragmatische Kommunikat-Analyse. In: Medientheorien und Multimodalität. Ein TV-Werbespot – Sieben methodische Beschreibungsansätze. Hgg. v. Hartmut Stöckl & Jan Georg Schneider. Köln.

Ebersbach, Anja, Markus Glaser & Richard Heigl (2011). Social Web. 2. Auflage. Konstanz.

Frohner, Herbert (2010). Social Tagging. Grundlagen, Anwendungen, Auswirkungen auf Wissensorganisation und soziale Strukturen der User. Boizenburg.

Hausendorf, Heiko (2003). Deixis and speech situation revisited. The mechanism of perceived perception. In: Deictic conceptualisation of Space, Time and Person. Hg. v. Friedrich Lenz, Amsterdam. S. 249–269.

Hausendorf, Heiko (2005). Die Kunst des Sprechens über Kunst. Zur Linguistik einer riskanten Kommunikationspraxis. In: Beschreibend wahrnehmen – wahrnehmend beschreiben. Sprachliche und ästhetische Aspekte kognitiver Prozesse. Hgg. v. Peter Klotz und Christine Lubkoll. Freiburg i. Br. [= Reihe Litterae. Band 130], S. 99–134.

Hausendorf, Heiko (2006). Gibt es eine Sprache der Kunstkommunikation? Linguistische Zugangsweisen zu einer interdisziplinären Thematik. In: Sprachen ästhetischer Erfahrung. Hgg. v. Gert Mattenklott und Martin Vöhler. Berlin. [= Paragrana. Internationale Zeitschrift für Historische Anthropologie. 15/2], S. 65–98.

Hausendorf, Heiko (2007). Die Sprache der Kunstkommunikation und ihre interdisziplinäre Relevanz. In: Vor dem Kunstwerk. Interdisziplinäre Aspekte des Sprechens und Schreibens über Kunst. Hgg. v. Heiko Hausendorf. München, S. 17–51.

Holly, Werner (2011). Medialität und Intermedialität in Computer-Kommunikationsformen. In: Internet.kom. Sprach- und Kommunikationsformen im WorldWideWeb. Band 2: Medialität, Hypertext, digitale Literatur. Hgg. v. Sandro M. Moraldo. Rom, S. 27-55.

Janich, Nina (2008). Intertextualität und Test(sorten)vernetzung. In: Textlinguistik. 15 Einführungen. Hgg. v. Nina Janich. Tübingen, S. 177–196.

Klemm, Michael & Hartmut Stöckl (2011). Bildlinguistik – Standortbestimmung, Überblick, Forschungsdesiderate. In: Bildlinguistik. Hgg. v. Hajo Diekmannshenke, Michael Klemm und Hartmut Stöckl. Berlin, S. 7–18.

Lerman, Kristina & Laurie A. Jones (2007). Social Browsing on Flickr. In: Proceedings of the International Conference on Weblogs and Social Media (ICWSM'07), Boulder, CO, März 2007. Online verfügbar unter: Netlink 643.

Müller, Christina Margrit (2010). SpielCommunitySpiel. Notizen auf der Online-Fotoplattform Flickr. In: Mediale Transkodierungen. Metamorphosen zwischen Sprache, Bild und Ton. Unter Mitarbeit von Christian Grösslinger. Hgg. v. Hartmut Stöckl. Heidelberg. [= Wissenschaft und Kunst. Band 17], 231–252.

Nöth, Winfried (2000). Handbuch der Semiotik. Stuttgart, 2., vollst. neu bearb. und erw. Aufl.

Neumann-Braun, Klaus und Jörg Astheimer (2010). Partywelten – Bilderwelten. Einführende Bemerkungen. In: Doku-Glamour im Web 2.0: Party-Portale und ihre Bilderwelten. Hgg. v. Klaus Neumann-Braun und Jörg Astheimer, S. 9–29.

Sandig, Barbara (2000). Textmerkmale und Sprache-Bild-Texte. In: Bild im Text – Text und Bild. Hgg. v. Ulla Fix und Hans Wellmann. Heidelberg. [= Sprache - Literatur und Geschichte. Band 20], S. 3–30.

Schmidt, Jan (2009). Das neue Netz. Merkmale, Praktiken und Folgen des Web 2.0. Konstanz.

Schmitz, Ulrich (2003). Text-Bild-Metamorphosen um 2000. In: Wissen und neue Medien. Bilder und Zeichen von 800 bis 2000. Hgg. v. Ulrich Schmitz und Horst Wenzel. Berlin. [= Philologische Studien und Quellen. Band 177], S. 241–263.

Schmitz, Ulrich (2004). Sprache in modernen Medien. Einführung in Tatsachen und Theorien, Themen und Thesen. Berlin.

Schmitz, Ulrich (2005). Blind für Bilder. Warum sogar Sprachwissenschaftler auch Bilder betrachten müssen. In: Paradigms lost. Hgg. v. Eduard Haueis. Duisburg. [= Osnabrücker Beiträge zur Sprachtheorie. Band 69], S. 187–227.

Spitzmüller, Jürgen (2010). Typografische Variation und (Inter-)Medialität. Zur kommunikativen Relevanz skripturaler Sichtbarkeit. In: Sprache intermedial. Stimme und Schrift, Bild und Ton. Hgg. v. Arnulf Deppermann und Angelika Linke. Berlin. [= Jahrbuch Institut für Deutsche Sprache, 2009], S. 97–126.

Stöckl, Hartmut (2004). Die Sprache im Bild – Das Bild in der Sprache. Zur Verknüpfung von Sprache und Bild im massenmedialen Text. Konzepte, Theorien, Analysemethoden. Berlin. [= Linguistik – Impulse & Tendenzen. Band 3].

Thim-Mabrey, Christiane (2007). Linguistische Aspekte der Kommunikation über Kunst. In: Vor dem Kunstwerk. Interdisziplinäre Aspekte des Sprechens und Schreibens über Kunst. Hgg. v. Heiko Hausendorf. München. S. 99–121.

Warnke, Martin (2008). Gegenstandsbereiche der Kunstgeschichte. In: Kunstgeschichte. Eine Einführung. Hgg. v. Hans Belting, Heinrich Dilly, Wolfgang Kemp, Willibald Sauerländer und Martin Warnke. Berlin, 7., überarb. und erw. Aufl., S. 23–48.

Ziegler, Arne (2004). Textstrukturen internetbasierter Kommunikation. Brauchen wir eine Medientextlinguistik? In: Internetbasierte Kommunikation. Hgg. v. Michael Beißwenger, Ludger Hoffmann und Angelika Storrer (Hgg.). Duisburg. [= Osnabrücker Beiträge zur Sprachtheorie. Band 68], S. 159–174.

Zifonun, Gisela, Ludger Hoffmann und Bruno Strecker (1997). Grammatik der deutschen Sprache. Band 1. Berlin, New York. [= Schriften des Instituts für deutsche Sprache. Band 7.1].

Torsten Siever (Hannover)

4   Zwischen Blog und SMS: Das Microblog Twitter.com aus sprachlich-kommunikativer Perspektive

Die Erfolgsgeschichte von Twitter.com ist – wie bei vielen anderen Webprojekten – kurz. Wohl kaum jemand hat an eine solche geglaubt, als der Dienst im August 2006 an die Öffentlichkeit ging. Wozu sollte denn auch ein Mini-Weblog dienen, über das Einträge distribuiert werden, die kürzer als eine SMS-Mitteilung sind? Der Versuch, Erklärungen, Begründungen, Korrekturen oder Hilfestellungen in maximal 140 Zeichen unterzubringen, erscheint absurd. Also schlichte Statements. Auch der mobile Einsatz, das Einstellen von Einträgen aus dem Zug, dem Urlaub oder beim Entspannen am See erschien wenig attraktiv, denn mobile Trägheit bei öffentlicher Kommunikation zeigte sich bis dahin an der geringen Nutzung von Moblogs (mobile blogs). Nicht zuletzt hatten es mobile Dienste aufgrund des in dieser Zeit vergleichsweise hohen finanziellen Aufwands schwerer als reine Webdienste, zu denen der Zugang zunehmend durch Flatrates bereits pauschal gesichert war.

Doch Twitter-Nutzer hatten gar nicht die Absicht, Tweets (Einträge bei Twitter) ausschließlich in der besagten Funktion zu nutzen: Sie entschieden sich dafür, ihre Weblogs aufrecht zu erhalten und via Twitter.com auf dortige neue und lesenswerte Einträge zu verweisen, andere darauf hinweisen zu lassen (Retweets, s.u.) oder monologische Zustands-, Einstellungs- oder Aktivitätsberichte zu liefern. So verwundert das Ergebnis des Marktforschungsunternehmens Pear Analytics kaum, das in einer Studie herausgefunden haben will, dass bei Twitter.com »sinnloses Gerede« – also phatische Kommunikation – einen Anteil von über 40 Prozent einnimmt (Netlink 431). Tweets wie

[1]   Okay, so langsam kotzt mich die Langeweile an. Vielleicht sollte ich was tun.

[2]   Mein Klo läuft durch.

[3]   Rasenmähen

deuten darauf hin und zeigen darüber hinaus, dass – wie schon beim Chat –
Untätigkeit mit Kommunikation kompensiert werden kann. So haben offensichtlich einige aktive Twitter-Nutzer einen Beruf, der ihnen einen Internet-
zugang und ausreichend Zeit zum Twittern ermöglicht. Doch auch Politiker
twittern – im Fall der Wahlergebnis-Vorveröffentlichung der Bundespräsiden-
tenwahl im Mai 2009 (Netlink 630) sogar illegal.

4.1   Einblick in Twitter.com

Twitter ist eine Entwicklung aus San Francisco und geht auf engl. *to twitter*
›zwitschern‹ bzw. die substantivierte Form ›Zwitschern, Gezwitscher‹ zurück,
welches sich auch am inoffiziellen Logo[1] (Abb. 4-1) ablesen lässt. Umgangs-
sprachlich bedeutet *to twitter* allerdings auch ›schnattern‹, welches dem Pro-
jektgedanken deutlich näher kommt. Auch *Tweet*, ein veröffentlichter Beitrag
bei Twitter, geht auf diese Bedeutung zurück, ist jedoch die substantivierte Variante von *to tweet*. Eine Nähe zum Gewebestoff und Markennamen »Tweed«
dürfte allerdings nicht
bestehen, auch wenn es
sich beim Produkt um ein
›Gewebe‹ und damit ›Netz‹
handelt.

Abb. 4-1: Maskottchen von 2009 (li) und 2011 (re)

Zu Beginn wurde Twit-
ter vom Software-Ent-
wickler und Erfinder Jack
Dorsey »Twttr« genannt,
eine Bezeichnung, die vielleicht auch auf die Reduktionspflicht von Tweets
referieren sollte (vgl. »tumblr« von *to tumble* ›über etwas stolpern‹, aber auch
»flickr« von *to flicker* ›flimmern‹ u.a.). Es handelt sich um Kurzformen, bei der
die Vokale getilgt sind, ein Verfahren, das bei der Software-Programmierung
ein gängiges Verfahren ist, um Variablennamen abzukürzen (*srch* < *search*; zur
Konsonantenschrift s. Siever 2011: 325ff.). Tatsächlich weisen Tweets eine
maximale Länge von 140 Zeichen auf, was darauf zurückzuführen ist, dass
diese per Short Message Service (SMS) eingestellt werden können und in
einem so übermittelten Eintrag darin ebenfalls die Metadaten transportiert

---

1   Die offizielle Bildmarke ist der Schriftzug *twitter* (vgl. http://twitter.com/about#download_
      logo).

werden müssen. Der neuartige Gedanke bei Twitter.com war jedoch, dass ein Microblog über *diverse* Kanäle aktualisiert werden kann: So besteht neben der Möglichkeit der Aktualisierung per SMS sowohl die Weblog-übliche, nämlich Einträge per Webschnittstelle (Formulare) einzustellen, als auch die über Software (Apps), die für Desktop-Geräte ebenso wie für mobile Geräte und verschiedene Betriebssysteme zur Verfügung steht. Darüber hinaus gibt es eine offene Programmierschnittstelle (API), sodass weitere/eigene Anwendungen möglich sind.

Vor diesem Hintergrund handelt es sich bei Twitter um einen Zwitter zwischen Weblog und SMS-Mitteilung. Die Nähe zu den SMS-Mitteilungen ist vor allem durch die Kürze gegeben, aber auch durch die Art der Textproduktion und die Möglichkeit des Versands eines »Direktnachricht«, die Nähe zu Weblogs durch diverse Merkmale der Kommunikationsform: Zum einen handelt es sich um ein umgekehrt-chronologisch sortiertes Tagebuch, in das Nutzer Einträge vornehmen können, zum anderen können andere Nutzer (»Follower« genannt) diesen Einträgen folgen, indem sie beispielsweise die Webseite eines Nutzers (http://twitter.com/#!/[Nutzername]) aufrufen oder sich per RSS über Neueinträge informieren lassen. Wie bei Weblogs können die Tweet-Produzenten darüber entscheiden, ob ihre Einträge öffentlich oder nur einer authentifizierten Nutzergruppe zugänglich sind. Neu hinzugekommen ist, dass man Tweets abonnieren kann. Nur mittelbar ist eine Integration von Bildelementen möglich, da Twitter.com textbasiert ist; allerdings werden Bilder angezeigt, die per URL eingebunden sind (Photobucket).

4.2   Relevanz, Demografie und Nutzung von Twitter.com

Die Bedeutung von Twitter.com lässt sich weniger an der Anzahl der Accounts ablesen – zumal viele Nutzer schon nach wenigen Aktualisierungen wieder aussteigen –, als vielmehr an der Vielzahl der erstellten Tweets, die sämtlich auf der »Public Timeline« (Netlink 447) erscheinen, sowie an der Anzahl der Follower, die unter http://twitterholic.com/ (Netlink 432) einsehbar sind. So konnte im Jahr 2009 beispielsweise der Schauspieler und Moderator Ashton Kutcher (Netlink 433) rund 3,4 Millionen Abonnenten[2] zählen (2011: 9,5 Mio.) und damit mehr als der herstellereigene Account http://twitter.com/twitter (Netlink 434). Die Sängerin Britney Spears (Netlink 435) kann ebenfalls gut 3 Millionen Follower verzeichnen, US-Präsident Barak Obama (Netlink 436) etwas über 2 Millionen (2011: 12,6 Mio.) und Radsportler Lance Armstrong (Netlink 437) 1,8 Millionen. Die Nutzung beschränkt sich also keineswegs auf

---

2   Stand der Daten: 31.07.2009.

Privatpersonen, sondern wird auch (und zunehmend) von Personen des öffentlichen Interesses genutzt, wobei die Grenze zur kommerziellen Verwertung
fließend ist: Presseorgane wie CNN (Netlink 438, 2009: 2,7 Mio. Follower,
2011: 6,4 Mio.) und The New York Times (Netlink 439, 1,7 Mio., 2011: 4,5
Mio.) nutzen Twitter als Newsticker resp. zur Akquise von Besuchern für ihre
Websites, Unternehmen wie Google (Netlink 440, 1,5 Mio./4,3 Mio.) oder Mi-
crosoft (Netlink 448, 38.000/195.000) zur Verbreitung von Neuigkeiten (PR),
die Lufthansa (Netlink 441, 3.000/1.900) weist auf Flugangebote hin oder ver-
lost Gratisflüge und die Allianz (Netlink 442, 200/3.800) gibt beispielsweise
Praktikumsplätze bekannt. Einer Umfrage des Mediendienstleisters Blätter-
wald (Netlink 443) zufolge nutzte schon 2009 jedes zweite DAX-notierte Unternehmen den Microblog-Dienst zur Verbreitung von Nachrichten, wobei 17
Prozent der untersuchten Tweets »reine Werbung« darstellen.

Neben den Followern ist auch diejenige Anzahl der Twitter-Angebote angegeben, denen der Nutzer selbst folgt. Bei Obama sind hier 760.379 Nutzer
genannt, wenngleich es sich auch hier nur um eine unrealistische Zahl handeln
kann. Anzunehmen ist, dass hinter dem Account *@BarackObama* mehrere Personen stehen und am wenigsten Obama selbst. Auch wenn im Jahr 2010 zur
Vermeidung von Namensmissbräuchen das Label »verified account« eingeführt
worden ist, sagt dies über den tatsächlichen Autor des Tweets nichts aus (vgl.
@michaeljackson). Die Zahl der verfolgten Angebote sagt ohnehin – wie bei
einem Zeitungsabonnement – nichts über das tatsächliche Lesen der Texte aus.

Schließlich gibt es neben den Abonnenten oder »Followern« und den Accounts, denen man folgt (»following«), eine weitere Größe, die der »Freunde«
(ermittelbar z. B. unter Netlink 666). Dies sind solche (Twitter-)Nutzer, denen mindestens zwei adressierte Einträge (@reply, s.u.) zugegangen sind. Hinsichtlich der Vernetzung ist diese Angabe folglich aussagekräftiger. Allerdings
kommen Huberman/Romero/Wu (2009) nach der Auswertung von 309.740
Twitter-Nutzern zu dem Ergebnis, »that a link between any two people does
not necessarily imply an interaction between them«. Sie fanden entgegen der
landläufigen Annahme, soziale Netze würden aktiv genutzt, heraus, dass
»most of the links declared within Twitter were meaningless from an interaction point of view«. Das »hidden network«, bei dem diese »black links« entfernt
sind, sei weitaus grobmaschiger als angenommen: Bei diesem verdeckten Netz
seien es gerade mal 13 Prozent der Follower, bei denen tatsächlich von Interaktion gesprochen werden könne.

Dieses Ergebnis ist bereits an der Anzahl der Freunde prominenter Nutzer abzulesen: Wenn Obama, der im August 2009 die meisten Freunde der
Twitter-Gemeinschaft aufweist, tatsächlich mit 760.702 ›Freunden‹ interagie-

ren würde, käme er kaum zu seinen Amtsgeschäften. Einem realistischen Verständnis dürften Zahlen unterliegen, die wie bei Oprah Winfrey (Netlink 444) bei 15 liegen. Zumindest kann hierbei davon ausgegangen werden, dass es sich um Replies handelt, die – anders als Personen wie Obama oder Britney Spears, deren Twitter-Seite 412.782 ›Freunde‹ ausweist – wahrscheinlich nicht von PR-Mitarbeitenden verfasst worden sind.

Interessant ist darüber hinaus, dass weder Freunde noch die Regelmäßigkeit der Updates (Anzahl der Tweets) einen Zusammenhang aufweisen müssen, sondern vor allem der Bekanntheitsgrad einer Person Ausschlag über die Zahl der Follower zu geben scheint. Während Oprah Winfrey insgesamt nur 59 Tweets eingestellt hat, ihre Profilseite aber über 2 Millionen Follower ausweist, hat Market_JP *(JP < Japan)* zwar 1,5 Millionen Tweets erstellt, aber dennoch nur 33 Follower und 3 Freunde (Stand: 2010).

Aus demografischer Sicht sind Twitter-Nutzer in den USA[3] eher weiblich als männlich (54 vs. 46 Prozent) und zu 43 Prozent, d.h. überwiegend zwischen 18 und 34 Jahre alt (Quantcast.com, Juni 2009, Netlink 445). Jugendliche bis 17 Jahre, die soziale Netzwerke normalerweise ausgiebig nutzen, stellen nur einen geringen Teil, nämlich 9 Prozent der Nutzergruppe dar, welches Cook (2009) auf Basis einer Befragung von über 10.000 US-Jugendlichen auf folgende Aspekte zurückführt:

- Teens already update their status religiously on other sites like Facebook, MySpace, and myYearbook.
- Teens use MySpace to keep up with musicians and celebrities, which MySpace differentiates on.
- As a group, teens are not major consumers of news from any outlet, making »staying current« a poor driver of mainstream adoption — though of course there are exceptions.
- Teens use both MySpace and Facebook to keep up with friends they know.

Über 35 Prozent der Jugendlichen, die keinen Twitter-Account besitzen, geben an, dass der Dienst »lame« (engl. f. ›lahm‹) ist, fast 20 Prozent geben als Grund für die Absenz an, dass Twitter von ihren Freunden nicht genutzt würde und über 15 Prozent, dass sie Twitter nicht verstehen (ibid.). Darüber hinaus dürfte eine Rolle spielen, dass Twitter zwar kostenfrei ist, die mobile Nutzung jedoch mit nicht unerheblichen Kosten verbunden ist und Jugendliche nur selten bereit sind, für Internetdienste Geld zu bezahlen. Doch obwohl sich das in den letzten Jahren insbesondere durch die Verbreitung von Smartphones geändert hat,

---

3   Daten für Europa liegen dem Autor leider nicht vor.

nutzen Jugendliche Twitter in Deutschland nur zu einem geringen Prozentsatz
(lesen: 7 %, posten: 5 %; vgl. Medienpädagogischer Forschungsverbund Südwest 2011: 33).[4]

Site	Juni 2008	Juni 2009	Y-O-Y
Member Communities Category	108.341	138.635	28%
Facebook	29.292	87.254	198%
Myspace.com	59.549	62.831	6%
Blogger	40.553	42.922	6%
Twitter.com	1.033	20.950	1.928%
WordPress.com	17.201	16.922	-2%
Classmates Online	15.474	16.224	5%
LinkedIn	9.583	11.417	19%
Six Apart TypePad	11.189	10.079	-10%
Yahoo! Groups	9.801	8.364	-15%
Tagged.com	2.867	7.625	166%

Tab. 4-1: Top Online Member Communities Destinations Ranked by Unique Audience (Y-O-Y = year-over-year increase; Quelle: The Nielsen Co., June 2009, Netlink 668)

Die größte Nutzerschaft stellen die sogenannten »Passers-By« dar, d.h. solche Benutzer, die nicht regelmäßig die Twitter-Seiten aufsuchen, sondern
beispielsweise durch Suchmaschinen darauf stoßen oder Informationen über
eine Person bei Twitter.com zu finden erhoffen. Die regelmäßigen Nutzer stellen zwar den Großteil der Gesamtbesuche dar (41 %), doch gehen allein 35
Prozent aller Besuche auf nur einen Prozent der Nutzer (»Addicts«) zurück
(Quantcast.com, Juni 2009, Netlink 445). Im Vergleich hierzu generieren bei
Facebook (Netlink 446) 12 Prozent Vielnutzer zwei Drittel aller Besuche, wohingegen nur 3 Prozent der Besuche auf Passers-By (34 Prozent aller Nutzer)
zurückgehen. Anders ausgedrückt nutzen nur sehr wenige Menschen Twitter.
com regelmäßig und intensiv, während andere Community-Plattformen wie
Facebook eine breite regelmäßige Nutzerschaft aufweist.

Nichtsdestoweniger kann Twitter.com im Juni 2009 immerhin 20.950
Unique User aufweisen, was im Vergleich zum Vorjahr eine Steigerung um
etwa das Zwanzigfache darstellt (vgl. Tab. 4-1). Damit weist Twitter die mit
Abstand höchste Nutzerzunahme auf und liegt insgesamt auf Rang 4 der am
häufigsten besuchten Communitys.[5]

---

4   Anders verhält es sich in den Niederlanden, wo junge Menschen Twitter deutlich intensiver
     nutzen: 0-9 Jahre: 2 %, 10-19 Jahre: 29 %, 20-29 Jahre: 42 %, vgl. Müller i. Dr.).
5   Nach Facebook, MySpace.com und Blogger.

Aus sprachwissenschaftlicher Perspektive besteht beim Microblog Twitter eine interessante Mischung aus kommunikativer Ähnlichkeit zur SMS-Kommunikation (z.b. Textproduktion, Reduktion) und Nähe zur textkonstituierenden Kommunikationsform Weblog. Dies führt zu der Frage, ob sich die Einträge eher durch die Art der Textproduktion oder durch die Kommunikationsfunktion auszeichnen. In Studien zu beiden Kommunikationsformen, SMS-Mitteilung und Weblog, sind auffällige Kombinationen sprachlicher Merkmale belegt worden, sodass als eine zentrale Frage herausgestellt werden kann, ob Tweets sich eher durch Sprachökonomie, Flüchtigkeit und Fehlertoleranz auszeichnen oder durch bewussten und wenig kreativen Sprachgebrauch und korrekte Orthografie. Im vorliegenden Beitrag wird der Blick ausschließlich auf sprachökonomische Phänomene gelegt.

4.3   Besonderheiten von Twitter.com

Vorerst soll in diesem Abschnitt auf die medialen Besonderheiten eingegangen werden, welche Folgen für Kommunikation und Sprache haben (s. Abschnitt 4.4). Thematisiert wird hier zum einen die im Vergleich zu anderen Blogs entfallende Kommentierungsfunktion und deren Alternative sowie die Verschlagwortung über sogenannte Hashtags, zum anderen der durch die enge Zeichenbeschränkung etablierte Umgang mit Internetadressen (URLs), die im Regelfall bereits einen Tweet ausfüllen.

4.3.1   Verständigung

Ein Kennzeichen von Weblogs ist die Möglichkeit, Einträge des Betreibers zu kommentieren. Der markanteste Unterschied, den Twitter hierbei aufweist, liegt darin, dass die Kommentar- durch eine Reply-Funktion ersetzt worden ist. Damit besteht im Grunde sogar eine gewisse Nähe zur E-Mail-Kommunikation, wohingegen Weblogs massenmedial-monologisch gestaltet sind. Auch wenn ein Rückkanal durch die Kommentare gegeben ist, erscheinen diese stets nachgeordnet. Bei Twitter reagieren Nutzer dadurch, dass sie eine Adressierung vornehmen und innerhalb ihres eigenen Twitter-Kontos auf einen Tweet reagieren; die Kommentare erscheinen in der chronologischen Abfolge und sind als ›normaler‹ Tweet formal nicht abgetrennt. Folgendes Beispiel soll dies demonstrieren:

[4] [A]: Praxisartikel zu #OperaUnite ist fertig. Irgendwelche #ct -Artikel zu Webthemen, die ihr immer schon mal lesen wolltet?
     5:45 AM Jun 22nd from twhirl

[5] [B]: @[A] Wie wäre es mit einem Beitrag zu Spam auf Twitter & Co? So viele Follower wie heute habe ich noch an keinem Tag geblockt. #ct
     9:45 AM Jun 22nd from twhirl in reply to [A]

[6] [A]: @[B] danke für den Hinweis! #twitterspam
     4:14 AM Jun 23rd from twhirl in reply to [B]

[7] [B]: @[A] Bitteschön. Noch zwei Tips: http://is.gd/1a7QE und http://is.gd/1a7Rd #ct
     4:29 AM Jun 23rd from twhirl in reply to [A]

Der Nutzer [A] verfasst den Tweet [4], worin er um Wunschthemen für einen Artikel in der Fachzeitschrift c't bittet. Darauf reagiert Nutzer [B] in [5], indem er reaktiv seinen Tweet an [A] adressiert und direkt auf die Frage antwortet, ohne sie oder Teile von ihr wiederaufzunehmen. Erneut findet in [6] eine Adressierung statt, diesmal von [A] an [B], wonach sich [A] für den genannten Vorschlag von [B] bedankt. [B] reagiert abermals mit einem *Bitteschön* und zwei weiteren Tipps in Form von Kurz-URLs (s. hierzu unten).

Mit diesem keineswegs ausnehmenden Beispiel liegen zwei klassische Adjazenzpaare vor, wie sie aus mündlichen Gesprächen, aber auch aus Chats oder simuliert in E-Mails bekannt sind. Ebenso ist die Form der Adressierung von Chats geläufig und wahrscheinlich von dort übernommen. Allerdings handelt es sich bei Chats um (quasi-)synchrone Kommunikation, bei Weblogs hingegen um eine eindeutig asynchrone. Auch hier nehmen Tweets wieder eine Zwischenstellung ein. Im Übrigen sind die @replies verlinkt auf die Twitter-Seite des Nutzers. Auch wird in einem reaktiven Tweet auf den vorangegangenen Tweet verwiesen, indem in der Statuszeile dem Datum und der Erstellungssoftware *in reply to [...]* nachgestellt wird. Durch Verlinkung des Benutzernamens gelangt der Nutzer direkt auf den Tweet, auf den reagiert worden ist.

Adressierungen setzen jedoch keine vorangegangenen Turns voraus, sondern können sogar mehrfach, d.h. an mehrere Nutzer innerhalb eines Tweets gesetzt werden. Zudem müssen sie keineswegs turninitial erscheinen:

[8] @[C] @[D] Habe auch keine Info über Erscheinungsdatum in D. [..]

[9] danke @[E] @[F] @[G] für den hinweis auf die halbzeit des literatur-twitters #lda #twitteratur #literatur-twitter

Da @-Strukturen Verweise auf Nutzer darstellen und diese systemseitig verlinkt werden, können sie über die Adressierung hinaus auch als vernetzte Konstituente eines Satzes verwendet werden, wie [10] demonstriert:

[10] gerade @[H] - das forum für dichter und autoren via @tweetranking empfohlen.

Anders als bei den anderen Beispielen wird hier nicht an [H] adressiert, sondern den Followern mitgeteilt, dass die Twitter-Seite von [H] im Twitter-Verzeichnis *tweetranking* empfohlen worden ist – auch bei *@tweetranking* handelt es sich nicht um eine Adressierung. Der Grund für die @-Struktur ist, dass dank eines zusätzlichen Zeichens, des @, eine Verlinkung möglich ist. Zudem erscheinen dadurch auch fremde Tweets auf der individuellen Timeline eines Accounts.

Die grundsätzlichen Rahmenbedingungen bei Twitter.com sind in einem Vergleich zu Weblogs, SMS und Chat in Tab. 3-1 überblickshaft dargestellt

Weblog	asynchron	monologisch	1/n Sender	n Empf.	∞ Z.
SMS	asynchron	mono-logisch/ dialogisch	1	1	160 Z.
Chat	quasi-syn-chron	dialogisch	1	n	∞ Z.
Twitter	asynchron	mono-logisch/ dialogisch	1/n	n	140 Z.

Tab. 4-2: Twitter.com: zwischen Blog, Chat und SMS

4.3.2 Verschlagwortung

Neben der @-Struktur findet sich eine weitere Besonderheit in Tweets: Nutzer können – wie bei Mr. Wong, Yigg, Delicious etc. – Tags vergeben, wodurch ihre Beiträge recherchierbar sind bzw. gefiltert werden können. So lassen sich sofort etliche tausend Tweets zum Thema Iran-Wahl finden, wenn das Schlagwort *#iranelection* eingegeben wird. Solche Schlagwörter oder Tags werden bei Twitter »hashtags« genannt und mit einem vorangestellten Rautenzeichen (#) gekennzeichnet. *Hash* geht auf das engl. Verb *to hash* ›zerhacken‹ zurück und wird in der Informatik zur Verschlüsselung oder Reduktion eingesetzt. Die Effizienzbedeutung stellt vermutlich die Quellbedeutung für die Hashtags dar, denn eine etwaige Verschlagwortung von Inhalten muss angesichts der 140-Zeichen-Grenze äußerst ökonomisch verlaufen. Dies geschieht vor allem durch die Verwendungskonditionen: Ausschließlich der Beginn eines Hashtags wird markiert, das Ende des Schlagwortes ergibt sich durch das ›Ende‹ der Zeichenfolge, das durch ein Leerzeichen definiert ist. Da jedoch selbst ein seltenes Lexem wie *#Vegas* verschiedene Bedeutungen hat (z.B. Las Vegas, Rob Vegas), wird die disambiguierende Ergänzung meist durch Binnenmajuskel abgegrenzt *(#RobVegas, #IranElection, #MichaelJackson,* aber: *#htcmagic⁶).* Dies ist natürlich nicht auf Disambigierung begrenzt, sondern gilt etwa auch für Wortgruppen, und neben der Majuskelschreibung können die Wortgrenzen auch durch Ziffern oder andere Symbole markiert werden:

[11] #10.5.1933, #a4uexpo, #art.5gg, #ausm_tee_kommen, #cobra11,
      #gn8, #next09, #politik2.0, #web2.0, #zimmer_frei)

Von den Metadaten von Webseiten ist bekannt, dass diese Schlagworte oftmals in englischer Sprache vergeben werden und umso eher, je internationaler ein Angebot von Interesse ist – sofern dann nicht ohnehin verschiedene Sprachversionen existieren. Um möglichst viele Menschen und vor allem die ausländische Presse zu erreichen, sind bei dem iranischen Präsidentschaftskandidaten MirHossein Mousavi zugeschriebenen Twitter-Angebot (Netlink 449) zahlreiche Tweets in persischer und in englischer Sprache verfasst, die Hashtags jedoch ausschließlich in englischer:

[12] #iranElection مهمچنان اللہ اکبر گویان ، سبز هستیم ام

Diese Form der Verschlagwortung ist jedoch nicht gänzlich neu, denn auch bei Weblogs folgt sie, wenngleich nicht unmittelbar im Mitteilungstext, diesem unmittelbar. Auch handelt es sich bei der Verschlagwortung streng genommen eher um eine Kategorisierung, die etwa den Sparten einer Zeitung entspricht. Gänzlich neu und der Ökonomie geschuldet ist jedoch die Integration der Hashtags in den Text bzw. die Verwendung von Satz- oder Wortbestandteilen als Tags dadurch, dass ihnen das Rautenzeichen vorangestellt wird. Dies ist im zweiten der folgenden Belege realisiert, während im ersten Beispiel die Hashtags dem Mitteilungstext noch nachgestellt sind.

---

6 *HTC* ist ein Hersteller von Mobiltelefonen, *Magic* eine Gerätebezeichnung.

[13] @RobVegas wobei das evtl. auch mit Jacko zusammenhängt. Alle
      anderen Nicht-Jacko-Sendungen liefen gestern auch nicht gut.
      #knigge #quoten
[14] Das habt ihr alle mitgekriegt, oder? http://www.heise.de/newstic...
      #IE nicht mehr mit #Windows7 gebundlet.

Im zweiten Tweet wird der Text *IE*[7] *nicht mehr mit Windows 7 gebundlet* durch
die integrierten Rautenzeichen mit *IE* und *Windows7* verschlagwortet. Prob-
lematisch wird es vor dem Hintergrund der Hashtag-Konventionen, wenn die
Schlagwörter nur Konstituenten von Wörtern darstellen, wie dies im Folgenden der Fall ist:

[15] Nach 3h dauerberieselung mit #MichaelJackson Songs im Autoradio
      bin ich ganz froh, dass Heino noch lebt

Da die Bedingungen besagen, dass all diejenigen Zeichen zum Hashtag gehören, die dem # bis zum nächsten Spatium folgen, das Schlagwort jedoch nicht
MichaelJackson-Songs, sondern *MichaelJackson* sein sollte, musste das Kompositum (grafisch) aufgebrochen werden: *MichaelJackson Songs* ist daher nicht
normkonform zusammengeschrieben. Weitere Belege wie

[16] #cdu- , #htcmagic testgerät, #next09 Livecommunity, #next09 RT
      Gewinnspielen, #next09 Ticket, #OpenSource CMS, #st.pauli fan,
      #ct -Artikel

zeigen, dass es sich nicht um eine Singularität handelt. Im Englischen stellt
sich diese Problematik kaum, da Komposita mehrheitlich getrennt geschrieben
werden. Im Deutschen hingegen müsste ein Bindestrich stehen, doch besteht
seit einigen Jahren unabhängig von Hashtags die Tendenz, längere Komposita
ebenfalls getrennt zu schreiben; tatsächlich gibt es zahlreiche #-freie Belege im
untersuchten Material.
   Dass diese nutzerseitig erstellten Tags informationstechnisch auch ihre
Schwächen haben, oder dass mit ihnen spielerisch umgegangen wird, zeigen
abschließend folgende Belege:

[17] #:-), #♥-Wetter, #Arbeitohneende, #atheist, #ausm_tee_kommen,
      #anders, #brauchtkeinmensch, #frühdienst, #gn8, #Grunzen, #hop-
      sasa, #irgendwieso, #ismanniezujungfür, #knutsch, #langerweg,

---

7   Kurzform für Internet Explorer.

#Mainzer[8], #missungeschickt, #Moin, #n8, #nackenverkrampfung, #neuelösung, #nutzloseswissen, #oderso, #post-kündigung-gedanken, #shietwetter, #shockingnewshelfenammontagmorgen, #tralala, #wandrenner,

Einige Hashtags werden wie bei *#shockingnewshelfenammontagmorgen* oder *#Grunzen* analog zu den in Chat dominierenden Asterisken als Sonderzeichen für Zustandsberichte o.Ä. verwendet, ohne allerdings Inflektive *(grunz* statt *grunzen)* zu verwenden.

Insgesamt wurden in den analysierten 640 Tweets 251 Hashtags in 154 Postings angegeben, d.h. im Mittel hat jeder 1,6. Tweet Mehrfachnennungen: 2 Hashtags enthalten 57 Tweets, 3 immerhin noch 12, 4 in 6 und mind. 5 in:

[18] #problem #idee #lernen #wissen #anders #denken #neuelösung #zensursula #angst #untergang #mut #kampf #langerweg #gemeinsam #licht #sonne

[19] ok ok ok hier kommt noch mal das beste: #knutsch #leck #stöhn #zunge #nase #ohr #hals #chanel #waschen #kuss #zunge #schokolade #betrüger

[20] @nonnononn #tanz #mai komm doch nach #hamburg! da gibt es für öko`s und müsli´s einen super walawala-tanz kreis. #can #gal #hopsasa #tralala

4.3.3 Verlinkung

Neben internen Verweisen zu anderen Nutzern per @-Adressierung ist auch eine auf externe Inhalte möglich. Da allerdings URLs als Verweismethode die Zeichenobergrenze stark strapazieren oder gar sprengen, hat Twitter.com in der Folge praktisch eine neue Kategorie von Website geschaffen, die so genannte »Tiny-URLs« in die realen konvertieren und den Nutzer dahin umleiten. Zu diesen Diensten gehören u.a.

[21] arm.in, bit.ly, cli.gs, digg.com, is.gd, kl.am, tinyurl.com, ff.im, fff. to, href.in, lin.cr, loopt.us, lost.in, memurl.com, merky.de, migre.me, nanourl.se, ow.ly, ping.fm, piurl.com, plurl.me, pnt.me, poprl.com, post.ly, rde.me, redir.ec, rubyurl.com, short.ie, short.to, smallr.com, sn.im, sn.vc, snipr.com, snipurl.com, snurl.com, tiny.cc, togoto.us,

---

8   Hier wäre stattdessen *#Mainz* sinnvoll gewesen.

tr.im, trg.li, twurl.cc, twurl.nl, u.nu, url.az, url.ie, yep.it, zi.ma, zurl. ws, trim.li

In 153 Tweets sind 154 Links belegt, d.h. nur ein Tweet enthält zwei URLs:

[22] RT @uhhhhuhzzzz: Get the #next09 Livecommunity for your blog! http://twurl.nl/pbsdbc - example: http://blog.sixgroups.com

Da der zweite Verweis keine Verzeichnis- und Dateiangaben enthält und daher von geringer Expansion ist, wurde auf die Umwandlung verzichtet. Inhaltlich verweisen viele URLs auf Blogeinträge, woraus geschlossen werden kann, dass Microblogs auch zur Vermarktung von Einträgen in herkömmlichen Weblogs und anderen Websites dient und insofern keine Konkurrenz hierzu darstellt resp. andere Funktionen erfüllt (vgl. Siever/Schlobinski i. Dr.).

4.4 Ergebnisse

Einer Studie von Pear Analytics (2009) zufolge gehören 40,55 Prozent der analysierten 2.000 Tweets der Kategorie »Pointless Babble« an und nur 37,55 Prozent seien »conversational«. Als weitere Kategorien sind »News« (3,6 %), »Spam« (3,75 %), »Self promotion« (5,85 %) sowie »Pass along value« aufgestellt worden. Letzteres geht nicht auf eigene Gedanken zurück, sondern auf so genannte Retweets, d.h. auf solche Einträge, die andere gepostet haben (sie also wiederholen). Ihr Anteil liegt bei immerhin 8,7 Prozent.

[23] 140 zeichen sind zu wenig? d. gedanken zur arbeitswelt sprudeln? beim hauptpreis kann man bis 30. nov. teilnehmen. http://tinyurl. com/lypdc5

Im Fokus des Interesses stehen hier jedoch sprachliche Analysen. Was für URLs gilt, lässt sich auch für die anderen Sprachdaten annehmen. Reduktion dürfte nicht nur inhaltlich gegeben sein, sondern auch syntaktisch, morphologisch, lexikalisch und pragmatisch (etwa durch Implikationen). Beschränkt werden die Analysen auf morphologisch-lexikalische Aspekte.

Sämtliche Angaben basieren, sofern nicht anders angegeben, auf dem Hannoverschen Twitter-Korpus (Netlink 409), das 640 Tweets umfasst und zwischen dem 14.01.2009 und dem 04.05.2009 erhoben worden ist. Beim Korpus handelt es sich um eine zufallsauswahlbasierte Erhebung, die jeweils 320 Einträge von 32 als männlich und 32 als weiblich ausgewiesenen Personen (= 64) umfasst, die über zufällig ausgewählte Vornamen ausgesucht wurden; dies entspricht zehn Nachrichten von jeder Person.

Bei der Betrachtung der statistischen Durchschnittsdaten (s. Tab. 4-3) eines Tweets fällt auf, dass sie im Vergleich mit SMS-Mitteilungen proportional zur Maximallänge liegen: Während im Mittel 93 von 160 Zeichen für SMS-Mitteilungen verwendet werden (Verhältnis 1:1,7), sind es bei den Tweets 86 von 140 Zeichen (1:1,6). Allerdings verhält es sich bei der Wortformlänge umgekehrt-proportional: Die mittlere Wortformlänge liegt hier bei 5,5 Zeichen für SMS-Mitteilungen gegenüber 6,9 Zeichen bei Tweets.

	Max. Länge	Ø-Länge	Ø-Länge Wf.
SMS	160	93	5,5
Twitter	140	86	6,9
Newsticker	≈50–250	119	8,4
Zeitungsart.	»∞«	2250	7,5

Tab. 4-3: Zeichenmittelwerte im Vergleich

Hierbei lohnt ein vergleichender Blick auf umfangreichere Texte wie Zeitungsartikel und redaktionelle Kurztexte wie Newsticker. Hier herrscht ebenfalls ein umgekehrt proportionales Verhältnis von Gesamtlänge zu Wortformlänge. Folglich scheinen komplexere Wortformen gebildet zu werden, je weniger Textraum zur Verfügung steht. Abstrakter ausgedrückt kann für die vier Kommunikationsformen die Regel *LÄNGE(Wortform) ~ 1/ LÄNGE(Spracheinheit)* aufgestellt werden.

Mit folgenden Beispielen (außerhalb des Korpus) sind Extreme belegt, die in anderen Kommunikationsformen zu markiert erscheinen, aufgrund der Kürze der Einheiten jedoch offensichtlich als akzeptabel betrachtet werden:

[24]   Nach 3h dauerberieselung mit *#MichaelJackson Songs* im Autoradio
       bin ich ganz froh, dass Heino noch lebt
       (< ›Songs von Michael Jackson‹)

[25]   *Nicht-Jacko-Sendungen*
       (< ›Sendungen, die nicht von Jacko handeln‹)

Der hohe Wert erstaunt jedoch vor dem Hintergrund, dass auch Reduktionsformen in Form von Abkürzungen wie bei *1 l Bier/Tag* vorliegen. Im Folgenden werden verschiedene Reduktionsformen betrachtet und im Hinblick auf CMC- oder gar Twitter-Spezifik bewertet. Berücksichtigung finden soll hierbei, ob es sich bei den reduzierten Lexemen um solche handelt, die den im Internet vorzufindenden Sprachgebrauch repräsentieren oder ob sie fachsprachlich sind. Unterschieden wird dies in Form der Dreiteilung medienunspezifisch, computerspezifisch und Twitter-spezifisch. Ziel dieser Kategorisierung ist vorwiegend die Isolierung von Twitter-spezifischer Reduktion und der Bewertung der Zugänglichkeitsproblematik (Siever i. Dr.).

4.4.1 Abkürzungen

Abkürzungen zeichnen sich dadurch aus, dass sie kein Wortbildungsverfahren darstellen, sondern nur grafisch reduziert werden. Sie existieren ausschließlich in geschriebener Form (‹z. B.›) und werden in der Regel ungekürzt artikuliert ([tsum 'baiʃpiːl]; vgl. Siever 2011: 316ff. sowie Kobler-Trill 1994). Unter den belegten Abkürzungen finden sich vor allem solche, die auf medienunspezifische Lexeme zurückgehen:

[26] Cel., wahrscheinl., vorauss., 2-Zi.-Altbau-Wohnung; GNTM, HH, HK; 24h-Service

Es handelt sich dabei um gängige Abkürzungen, die aus z. B. Kleinanzeigen bekannt sind (*Cel., 2-Zi.-Altbau-Wohnung, HH < Hansestadt Hamburg*). Wie bei diesen kommt es in einem Fall zu einem normwidrigen ›Kompositum‹ aus Abkürzung + *X: 2-Zi.-Altbau-Wohnung*. Darüber hinaus sind ausschließlich *GNTM* (< *Germany's Next Topmodel*) und *HK* (< *Hong Kong*) auffällig, doch können sie als ›fachsprachlich‹ bzw. im Kontext als unproblematisch angesehen werden. Dies gilt auch für die meisten der folgenden Abkürzungen, die typisch für computervermittelte Kommunikationsformen wie Chat oder E-Mail sind:

[27] BTW, WTF, AFAIK, CC; pls, (non-HiQ channel)

By The Way, What The Fuck und *As Far As I Know* sind hier die bekannten Vollformen der Initialabkürzungen. *CC* wird – wie in der Umgangssprache üblich – adjektivisch in der Bedeutung ›in/als Kopie‹ (statt in der Vollform *Carbon Copy*) verwendet. *Pls* (< *please*) ist ebenfalls im Bereich der computervermittelten Kommunikation nicht sehr auffällig. Einzig *HiQ* für *High Quality* weicht davon ab, ist allerdings ebenfalls fachsprachlich unauffällig.

Twitter-spezifische Abkürzungen sind nahezu ausschließlich in Hashtags belegt:

[28] #pol20; #next09-Ticket; RT-Spam; (#Art.5GG)

Allerdings sind auch hier fachsprachliche Abkürzungen belegt, die nicht im Kontext zu Twitter oder CMC zu sehen sind: *Art.5GG* (< *Artikel 5 [des] Grundgesetz[es]*). Im Vergleich mit SMS-Mitteilungen, Newstickermeldungen und Zeitungs-artikeln lassen sich Tweets entsprechend der Werte in Tab 4-4 zwischen SMS und Newsticker einordnen. Der hohe Wert bei SMS-Mitteilungen geht auf die zahlreichen Ad-hoc-Abkürzungen zurück (*i* < *ich*, *d* < *das/die/dem/...* etc.; vgl. Siever 2011: 341f.) In redaktionellen Kontexten sind sie eher ungebräuchlich (stilistisch unerwünscht).

	SMS	Twitter	Newsticker	Zeitung
Wortformen	12.442	8.012	2.291	3.611
Anteil Tokens (in %)	**4,7**	**2,0**	**0,4**	**0,1**
Ersparnis (∅ in %)	43	53	(73)*	54
Anteil Types (in %; abs. in Klammern)	1,53 (190)	0,95 (76)	0,17 (4)	0,11 (4)

Tab. 4-4: Abkürzungen in Zahlen

4.4.2 Kurzwörter

Anders als Abkürzungen stellen Kurzwörter eigenständige semantische Dub-letten (Kobler-Trill 1994: 14) dar; es handelt sich also bei der Kurzwortbildung um einen Wortbildungsprozess (ausführlich bei Siever 2011: 100ff.). Sie kön-nen damit (regelkonform) kompositionell mit Morphemen zu sehr komplexen Einheiten verbunden werden (s. Abschnitt 4.4.3). Hier geht es erst einmal um die einfachen Kurzwörter, und bei ihnen zeigt sich das Bild, das sich schon bei den Abkürzungen gezeigt hat.

[29] Afri, Ökos/Müslis, Schanze; ICE, KH; AP, BDK, BM, ENC, MdB, PM
[30] app; LBS, NAS; E3

Viele Reduktionsformen sind, wie [29] zeigt, medienunspezifisch und vor al-lem fachsprachlich. Dazu zählen *KH* (<*Krankenhaus*), *AP* (< *Associated Press*), *BM* (< *Bundesminister*), *BDK* (< *Bundesdelegiertenkonferenz*), *PM* (< *Pressemit-teilung*), *MdB* (< *Mitglied des Bundestages*) sowie *ENC* < *European Newspapers Congress*. Regional begrenzt ist das Kopfwort *Schanze* (< *Schanzenviertel*), das in einer Textsorte Kleinanzeige erscheint und regional begrenzt bekannt ist.

Computerspezifische Kurzwörter sind in [30] aufgeführt und damit ebenfalls fachsprachlich (*LBS* < *Location-based Services, NAS* < *Network Attached Storage, E3* < *Electronic Entertainment Expo*). Hingegen gibt es sehr wenige Kurzwörter, die einen mehr oder weniger direkten Bezug zu Twitter aufweisen:

[31]   openId, RP09, (#nurderfcb/hsv)

Allerdings ist *openId*[9] *(Id* < *Identity)* nicht auf Twitter.com beschränkt, sondern für viele Netzwerke gültig. Die Messe *RP09* (< *re:publica 09)* richtet sich ebenfalls nicht nur an Microblogger und Interessierte, und selbst *#nurderfcb/hsv* ist nur in [31] enthalten, weil die Kurzwörter *FCB* (< *Fußball Club Bayern*) und *HSV* (< *Hamburger Sportverein*) in einem Hashtag realisiert sind.

Wie Tab. 4-5 zeigt, ist die Verwendung von Kurzwörtern bei Tweets wiederum zwischen der bei SMS-Miteilungen und Newstickern angeordnet.

	SMS	Twitter	Newsticker	Zeitung
Wortformen	12.442	8.012	2.291	3.611
Anteil Tokens (in %)	**0,9**	**1,4**	**1,8**	**0,7**
Ersparnis (Ø in %)	54	75	82	80
Anteil Types (in %, abs. in Klammern)	0,49 (61)	1,00 (80)	1,05 (24)	0,33 (12)

Tab. 4-5: Kurzwörter in Zahlen

4.4.3   Kurzwort-Wortbildungen

Werden Kurzwörter für andere Wortbildungsprozesse herangezogen, steigt die semantische Dichte weiter an, es entstehen mitunter sehr komplexe Einheiten. Twitter-spezifische Bildungen sind nicht belegt, jedoch einige medienunspezifische (s. [32]) und computerspezifische (s. [33]) in ähnlichen Anteilen:

[32]   Klopapier, Lemon-Eisen-Limo; EKD-Vorsitz-Wahl, KH-Mitarbeiter, OHVler
[33]   twitter admin interface, Dev Team; XSS-Cross-Site-Scripting, NRW-FDP, OpenSource-CMS; E-Mail-Server

Besonders komprimiert gegenüber einer syntaktisch komplexen Vollform sind *EKD-Vorsitz-Wahl* (< *Vorsitzwahl der Evangelischen Kirche in Deutschland*) und *NRW-FDP*; beim zweiten Beleg sind zwei Kurzwörter miteinander kombiniert

---

9   Mit dem OpenId-Konzept wird ein netzweites Konto angelegt, durch das man sich auf verschiedenen Plattformen mit ein und denselben Zugangsdaten anmelden kann.

worden (< *Freie Demokratische Partei des Landes Nordrhein-Westfalens*). *OHVler*
ist die Kurzform von *Oberhaveler* und geht auf das Kennzeichen für die Ge-
bietskörperschaft *Oberhavel* zurück. Bei den computerspezifischen Kurzwort-
wortbildungen fällt nur *XSS-Cross-Site-Scripting* auf, da in diesem Kompositum Vollform und Kurzwort parallel genannt werden – ein ebenso sinnloses
wie unökonomisches Verfahren, was vermutlich auf Unkenntnis der Vollform
zurückgeht: *XSS* ist die in Teilen lexikalische Kurzwortdublette zu *Cross-Site-
Scripting* (allerdings nicht das ikonische *X*; s.u.). Kaum als Kurzwort-Wortbil-
dung fällt aufgrund der Verbreitung von *E-Mail* die Bildung *E-Mail-Server*
auf (*E* < *electronic/elektronisch*).

	SMS	Twitter	Newsticker	Zeitung
Wortformen	12.442	8.012	2.291	3.611
Anteil Tokens (in %)	**0,1**	**0,6**	**2,1**	**0,7**
Ersparnis (Ø in %)	50	44	64	62
Anteil Types (in %; abs. in Klammern)	0,14 (17)	0,49 (39)	1,7 (39)	0,58 (21)

Tab. 4-6: Kurzwort-Wortbildungen in Zahlen

Bei der Betrachtung der Vergleichswerte (Tab. 4-6) liegen die Twitter-Werte
wiederum zwischen SMS und Newsticker. Der geringe Wert bei SMS-Mitteilungen ist darauf zurückzuführen, dass für solch komplexe Wortformen weder kleine Displays und Tastaturen, noch die geringe Sprachplanung geeignete
Bedingungen für komplexe und zeichenreiche Wortbildungen sind. Anders
bei Newstickern, bei denen Kurzwortbildungen zur semantischen Verdichtung
eingesetzt werden (*BND-Affäre*, *US-Präsident*, *UN-Sicherheitsrat*; vgl. Siever
2011: 213).

4.4.4   Morphemreduktion in Komposita

Bei auf zwei lexikalischen Morphemen basierenden Komposita lässt sich entweder die erste oder die zweite, also letzte Konstituente tilgen (vgl. Siever
2011: 223ff.). Üblicherweise wird das näher spezifizierende Determinans getilgt (*Popmusik* > *Musik*), selten das Determinatum und damit der Kopf und
ausdruckseitige Kern der Konstruktion (*Popmusik* > *[der] Pop*). Ab drei Konstituenten lässt sich eine (auch mehrere) mittlere Konstituente tilgen (*Lastkraft-
wagen* > *Lastwagen*), was auch als Klammerform bezeichnet wird (Fleischer/
Barz 2012: 138, 157, 279).

Medienunspezifisch sind die unter [34] angegebenen Wortformen belegt (mit Angabe der getilgten Konstituente in Klammern).

[34] Mit[unter]zeichner; [Go]Kart; Video[film], Dreh[ort], Riesling[-Wein]

[35] [E-]Mail, Bundestags-[Web]server; Laptop[-Computer], SMS[-Mitteilung]

Auffällig ist die hohe Anzahl an Determinatumreduktionsformen (*Video, Dreh, Riesling*), die allerdings usualisiert und damit (praktisch) unmarkiert sind. Bei den computerspezifischen Lexemen sind die unter [35] angegebenen belegt; auch hierunter finden sich zwei Formen, bei denen der Kopf getilgt ist. Bei *SMS* wird der Dienst von der Mitteilung durch das Genus unterschieden, bei *Laptop* ist fraglich, ob die Vollform (*laptop computer*) jemals verwendet worden ist. Die Reduktion von *E-Mail* auf *Mail* ist anders als in der Gebersprache Englisch im Deutschen möglich, weil *Mail* für ›Post‹ nicht verwendet wird.

[36] Viral[marketing]kompetenz

Unter [36] ist eine Twitter-spezifische Form aufgeführt, die allerdings auch für andere Kommunikationsformen verwendet wird und daher auch unter [35] hätte aufgeführt werden können. In der Summe finden sich, wie Tab. 4-7 zeigt, Morphemtilgungen eher in redaktionellen Texten, bei SMS-Mitteilungen und Tweets sind sie ähnlich belegt.

	SMS	Twitter	Newsticker	Zeitung
Wortformen	12.442	8.012	2.291	3.611
Anteil Tokens (in %)	0,6	0,6	1,2	1,7
Ersparnis (Ø in %)	40	45	39	43
Anteil Types (in %; abs. in Klammern)	0,22 (27)	0,54 (43)	0,65 (15)	1,02 (37)
Determinans-Tilgung	37	21	12	35
Klammerformen	32	27	5	9
Grundmorphem-Tilgung	6	4	10	17

Tab. 4-7: Morphemtilgungen in Zahlen

4.4.5 Wortkreuzungen

Wortkreuzungen unterscheiden sich klar von Klammerformen und Kurzwörtern durch die Tatsache, dass keine vollständigen Morpheme, sondern nur Morphemteile reduziert sind (s. Siever 2011: 114ff.). Es handelt sich um einen weniger sprachökonomischen als vielmehr sprachkreativen Prozess, der dreimal bei medienunspezifischen Lexemen (s. [37]) und zweimal bei computerspezifischen ([38]) belegt ist.

[37] Bio[logy+tech]nics, mikro[+heli]kopter, Zensur[ur]sula
[38] Net[work+note]book, [i]Pod[+broad]cast[ing]

Allerdings finden sich auch die unter [39] genannten Twitter-spezifischen Wortkreuzungen, wobei *twitrans* ein Softwareprodukt ist und *Weblog* nicht auf Twitter beschränkt ist.

[39] twi[tter]trans[lation], Weblog[book]

4.4.6 Logogramme und ikonische Zeichen

Auch bei den graphostilistischen Zeichen finden sich eher Twitter-unspezifische. Bei den Logogrammen kann lediglich das Rautenzeichen zur Kodierung von Hashtags sowie das @-Zeichen zur Markierung von Kontonamen genannt werden. Zur Reduktion werden im Korpus die medienunspezifischen Logogramme unter [40] verwendet, die beispielsweise ›und‹ oder ›minus‹ oder ›mal‹ reduzierend ersetzen.

[40] $, %, €, &, °; x, -; 400+, CDU-
[41] ...; ♪, ♥-Wetter

	SMS	Twitter	Newsticker	Zeitung
Wortformen	12.442	8.012	2.291	3.611
Anteil Tokens (in %)	**1,0**	**2,87**	**0,04**	–
Ersparnis (Ø in %)	55	59	86	–
Anteil Types (in %; abs. in Klammern)	0,06 (8)	0,22 (18)	0,04 (1)	–

Tab. 4-8: Logogramme in Zahlen

Auffällig ist vor allem *400+*, bei dem das Pluszeichen in der Bedeutung ›mehr als‹ (syntaktisch markiert) oder ›und mehr‹ gebraucht wird. Beim Beleg *CDU–* handelt es sich um eine Abwertung, die automatisch ausgewertet worden ist. [41] weist vor allem den Fortsetzungsmarker … auf. In 103 Fällen wird hier der Satz abgebrochen und darauf gehofft, dass Rezipienten ihn dennoch vervollständigen können; es gibt allerdings auch andere Funktionen (mit anderer Bedeutung).

Erwartungsgemäß weisen redaktionelle Texte mit Ausnahme eines Prozentzeichens (%) keine Logogramme auf. Selbst Währungssymbole werden dort im Regelfall vermieden (*US-Dollar, Euro*).

In Bezug auf die ikonischen Zeichen ist festzustellen, dass lediglich computerspezifische Zeichen verwendet werden:

[42]   :-), ;-), :-9, -.-, ^^, (*^-^*); -->; XSS-[Cross-Site-Scripting]

In Bezug auf die ikonischen Zeichen ist festzuhalten, dass lediglich die in [42] aufgeführten computerspezifischen Zeichen verwendet werden, d.h. vor allem Smileys inklusive zweier japanischer Varianten sowie die Ähnlichkeitsabbildung eines Pfeils. *XSS* ist aufgeführt, weil das *X* ikonisch (Kreuz/*cross*) verwendet wird und nicht wie *SS* als anteiliges Initialkurzwort für *Site-Scripting*.

	SMS	Twitter	Newsticker	Zeitung
Wortformen	12.442	8.012	2.291	3.611
Anteil Tokens (in %)	**0,5**	**1,39**	–	–
Ersparnis (Ø in %)	50	68	–	–
Anteil Types (in %; abs. in Klammern)	0,1 (13)	0,2 (16)	–	–

Tab. 4-9: Ikonische Zeichen in Zahlen

Wie bei den Logogrammen sind die ikonischen Zeichen vorwiegend in Tweets repräsentiert und bilden (praktisch) ein Tabu für redaktionelle Texte.

4.5   Fazit

Wie sich an den Analysen gezeigt hat, substituiert der Microblogging-Dienst Twitter.com nicht nur Weblogs und SMS nicht, sondern ist auch sprachlich angesiedelt zwischen Weblog-Postings (vgl. Schlobinski/Siever 2005), SMS-Mitteilungen und Newsticker. Die quantitativen Daten bescheinigen, dass

Tweets sprachlich eine Lücke schließen in Form eines Newstickers für ›Private‹, denn selbst Politiker posten in Tweets eher als ›private‹ Menschen denn als Politiker. Notwendigerweise müssen Textproduzenten sprachökonomisch handeln, doch haben die kategorisierten Belege gezeigt, dass Twitter-spezifische Lexik nur selten, hingegen vor allem medienunspezifische oder solche, die für die Computer(fach)sprache üblich sind, reduziert wird.

Konkret sind klar Twitter-spezifisch lediglich die Abkürzung *RT-Spam*, die Kurzwörter *RP[09]*, die Wortkreuzung *twitrans* in Form eines Produkteigennamens sowie die informatisch vordefinierten Zeichen # (als Hashtag-Marker etwa in *#pol20*) und @ (als Nutzername-Marker wie in *@twitter*). Im Ergebnis lässt sich festhalten, dass Twitter eben keine besondere Kenntnis von dienstspezifischen Reduktionsformen erfordert, sondern in erster Linie standardsprachliche und fachsprachliche Lexik reduziert verwendet wird.

Die Stärke an Tweets ist der Fokus auf die Information, Höflichkeitssequenzen entfallen noch mehr, als dies schon beim SMS der Fall ist. Die Ursache liegt nicht nur darin, dass die Zeichenobergrenze gegenüber SMS-Mitteilun-

	Weblog	Twitter	SMS	Newsticker
Sender	1	1	1	n
Empfänger	n	n	1-10	n
Zielgruppe	öffentlich	mittel	privat	öffentlich
Asynchronizitätsgrad	hoch	mittel	gering	hoch
Dialogizität	rudimentär	möglich	ja	–
Höflichkeitsaufwand	–	–	gering	–
Max. Zeichenanzahl	–	140	160	≈ 50-250
Erfolgsmessung	bedingt	ja	nein	bedingt

Tab. 4-10: Gegenüberstellung von Kommunikationsmerkmalen

gen noch einmal reduziert ist, sondern dass es sich um eine eher öffentliche Kommunikation handelt, die an eine größere Zahl an Menschen gerichtet ist und diesogar Tendenzen von Massenkommunikation aufweist (vgl. die Merkmale in Tab. 4-10 sowie Moraldo 2009).

Entsprechendes weisen die quantitativen Daten aus. In den meisten Fällen liegt der Reduktionsanteil in Tweets im Mittelfeld zwischen dem massenmedialen, öffentlichen Newsticker und den individualkommunikativen privaten SMS-Mitteilungen vergleichbaren Umfangs. Auch bei der Gesamtersparnis, die durch die Anwendung der vorgestellten reduzierenden Prozesse und Mittel erzeugt wird, nimmt Twitter diese Zwischenstellung mit 57 Prozent Ersparnis gegenüber den Vollformen ein (vgl. Tab. 4-11).

Funktional werden Tweets zur Verbreitung von Informationen jedweder Art inklusive für Bekanntmachungen verwendet (womit sie RSS-Feeds ersetzen), zur Scherzkommunikation (*Kann ich bitte etwas Privatsphäre haben! Ich möchte gerade was twittern.*), für Fragen (*Suche möblierte Wohnung in HH zentral zur Zwischenmiete (1.6. - 1.9.) - bitte RT #hamburg #immobilien*), zur für Antworten (*@OnoNoonnon Bei Word! Symbol, einfügen, Copy & Paste.*), zur Kommentierung

	SMS	Twitter	Newsticker	Zeitung
Wortformen	12.442	8.012	2.291	3.611
Abkürzungen	4,7	**2,0**	0,4	0,1
Kurzwörter (KW)	0,9	**1,4**	1,8	0,7
KW-Wortbildungen	**0,1**	**0,6**	2,1	**0,7**
Morphemtilgungen	**0,6**	**0,6**	1,2	1,7
Wortgruppen-Ellipsen	4,7	**2,0**	0,4	0,1
Logogramme	1,0	**2,9**	0,04	–
Ikonische Zeichen	0,5	**1,4**	–	–
Ersparnis (ungefähr)	48	57	82	42

Tab. 4-11: Zusammenfassung der sprachlichen Analysen

von Gesellschaftlichem (Politik, Gesundheit, Promis etc.), zur Verbreitung von Weisheiten (*Zurück aus dem Meer(salzbad). Soll ja gegen Ödeme helfen. Gelogen!*), zu Marketingzwecken und für schlichte Statements (*Bin schon wach* oder *Rasenmähen; s. hierzu Altmann 2009*). Und natürlich finden sich darunter auch Auszeit-Bekundungen wie *So, jetzt ist auch langes Wochenende bei mir. Erwartet keine Tweets bis Montag.*

Literatur

Altmann, Myrian (2009). »Twitter: Mit 140 Zeichen durch den Alltag. Nutzungsmotive und Nutzungsmuster von Micro-Bloggern«. In: Meyen, Michael & Senta Pfaff-Rüdiger (Hrsg.). Internet im Alltag. Qualitative Studien zum praktischen Sinn von Onlineangeboten. Berlin. S. 299–320.

Cook, Geoff (2009). »Why Don't Teens Tweet? We Asked Over 10,000 of Them.« <http://www.techcrunch.com/2009/08/30/why-dont-teens-tweet-we-asked-over-10000-of-them/>. In: TechCrunch.

Demuth, Greta & Elena Katharina Schulz (2010). »Wie wird auf Twitter kommuniziert? Eine textlinguistische Untersuchung«. <http://www.mediensprache.net/networx/networx-56.pdf>. In: Networx, Nr. 56. Hannover.

Fleischer, Wolfgang & Irmhild Barz (2012). Wortbildung der deutschen Gegenwartssprache. 4., völlig neu bearb. Aufl. unter Mitarbeit von Marianne Schröder. Berlin, Boston.

Honeycutt, Courtenay & Susan C. Herring (2009). »Beyond Microblogging: Conversation and Collaboration via Twitter«. <http://www.computer.org/plugins/dl/pdf/proceedings/hicss/2009/3450/00/03-05-05.pdf>. In: Proceedings of the Forty-Second Hawai'i International Conference on System Sciences (HICSS-42). Los Alamitos

Kobler-Trill, Dorothea (1994). Das Kurzwort im Deutschen. Eine Untersuchung zu Definition, Typologie und Entwicklung. In: Reihe Germanistische Linguistik. Hrsg. v. Helmut Henne, Horst Sitta & Herbert Ernst Wiegand. Bd. 149. Tübingen.

Kremp, Matthias (2007). »Mit 140 Zeichen um die Welt.« <http://www.spiegel.de/netzwelt/web/0,1518,474047,00.html> In: Spiegel online.

Moraldo, Sandro M. (2009). »Twitter: Kommunikationsplattform zwischen Nachrichtendienst, Small Talk und SMS«. In: Moraldo, Sandro M. (Hrsg.). Internet.kom. Neue Sprach- und Kommunikationsformen im WorldWideWeb. Band 1: Kommunikationsplattformen. Rom. S. 245–281.

Müller, Christina Margrit (i. Dr.). Tweets niederländisch. In: Siever, Torsten, Schlobinski, Peter (Hrsg.). Microblogs global: Eine internationale Studie zu Twitter & Co. aus der Perspektive von dreizehn Sprachen und Ländern«. Frankfurt/M. et al.

O'Reilly, Tim & Sarah Milstein (2009). Das Twitter-Buch. Mit einem Zusatzkakitel von Volker Bombien, Corina Lange & Nathalie Pelz. Beijing et al.

Pear Analytics (2009). »Twitter Study – August 2009«. <http://www.pearanalytics.com/wp-content/uploads/2009/08/Twitter-Study-August-2009.pdf>.

Siever, Torsten (2011). Texte i. d. Enge. Sprachökonomische Reduktion in stark raumbegrenzten Textsorten. In: Sprache – Medien – Innovationen. Hrsg. v. Runkehl, Jens, Peter Schlobinski & Torsten Siever. Bd. 1. Frankfurt/M. et al.

Siever, Torsten (i. Dr.). »Zugänglichkeitsaspekte im Web 2.0« In: Schwarz-Friesel, Monika & Marx, Konstanze (Hrsg.). Sprache und Kommunikation im technischen Zeitalter. Berlin et al.

Siever, Torsten & Peter Schlobinski (i. Dr.). Microblogs global: Eine internationale Studie zu Twitter & Co. aus der Perspektive von zwölf Sprachen und Ländern. Hannover et al.

Simon, Nicole & Nikolaus Bernhardt (2008). Twitter. Mit 140 Zeichen zum Web 2.0. München.

Medienpädagogischer Forschungsverbund Südwest (2011). Jugend, Information, (Multi-)Media. Basisstudie zum Medienumgang 12- bis 19-Jähriger in Deutschland.

STEFAN MEIER UND VIVIEN SOMMER (CHEMNITZ)

5 Multimodalität im Netzdiskurs. Methodisch-methodologische Betrachtungen zur diskursiven Praxis im Internet

5.1 Einleitung

Der Hauptfokus dieses Beitrags liegt auf der multimodalen Diskurspraxis, die im Internet seine maximale Ausprägung erfährt. Anhand des erinnerungs-kulturellen Online-Diskurses um den KZ-Aufseher John Demjanjuk sollen insbesondere diachrone Strukturen von Multimodalität im diskursiven Zu-sammenhang verdeutlicht werden. Dabei gehen wir zunächst auf die mediale Spezifik von Online-Diskursen ein, erläutern ihre multimodale Beschaffenheit und stellen den heuristischen Wert einer frameorientierten Erhebungs- und Analysemethode vor, die mit dem zirkulären Forschungsprozess der *Groun-ded Theory* verknüpft wird. Ziel dieser methodischen Triangulation ist es, ein onlinemedien-adäquates Instrumentarium der Diskursanalyse zu entwickeln (zum Begriff der Triangulation vgl. Flick 2004). Damit präsentieren wir erste Ergebnisse des Chemnitzer DFG-Projektes »Online-Diskurse. Methodenin-strumentarium der Datenerhebung und -analyse zur Bestimmung von Online-Diskursen als gesellschaftliche Praktiken« (vgl. Fraas/Meier/Pentzold 2010).

Wir verfolgen in diesem Beitrag die These, dass Multimodalität im (On-line-)Diskurs eine akteursabhängige (Neu-)Kombination verschiedener mono-modaler Zeichenphänomene ist, die bereits in vorherigen Diskursfragmenten des entsprechenden Diskursthemas relevant gesetzt wurden. Je nach zu mar-kierender diskursiver Position werden diese in der Folgekommunikation wieder zusammengefügt. Die multimodale Diskurspraxis ist somit dadurch gekenn-zeichnet, dass die im Diskurs relevant gesetzte Bildlichkeit je nach zu markie-render diskursiver Position sprachlich aktualisierte Bedeutungszuschreibungen erfährt bzw. sprachliche Positionen entsprechend bildlich exemplifiziert, belegt, veranschaulicht oder themenbezogen symbolisiert werden. Dies wird anhand des ›Demjanjuk-Diskurses‹ im Netz beispielhaft verdeutlicht.

5.2 Begriffsbestimmung: Online-Diskurse, Multimodalität, Frame-Konzept

5.2.1 Online-Diskurse

Online-Diskurse sind durch ihre mediale Spezifik geprägt. Sie lassen sich als internetbasierte Kommunikation über öffentliche Themen verstehen, die in gesamtgesellschaftliche Diskurse eingebunden sind. Sie stehen in enger inhaltlicher Verbindung mit öffentlichen Debatten in den klassischen Massenmedien wie Rundfunk und Print, entfalten jedoch eigene Dynamiken in Abhängigkeit der Online-Kommunikationsformen[1], in denen sie konstituiert werden. Diese sind beispielsweise Online-Magazine, Blogs, Akteurs-Homepages, die von individuellen oder kollektiven Akteuren[2] betrieben werden und als quasimassenmediale Texte mehrfachadressiert sind. Daneben stehen Wikis, Chats, Foren und ICQ, mit denen eine interpersonale und interaktive Textproduktion vollzogen wird und die in einer Online-Diskursanalyse ebenfalls zu berücksichtigen sind. Letzte können sowohl monodirektional als auch unidirektional sein. Aufgrund ihrer medialen Spezifik betrachten wir Online-Diskurse deshalb als einen eigenen Forschungsgegenstand, der ein besonderes diskursanalytisches Vorgehen erfordert.

Online-Diskurse sind wie Diskurse allgemein als regulierende und regulierte Praktiken (vgl. Keller 2005) bzw. musterhafte kommunikative Handlungen (vgl. Wengeler 2003) zu verstehen, die mittels Zeichenressourcen (vgl. Van

1   Mit Holly (2000: 84) verstehen wir Kommunikationsform als »virtuelle Kombination von semiotischen und strukturellen Faktoren der Kommunikation«. Sie werden mittels Kriterien wie der verwendeten Zeichentypen, der Kommunikationsrichtung, Kapazität des (technischen) Mediums zur Speicherung und Übertragung von Daten, Zeitlichkeit und Anzahl der Kommunikationspartner charakterisiert. Dürscheid (2005) verdeutlicht dies für die Online-Kommunikation am Beispiel des Chats, der sich für sie durch eine distinkte kommunikative Konstellation von anderen Formen computervermittelter Kommunikation unterscheidet. Seine Merkmale seien: Zeichentyp – geschriebene Sprache; Kommunikationsrichtung – dialogisch; Anzahl der Kommunikationspartner – variabel: räumliche Dimension – Distanz; zeitliche Dimension – quasi-synchron; technisches Medium – Internet (vernetzte Computer).

2   Akteure werden hier in Anlehnung an Keller (2008) als die Subjektpositionen eines Diskurses verstanden. Damit eingeschlossen sind sowohl die diskursiven Sprechpositionen auf der Mikro- und auf der Makroebene, als auch die Rezipienten bzw. Betroffenen des Diskurses.

Leeuwen 2005) Bedeutung von sozialer Realität konstruieren. Sie sind Teile diskursiver Aussageformationen zur Konstituierung bestimmter Themen- und Wissenskomplexe bzw. Konzepte (vgl. Busse/Teubert 1994) und werden in massenmedialen auf der Makro-Ebene und in personalen Diskursfragmenten auf der Mikro-Ebene aktualisiert. Durch die Kopplung der unterschiedlichen Kommunikationsformen in den einzelnen Auftritten stehen die beiden Ebenen in einem stärkeren kommunikativen Bezug zueinander als in den ›klassischen‹ Massenmedien. Nicht selten schließt sich zum Beispiel an einem Nachrichtentext auf *spiegel-online* ein Link zu einem Forum an.

Durch die besondere Kommunikations- und Publikationspraxis im Internet erfahren Online-Diskurse besondere Ausprägungen, die auch in der Analysepraxis berücksichtigt werden müssen. So können sie eine hohe Dynamik und Flüchtigkeit, Dezentralität sowie unsystematische Archivierungspraxis aufweisen. Hinzu tritt ein hohes Maß an Multimodalität wie Bild-Text-Korrespondenzen, Bilderserien, audiovisuelle Kommunikate sowie Animationen. Inhalte sind häufig geclustert bzw. modularisiert und damit nonlinear bzw. hypertextuell organisiert (Siever/Schlobinski/Runkehl 2005). Spezifische Praktiken wie Verlinkung und innovativer Umgang mit mikro-typografischen Elementen[3], die zum Beispiel zu ikonischen Bildzeichen formiert werden, sowie konzeptuelle Mündlichkeit in den sprachlichen Diskursfragmenten erfordert ein offeneres Verständnis von Kommunikation und ein flexibles Analyseinstrumentarium. Außerdem unterliegen Online-Diskurse auf der Mikro-Ebene einer nutzerbedingten maschinellen, reaktiven und personalisierten Filterung. So werden je nach Nutzerabfrage nur bestimmte Inhalte durch Suchmaschinen prominent angeboten, oder Datenbanken stellen reaktiv Angebote zusammen, die algorithmisch aus bisherigem Surf- und Kaufverhalten errechnet oder nutzergeneriert durch *Social-bookmarking*-Praktiken angeboten werden. Außerdem führen unterschiedliche Feed-Abos und Browser-Einstellungen der individuellen Nutzer zu zunehmend personalisierten Inhaltszusammenstellungen, die nicht zuletzt durch weitere Verlinkungen und *Copy-und-Paste*-Praktiken der Nutzer unkoordiniert weiter verbreitet werden (Meier/Wünsch/Pentzold/ Welker 2010: 109). Eine Untersuchung von Online-Diskursen muss somit zum einen eine genaue Differenzierung der Medialität und Zeichenhaftigkeit der diskursiven Praktiken verfolgen. Zum zweiten muss aufgrund der genannten online-medialen Bedingungen ein besonderes Datenerhebungsverfahren zu-

---

3   Stöckl (2004) unterscheidet in Anlehnung an drucktechnische Konventionen zwischen Mikro-, Meso-, Makro- und Paratypografie. Dabei umfasst die Mikrotypografie Schriftdesign auf der Buchstabenebene (Schriftfamilien etc.), Mesotypografie Schriftdesign auf der Textebene (Absatzstruktur etc.), Makrotypografie das Schriftdesign auf der Seitenebene (Text-Bild-Setzungen, Grafiken etc.) und Paratypografie die Einwirkungen des jeweiligen Trägermediums auf das Schriftdesign (Screen, Print etc.)

grundelegt werden. Beides wird in diesem Beitrag methodologisch und methodisch berücksichtigt und anhand eines Analysebeispiels verdeutlicht.

5.2.2 Multimodalität im Diskurs

Im Anschluss an die Konzepte der Soziosemiotik von Kress/Van Leeuwen (2001) und Van Leeuwen (2005), die für das Online-Medium entsprechend erweitert wurden (vgl. Meier 2008), verstehen wir Multimodalität als die kommunikative Nutzung unterschiedlicher Zeichensysteme bzw. -modalitäten wie Sprache und Bild, die in den Online-Diskursfragmenten durch bestimmte Formatierungen und Layoutpraktiken sinnstiftend in Beziehung gesetzt sind. So werden Bildinhalte durch sprachlich verfasste Unterschriften und/oder einen umfließenden Text näher spezifiziert und in das Raum-Zeit-Kontinuum eingeordnet. Mögliche Gegenstände, Akteure und Themen, die im Text angesprochen sind, werden wiederum durch die Bilder zur Anschauung gebracht. Die visuelle Wahrnehmungsnähe (Sachs-Hombach 2003) bzw. Ikonizität von Fotografie kann somit als Beleg bzw. zur Dokumentation von Behauptetem eingesetzt werden. So haben sich entsprechend der medial zur Verfügung gestellten Zeichenressourcen sowie deren medienbedingten Organisationsmöglichkeiten auch soziokulturell konventionalisierte Kommunikationsformen (vgl. Holly 2000) herausgebildet. Im Online-Bereich lassen sich als Beispiele Chat- und ICQ-Formate als synchrone, interpersonale und formal eng an mündlicher Kommunikation ausgerichtete Formen nennen, in Abgrenzung zu mehrfachadressierten, zeitversetzt rezipierbaren und professionell redaktionell betreuten Online-Magazinen wie *Spiegel online*. Letztere haben als hybride Medienangebote zwar auch interaktive Kommunikationsformen wie Foren integriert, diese werden jedoch meist redaktionell moderiert. Weblogs ermöglichen demgegenüber individuelle und interpersonale Kommunikation. So konnte sich mit Hilfe dieser Kommunikationsform eine parallele Nachrichtenszene, die sogenannte Blogosphäre, entwickeln. Zunehmend lässt sich jedoch eine Verschränkung massenmedialer und alternativer Nachrichtenproduktion feststellen.

Die unterschiedlichen online-medialen Kommunikationsformen haben auch Auswirkungen auf die kommunikative Praxis der Diskurs-Akteure. Massenmedien berichten nicht mehr allein über diese Akteure oder inszenieren sie mit bestimmten O-Tönen, Bildpräsentationen etc., sondern Akteure können in Form von persönlichen Websites oder Blogs sowie in interaktiven Kommunikationsformen direkt diskursiv tätig werden. Dabei sind die Partizipationsmöglichkeiten von kollektiven oder institutionellen und individuellen Akteuren im Netz zwar nicht ausgeglichen, jedoch besteht hier eine etwas anders organisierte Aufmerksamkeitsorientierung. Breitere Wahrnehmbarkeit wird nicht nur durch wirtschaftliche Distributionsmöglichkeiten organisiert, sondern auch durch spezifische Netzwerkkommunikation im so genannten *social web* über *social networks* wie Facebook oder Portalen wie YouTube und Twitter. Im Rahmen von Online-Diskursen agieren somit individuelle und kollektive Akteure auf der Mikro-Ebene in interpersonalen Interaktionsprozessen und können so Wirkungen auf der makrostrukturellen Ebene erzielen (vgl. auch Schmidt 2006).[4]

5.2.3 Das Frame-Konzept

Um multimodale Online-Diskurse für die konkreten Analysen operationalisieren zu können, greifen wir auf linguistische Aspekte des Frame-Ansatzes (vgl. Ziem 2008) zurück. Frames können demnach als Repräsentationsformate kollektiver Wissensbestände interpretiert werden, die in kommunikativen Zusammenhängen die Vertextung von Wissen i. w. S. steuern (vgl. Fraas 1996, Fraas/Meier/Pentzold 2010). Wir schließen damit an die kognitionslinguistische Tradition von Minsky an, der Frames wie folgt definiert:

>»When one encounters a new situation [...] one selects from memory a substantial structure called a Frame. This is a remembered framework to be adapted to fit reality by changing details as necessary. A frame is a data structure for representing a stereotyped situation, like [...] going to a child's birthday party.« (1975: 212).

Frames in dieser Auslegung strukturieren also Erfahrungswissen, indem sie festlegen, welche Akteure, Rollen, Gegenstände und Abläufe für eine bestimmte Situation typisch und zu erwarten sind und welche entsprechend als unpassend empfunden werden. In der Zusammenschau linguistischer, kognitionswissenschaftlicher, (wissens-)soziologischer und kommunikationswissenschaftlicher Frame-Ansätze spezifiziert Fraas (2011, i. E.) Frames desweiteren »1. als Prozess der Bedeutungskonstitution beim Sprachverstehen, 2. als Prozess der Interpretation von konkreten Situationen zur Handlungsermöglichung und 3. als Praxis der Wissens-Aktivierung in komplexeren diskursiven Zusammenhängen bis hin zur strategischen Deutungsarbeit.« Indem Frames also als konzeptuelle Strukturen für die Interpretation von Situationen und sprachlichen Ausdrücken verstanden werden können, geben sie gleichsam das

---

4 Daher lässt sich für Online-Diskurse nicht die Unterscheidung zwischen Orten der systematischen Diskursproduktion und Orten der Diskursartikulation (vgl. dazu Keller 2006) aufrechterhalten.

Kontextualisierungspotential von Konzepten vor. Das heißt, eine bestimmte
Situation oder ein bestimmter sprachlicher Ausdruck aktiviert den Frame des
zugehörigen Konzeptes und erzeugt zunächst eine konzeptuelle Struktur, die
im Prozess der Kontextualisierung entsprechend mit konkreten Informationen angereichert wird. Diese Modellvorstellung kann für die Analyse von
Diskursen fruchtbringend eingesetzt werden, indem hier Frames als Modelle
für das Kontextualisierungspotential diskursiv zentraler Konzepte (Schlüsselkonzepte) eingesetzt werden. Die Frames der Schlüsselkonzepte werden dabei systematisch und theoriegeleitet aus sog. Matrixframes (Konerding 1993)
hergeleitet. Konerding (1993) konstruiert aus dem lexikalischen Inventar der
deutschen Sprache zehn Matrixframes (*Gegenstand, Organismus, Institution,
Person/Aktant, Ereignis, Handlung, Zustand, Teil, Ganzes, Umgebung*), aus deren
Slot-Struktur durch Substitutionsverfahren jeweils die Slot-Struktur konkreter
Konzept-Frames entwickelt werden kann. Die Eigenschaften der abstrakten
Matrixframes werden dabei auf die konkreten Konzept-Frames angewandt.
Die Slot-Struktur der diskursiven Schlüsselkonzepte stellen so für einen ers-
ten Zugriff auf die empirischen Daten ein heuristisches Kodierparadigma zur
Verfügung, das im Prozess der Datenauswertung entsprechend der konkreten
Daten weiter verfeinert wird (siehe Fraas/Meier/Pentzold 2010).

Auch für die weitere Datenanalyse wird das Frame-Konzept angewandt.
Das heißt, die Analyse startet mit dem kognitionslinguistischen Instrumentarium von Frame-Analysen (Slots/Fillers). So werden Marvin Minsky folgend
Frames konkret als komplexe Strukturen aus Slots (konzeptuellen Leerstellen) und Fillers (konkreten kontextbasierten Ausfüllungen dieser Leerstellen)
und Default-Werten (inferierten Standardwerten bzw. prototypischen Muster-
verwendungen) verstanden, die im Diskurszusammenhang zu rekonstruieren
sind. Diese Grundstrukturen werden zudem gemäß der *Grounded Theory* durch
systematische Auswertung des Materials, permanentes Vergleichen und die
Entwicklung von Konzepten datennah angereichert. So kommt es einerseits zu
einer weiteren Ausdifferenzierung der Frame-Struktur. Andererseits werden
parallel dazu inhaltlich motivierte Gruppierungen vorgenommen und zentrale
Kategorien gebildet. So werden auf einer höheren Ebene Interpretationsmuster
deutlich, die im Diskurs Konvergenz stiften. Wir gehen also davon aus, dass
Frames 1. analytische Werkzeuge, 2. kognitive Repräsentationsformate und 3.
diskursive Interpretationsmuster sind (vgl. ebd.).

5.3 Korpuserstellung (Erhebung, Analyseausblick)

In den vorangegangenen Ausführungen haben wir erläutert, dass die Publikationspraxis im Web, abweichend von Offline-Massenmedien, keiner festen Periodizität unterworfen ist und sich durch eine höhere Dynamik auszeichnet. Die vorgestellte Medialität des Internets wirft für die Diskursanalyse somit Probleme hinsichtlich der Korpuserstellung auf, die eine Erweiterung des Methodeninstrumentariums erforderlich machen. Damit wird die Entwicklung plausibler Kriterien nötig, welche die Entscheidung für die Aufnahme von Online-Diskursfragmenten in das Analysekorpus anleiten. Wichtig zu beachten ist dabei, dass es bei der Erstellung eines solchen Korpus nicht darum geht, die Gesamtheit aller Online-Diskursfragmente des zu untersuchenden Diskurses zu ermitteln – dies wäre durch die medialen Bedingungen im Netz auch nicht möglich. Vielmehr ist der forschungspraktischen Konkretisierung von Busse und Teubert (1994) zu folgen, die zwischen dem Gesamtdiskurs als virtuellem Vollkorpus und dem für die Untersuchung zu konstituierenden Analysekorpus unterscheiden. Zur Erforschung von Online-Diskursen ist es demgemäß sinnvoll, eine Auswahl von typischen Online-Diskursfragmenten vorzunehmen, die einer systematischen Erhebung unterliegen.

Ein sehr hilfreicher Ansatz für diese Forschungsstrategie bieten die Methoden der qualitativen Sozialforschung, insbesondere die *Grounded Theory*, welche in den 1960er Jahren von Barney Glaser und Anselm Strauss ([1967] 2005) begründet wurde. Die *Grounded Theory* verfolgt mit ihrem Forschungsprogramm das Ziel, grundsätzlich auf alle sozialen Phänomene anwendbar zu sein, daher lässt sie sich unseres Erachtens auch für die Online-Diskursanalyse verwenden. Glaser und Strauss systematisieren die Auswahl relevanter Fallbeispiele nach dem Prinzip des *theoretical sampling* (Glaser/Strauss [1967] 2005; Strauss/Corbin [1990] 2010). Mittels dieses Verfahrens geht man in der Auswahl der Fälle sowohl minimal als auch maximal kontrastierend vor. Dazu werden zum einen Daten aus möglichst ähnlichen und zum anderen aus möglichst unterschiedlichen Quellen herangezogen, bis bei der Datenerhebung keine neuen inhaltlichen Aspekte mehr auftauchen. Dadurch wird gewährleistet, dass alle relevanten Fälle eines Forschungsgegenstandes möglichst erschöpfend berücksichtigt werden. Um diese Fälle bzw. Diskursfragmente miteinander vergleichen zu können, ist die Bestimmung geeigneter Auswahlkriterien notwendig. Besonders zu Beginn des Forschungsprozesses ist es jedoch schwierig, diese Kriterien zu entwickeln, da das Wissen über den Gegenstand noch nicht besonders differenziert ist. Erst im Laufe der Untersuchung ist eine weitere Spezifizierung möglich, so dass Glaser und Strauss für das Sampling-Verfahren vorschlagen, mit einigen »lokalen Konzepten« zu Eigenschaften und Konstitution des For-

schungsgegenstandes zu beginnen (Glaser/Strauss [1967] 2005: 53). Dieser
Erhebungseinstieg ist nach unserem Verständnis jedoch durch die Integration von Strategien einer frame-orientierten Diskursanalyse systematischer und
transparenter durchzuführen. Dabei werden Schlüsselausdrücke als thematische Referenzen auf zentrale Diskursstränge recherchiert, was die Ermittlung
dieser ›lokalen Konzepte‹ nachvollziehbarer und zielgerichteter leiten lässt.
Frames verstehen wir, wie bereits erläutert, als Strukturen, die sich aus Slots
und konkreten kontextbasierten Fillern zusammensetzen. Schlüsselkonzepte
sind dabei die diskursiv zentralen Konzepte für das modellhafte Kontextualisierungspotential der Frames. Anhand eines zentralen diskursrelevanten Einstiegstextes (z. B. ein massenmedialer Nachrichtentext über das Diskursthema)
können daran anschließend mögliche Schlüsselkonzepte des Diskurses ›bottom up‹ ermittelt werden. Diese lassen sich als Bestandteile der Slot-Struktur
bestimmter Matrixframes zuordnen. Die Slot-Struktur hat Konerding (1993)
aufgrund eines Kataloges von Prädikationsfragen ermittelbar gemacht, durch
den man die konkreten Filler ›erfragen‹ kann. Anhand dieser Prädikationen
lassen sich zudem weitere Sampling-Kriterien entwickeln und mit dem Vorgehen der minimalen und maximalen Kontrastierung kombinieren.

Ferner orientieren wir die Auswahl an den unterschiedlichen online-medialen Kommunikationsformen, d. h., dass wir sowohl interpersonale Online-Kommunikation anhand von Foren oder Videoplattformen samt Kom-
mentierungen in das Korpus aufnehmen und analysieren als auch maximal
kontrastierend dazu massenmediale und mehrfachadressierte Nachrichten-
texte der Online-Magazine. Ebenfalls ausgewählt werden Diskursfragmente
wie Weblogs oder Texte aus Micro-Blogging-Portalen wie Twitter, die zwar
ähnlich wie die massenmedialen Texte mehrfachadressiert, jedoch weniger in-
stitutionell geprägt sind. Ein weiterer Auswahlfokus liegt auf den unterschiedlichen Zeichensystemen und den zeichenhaften Inszenierungspraktiken, die
in den kommunikativen Handlungen zur Anwendung kommen. So werden
neben sprachlich verfassten Daten auch layouttechnisch kombinierte statische
Bilder und/oder audiovisuelle Video-Daten analysiert. Ein viertes Auswahl-
kriterium sind die Akteure bzw. Akteursgruppen, die als Repräsentanten bestimmter Interessengruppen und Netzwerke eine einheitsstiftende Wirkung
auf den jeweiligen Diskurs haben, indem sie ‚nur' bestimmte Perspektiven
(wiederholt) einbringen.

Bei der beschriebenen Einstiegsstrategie – dem Bestimmen von Schlüsselkonzepten – ist es aufgrund der verstärkten multimodalen Zeichenhaftigkeit
von Online-Kommunikation jedoch nicht sinnvoll, sich auf Schlüssel*wörter* zu
beschränken. Denn bestimmte Bildverwendungen können ähnlich wie sprach-

liche Schlüsselausdrücke auch diskursiv etabliert werden (vgl. Meier 2010).[5] Allerdings ist nicht zu bestreiten, dass Bilder erst durch situationsbedingte Kontexte ihre kommunikative Zielrichtung erhalten (vgl. Keppler 2006: 55; Sachs-Hombach 2003: 122). Anders als Peter Ludes Definition lassen sich Schlüsselbilder daher nicht als visuelle Präsentationen beschreiben, welche die jeweilige Information »auf den Kern bringen« (Ludes 2001: 52). Vielmehr lassen sie sich als Symbole charakterisieren, deren inhaltliche Fokussierung sich erst durch die situativen Bezugnahmen zu sprachliche Einheiten konstituiert (vgl. Meier 2008). So gilt es, sich beim Einstieg in den Diskurs weder auf Wörter noch auf Bilder zu beschränken, sondern multimodale Schlüsselkonzepte zu bestimmen.

Die online-diskursive Praxis ist generell von Multimodalität bestimmt, so dass diese auch im Fokus der weiteren Analyse steht. Forschungspraktisch heißt dies, dass man die Diskursfragmente auf den unterschiedlichen Zeichenebenen erfasst, beschreibt und analysiert. Bei der Beschreibung von audiovisuellen Kommunikaten ist durch die besondere Dynamik von Bewegtbildlichkeit und dem situativen Vollzug von gesprochener Sprache, Atmosphäre und Musik die Anfertigung von Transkripten in Form von Filmprotokollen anzuraten. Hierdurch wird das audiovisuelle Diskursfragment analytisch erfassbar. Da Bilder, wie bereits erläutert, in ihrer Zeichenhaftigkeit weniger eindeutig sind als etwa Sprache, ist es nicht ausreichend, deren möglichen Aussageinhalt zu beschreiben, ohne die Ebene des Designs und der Gestaltung mit einzubeziehen. Daher sollten diese im Mittelpunkt der jeweiligen Bildbeschreibung stehen.

Bei einem Video werden anschließend auf einer dritten Ebene die beiden Zeichen-Dimensionen als audiovisuelle Einheiten erfasst, indem die Elemente beschrieben werden, welche die Einheit von Ton und Bild herstellen. Grundlage für die Erfassung dieser dynamischen multimodalen Einheiten bietet Angela Kepplers (2006) Unterscheidung dreier idealtypischer Bild-/Sprache-Korrespondenzen: der textbezogenen Illustration, der Stütz- und Belegfunktion von Bildern und der wechselseitigen Einordnung und Kommentierung von Bild und Wort (zur differenzierten Bestimmung von Bild-/Sprache-Korrespondenzen in statischen Kommunikaten siehe Stöckl 2004).

Dieses flexible Erhebungsverfahren für multimodale und audiovisuelle Diskursfragmente bildet die Grundlage für die Analyse, die sich gemäß des Forschungsprogramms der *Grounded Theory* mittels einer mehrstufigen Kodierung des Datenmaterials vollzieht. Auch bei der Analyse verfolgen wir eine Integration des Kodierungsverfahrens der *Grounded Theory* mit der linguis-

---

5   Marion Müller bemängelt zu Recht, dass in den meisten Disziplinen – mit Ausnahme der Kunstgeschichte – durch den Fokus auf (Schrift-)Sprache der eigenständige Informationswert von Bildern verkannt wird (Müller 2003: 80).

tischen Frame-Analyse. Die oben bereits erwähnten Prädikationsfragen, die durch die Slot-Struktur der Matrixframes aufgerufen sind, erlauben es auch konkrete Analysefragen an das Material zu stellen[6], um die entsprechenden Filler zu ›ermitteln‹. Dieses Vorgehen korrespondiert mit der Strategie der generellen Fragen, die Strauss für das Kodieren vorgibt. Dabei werden die allgemeinen W-Fragen gestellt, die auch für die journalistische Nachrichtenrecherche strukturierend eingesetzt werden: Who? When? Where? What? How? How much? and Why? (Strauss/Corbin [1990] 2010: 76–77). Mit den durch die Schlüsselkonzepte jeweils aufgerufenen Matrixframes und den damit verbundenen Prädikationsfragen präzisieren wir jedoch den sehr vage gehaltenen Fragenkatalog der Grounded Theory. Die Prozesse der Datenerhebung und die der -analyse laufen im beschriebenen Forschungsprogramm parallel und in »wechselseitigfunktionaler Abhängigkeit« ab (Strübing 2008: 14, vgl. auch Glaser/Strauss [1967] 2005: 78). Das bedeutet, dass die unterschiedlichen Zeichendimensionen auch in die Analyse einbezogen werden.

Im weiteren Verlauf des Forschungsprozesses geht es darum, die unterschiedlichen Kodierungsebenen immer weiter aufeinander zu beziehen, um als Analyseergebnis multimodale Interpretationsmuster eines Diskurses zu erhalten. Wie in der Abbildung deutlich wird, ist dies forschungspraktisch ein zirkulärer Prozess, d.h. durch die Auswahl weiterer Diskursfragmente wird das Kodierparadigma immer wieder verändert, neue Interpretationsmuster erarbeitet und bestehende ergänzt.

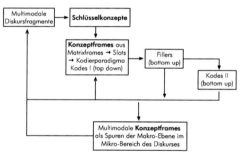

Abb. 5-1: Integration des Kodierungsverfahrens der Grounded Theory mit der linguistischen Frame-Analyse (nach Fraas et al. 2011).

Die Analyse ist beendet, wenn eine theoretische Sättigung eingetreten ist, d.h. wenn keine zusätzlichen Daten mehr gefunden werden können, mit deren Hilfe man weitere Eigenschaften der Interpretationsmuster entwickeln kann.

---

6   Das Untersuchungsmaterial bzw. die ausgewählten Diskursfragmente werden demnach – gemäß der Prädikationsfragen bearbeitet, indem entsprechende Textsequenzen gesucht werden, die diese Fragen jeweils beantworten lassen. Die Sequenzen werden markiert und in Form von Kodes paraphrasiert.

5.4   Beispiel: Erstellung eines online-medienadäquaten Analyse-Korpus

Im Folgenden wird ein kurzer anwendungsbezogener Einblick in die Erstellung eines online-medienadäquaten Analysekorpus gegeben. Verdeutlicht wird das Verfahren anhand eines Online-Diskurses, den wir derzeit im Rahmen eines DFG-Projektes an der TU Chemnitz untersuchen. Es handelt sich dabei um die öffentliche Debatte über den Fall des KZ-Aufsehers John Demjanjuk. Der zu analysierende Diskurs wurde durch das Ermittlungsverfahren der Zentralen Stelle der bayrischen Landesjustizverwaltung zur Aufklärung nationalsozialistischer Verbrechen initiiert, die es als erwiesen ansah, dass John Demjanjuk in dem nationalsozialistischen Vernichtungslager Sobibor an der Ermordung von 29.000 Menschen mitgewirkt habe. Dieses Ermittlungsergebnis veranlasste die Münchener Staatsanwaltschaft, einen internationalen Haftbefehl zu beantragen. Daraufhin wurde Demjanjuk im Mai 2009 von den USA nach Deutschland ausgeliefert. Über die Auslieferung und den sich daran anschließenden Prozess gegen Demjanjuk im November des selben Jahres entspannte sich im Netz eine Auseinandersetzung. Es ging zum einen darum, ob es sich bei dem in Amerika Festgenommenen tatsächlich um den Sobibor-Wachmann handle und zum anderen, ob er aufgrund seines Alters und seines Gesundheitszustandes prozess- und straffähig sei. Neben massenmedialen Internet-Angeboten treten im Netz auch andere Akteure auf, wie etwa die Anwälte der Nebenkläger im Prozess oder politische Gruppierungen, die sich über Blogs, Kommentare zu Artikeln, Videos, in social networks, Wikis usw. an dem Diskurs beteiligen.

Für einen ersten Zugriff auf den Online-Diskurs und für die Bestimmung möglicher Schlüsselkonzepte wurde ein sogenannter Einstiegstext gewählt. In unserem Beispiel-Diskurs haben wir uns für einen Videobeitrag aus der ARD Mediathek entschieden (Netlink 625). Es handelt sich dabei um die online-mediale Zweitverwertung eines Beitrages für die ARD-Nachrichtensendung Tagesthemen. Ausschlaggebend für die Wahl dieses Diskursfragments ist zunächst die Textsorte Nachrichten-Beitrag. Mit dem professionell-journalistischen Videoausschnitt ist eine vermeintlich neutrale Perspektive auf den Diskurs gegeben, die wichtige Akteure benennt und relevante Positionen wiedergibt. Ebenso ausschlaggebend für die Wahl des Einstiegstextes ist seine multimodale, im Fall des Videos seine audiovisuelle Zeichenhaftigkeit, wodurch bereits zu Beginn neben sprachlichen Schlüsselausdrücken auch mögliche Schlüsselbilder des Diskurses gezeigt werden.

Demgemäß lässt sich am vorliegenden Beispiel als erstes multimodales Schlüsselkonzept der SS-Dienstausweis von Demjanjuk ermitteln. Dieser wird sprachlich im Tagesthemen-Beitrag bereits in der Anmoderation erwähnt und bildlich in Form einer Grafik gezeigt. Weiterhin weist der Sprecher im Beitrag auf die Echtheit des Ausweises hin, da dies von den deutschen Behörden bestätigt worden sei. Er gibt Auskunft darüber, dass die Münchener Staatsanwaltschaft einen internationalen Haftbefehl gegen Demjanjuk beantragt hat. Mit dem hier näher zu behandelnden Dienstausweis sehen wir den Matrixframe *Gegenstand* aufgerufen. In unserer Beispielanalyse lässt sich somit die Slot-Struktur des Konzept-Frames für das Schlüsselkonzept *SS-Dienstausweis* von dem Matrixframe *Gegenstand* ableiten, dabei ergeben sich u. a. folgende Fragen:[7]

1. **Eigenschaft:** Welche weiteren wahrnehmbaren Eigenschaften weist der Gegenstand auf?
2. **Zusammenhang:** Ist der Gegenstand wesentliche Konstituente eines übergeordneten Ganzen?
3. **Ursprung:** Welchen Intentionen, Bedürfnissen, Zwecken, Zielen des Menschen verdankt der Gegenstand seine Existenz?
4. **Theorien/Eingehendere Beschreibungen:** Existieren zu dem Gegenstand spezielle Theorien (gesellschaftliche Hintergründe)?

Aus diesen Fragen lassen sich eine Reihe von Kodes entwickeln, welche im ersten Analyseschritt an die entsprechenden Sequenzen als Label geknüpft werden:

Wie bereits erläutert erfolgt die Erfassung und Analyse von Schlüsselkonzepten auf den verschiedenen Zeichenebenen, wonach sich auch die Kodierung richtet. Im Falle des ausgewählten Videos setzt sich das Kodier-Schema daher zusammen aus visuellen, akustischen und audiovisuellen Kodes. Diese ›Dreiteilung‹ soll anhand eines kurzen Beispiels veranschaulicht werden:

In einer Sequenz des beschriebenen Einstiegstextes ist ein Dokument zu sehen, welches fleckig ist und an den Rändern teilweise ausgefranst. Das lässt vermuten, dass es sich hierbei um die Darstellung eines älteren durch Umwelteinflüsse beschädigten Dokumentes handelt. Es weist zudem typische Merkmale eines Ausweises auf, wie etwa die Aufführung der Körpergröße, der Augenfarbe und des Namens, welcher mit Demjanjuk angegeben wird. Alle Informationen sind in deutscher Sprache verfasst. Alter, Sprache, bildliche Anmutung des Ausweisporträts sowie Datums- und Ortsangaben weisen das Dokument als ein Fragment aus der NS-Zeit aus. Die Person Demjanjuk hatte nach bisherigen Ermittlungsergebnissen nur in seiner Zeit als Kriegsgefange-

---

7   Siehe auch Konerding (1993).

ner und als vermeintlicher Trawniki mit einer deutschen NS-Verwaltung zu tun. Das Passfoto im linken oberen Bereich des abgebildeten Dokuments zeigt in schwarz/weiß einen jüngeren Mann ohne Kopfbedeckung und einer sehr dunklen Uniform. Der Ausweis führt als Besitzer den Namen Demjanjuks auf, so dass das Bild ebenfalls diesem Mann zugeordnet werden kann. Der Bildausschnitt zeigt nicht das ganze Dokument, am rechten Rand ist es beschnitten. In der folgenden Einstellung wird ein anderer Bildausschnitt gezeigt: Zu sehen ist eine Aufnahme eines Teils des Ausweises, auf dem u. a. ein Stempel und rechts daneben eine Unterschrift zu erkennen ist. Der Stempel bestätigt die Annahme, dass es sich bei dem Ausweis um ein Dokument aus der NS-Zeit handelt, da dieser aus einem Adler und einem Hakenkreuz besteht. Die Detail-Aufnahme ist wahrscheinlich durch die geringe Auflösung des Ursprungsbildes sehr viel unschärfer als die vorangegangene; dennoch lässt sich im oberen Teil wiederrum der Name Demjanjuk entziffern. Dann folgt wieder ein Schnitt und im Anschluss ist ein neuer Bildausschnitt des Ausweises zu sehen: Im Mittelpunkt steht das Passfoto, welches bereits im ersten Abschnitt der Sequenz zu sehen war, allerdings füllt es nun über die Hälfte der Kameraeinstellung aus.

Aufgrund der unterschiedlichen Bildausschnitte und der Fokussierung auf Details des SS-Dienstausweises, wie etwa die Unterschrift, der Stempel oder das Passfoto lässt sich diese Sequenz als Bild-Filler dem Slot GEGEN-STAND_THEORIEN zuordnen. Mittels dieser Aufnahmen soll visuell eine ›Theorie‹ des Ausweises dargestellt werden. Diese Interpretation wird durch den Audiokommentar des Sprechers dieser Sequenz bestätigt, da dieser auf behördliche Gutachten verweist, welche den Ausweis als echt ansehen.

Betrachtet man diese beiden monomodalen Zeichenebenen in ihrem multimodalen Zusammenspiel, so lässt sich feststellen, dass die Aufnahmen des SS-Dienstausweises in seinen Details (Passfoto, Stempel, Unterschrift) als visuelle Belege für die sprachlichen Behauptungen seiner Echtheit eingesetzt sind. Das heißt, man kann einen (zunächst vorläufigen)[8] Kode aus den Daten heraus (bottom up) generieren: ›SS-Dienstausweis ist echt‹.

Deutlich wird bei diesem kurzen Einblick, dass man auf der Analyseebene die multimodale Diskurspraxis in ihre monomodalen Elemente (Audio/Bild) zerlegt, um so ihre besonderen Bedeutungspotenziale für die multimodale Einheit zu erfassen. Nimmt man eines dieser Elemente, wie etwa das Bild des

---

8   Gemäß des Forschungsprogramms der Grounded Theory generiert man konzeptuelle Kategorien bzw. Kodes *bottom up* auf der Grundlage von Belegen (Fillern) in den jeweiligen Diskursfragmenten. Mittels der komparativen Analyse verifiziert man, inwieweit die erarbeiteten Kodes sich auch auf weitere Texte anwenden lassen und erweitert diese gegebenenfalls. Daher sind Kodes, welche aus den Fillern eines Diskursfragmentes gebildet wurden, erst einmal vorläufig, solange bis sich weitere Filler aus anderen Fragmenten des Diskurses den jeweiligen Kodes zuordnen lassen.

SS-Dienstauseis, für die Suchmaschinenabfrage im Internet, welche auch zur Bildsuche im Netz genutzt werden kann, so finden sich weitere Diskursfragmente, die das Bild des Dienstausweises in kommunikativ anders ausgerichteten audiovisuellen bzw. multimodalen Einheiten zeigen.

Diese multimodalen Einheiten lassen sich in zwei Gruppen aufteilen. Zum einen die Diskursfragmente, die Demjanjuks Ausweis abbilden, ohne sprachlich direkt auf ihn Bezug zu nehmen. So wird der Ausweis beispielsweise im Blog der Rechtsanwälte dargestellt, die als Vertreter der Nebenkläger an dem Prozess gegen Demjanjuk beteiligt sind. In diesem Diskursfragment berichten die Anwälte über die Ereignisse der Verhandlungstage. Der Blog ist in seiner multimodalen Inszenierungspraxis sehr bilderarm. Eines der wenigen Abbildungen ist der SS-Dienstausweis, welcher gleich im ersten Beitrag auftaucht (Netlink 626). Die makro-typografische Positionierung und die Nichtthematisierung des Ausweises in den Sprachtexten gibt der bildlichen Einheit eine andere Funktion. Sie dient der thematischen Aufschlüsselung des gesamten Blogs. Denn durch die sonstige Bildarmut auf der Seite tritt der Ausweis besonders in den Blick und verursacht beim Rezipienten möglicherweise eine Wiedererkennung, da er diesen bereits aus der massenmedialen Berichterstattung kennen könnte. Er schlüsselt ihm somit die Grundthematik des Blogs auf. Wird das Bild jedoch nicht wiedererkannt, so bleibt ihm immer noch die Funktion einer möglichen Visualisierung des im Sprachtext genannten Angeklagten. Denn die historische Anmutung des Dokumentes korrespondiert weiterhin mit der Beschreibung historischer Ereignisse im Konzentrationslager Sobibor. Ein weiteres Beispiel für die Verwendung des Ausweisbildes im multimodalen Zusammenhang ist ein Beitrag des Nachrichtenportals ›Radio Netherlands Worldwide‹. In einem Artikel über den Prozessbeginn im November 2009 ist ebenfalls der Dienstausweis in seiner thematischen und visualisierenden Funktion der historischen Person Demjanjuks abgebildet (Netlink 627). Der Ausweis ist als Visualisierung der historischen Person Demjanjuks das einzige Dokument aus der NS-Zeit, was seine Aufnahme in vielen Diskursfragmenten ebenfalls begründet.

Eine weitere Gruppe wird durch Diskursfragmente gebildet, bei denen der Slot GEGENSTAND_THEORIEN aufgerufen wird. Inhaltlich ist der Dienstausweis jedoch mit einem anderen Filler besetzt, wie es etwa in dem Nachrichtenportal *National Alliance,* einer rassistischen Organisation aus den USA, der Fall ist. In dem Beitrag »Jewish Hatred Exposed: The Case of John Demnjanjuk« wird das Verfahren gegen Demjanjuk als Teil einer großen gemeinsamen Verschwörung von Juden und der ehemaligen Sowjetunion beschrieben (Netlink 628). Während erste mittels des Prozesses gegen Demjanjuk das Ziel verfolgten, ›Lügen‹ über den Holocaust zu verbreiten (der von der National Alliance geleugnet wird), sei das angebliche Motiv der ehemaligen UdSSR, dem gebürtigen Ukrainer Demjanjuk und damit der gesamten Ukraine zu schaden. Die in diesem Diskursfragment erläuterte ›Theorie‹ besagt, dass der Ausweis vom russischen Geheimdienst KGB gefälscht wurde. Die Aussage über eine mögliche Fälschung des Ausweises lässt sich allerdings nicht nur auf rechtsnationalen Websites ermitteln. Auch in der SWR-Mediathek ist ein Beitrag zu finden, in dem der Slot aufgerufen wird. Bei dem Video handelt es sich wiederum um eine Zweitverwendung eines Beitrages, welcher zunächst in der Fernsehsendung Report Mainz ausgestrahlt wurde (Netlink 629). In diesem Diskursfragment, geht es um ein Dokument des Bundeskriminalamtes aus dem Jahre 1987, welches die Echtheit des Dienstausweises anzweifelt. Interessanterweise wird auf der visuellen Gestaltungsebene eine ›Inszenierung‹ des Ausweises vorgenommen, die der beschriebenen Szene aus dem Einstiegsvideo sehr ähnlich ist: Auch hier werden Aufnahmen des Gegenstandes in unterschiedlichen Bildausschnitten und Detailansichten präsentiert.

Aus der zweiten Gruppe der Diskursfragmente kann man den (zunächst auch vorläufigen) Kode (bottom up) generieren: ›SS-Dienstausweis wurde gefälscht‹.

Die beschriebenen Beispiele zeigen auf, dass das jeweilige multimodale Schlüsselkonzept in der Folgekommunikation ›auseinandergerissen‹ sein und sich in anderen, neuen Einheiten konstituieren kann. In unserem Analysebeispiel lassen sich für das Schlüsselkonzept »SS-Dienstausweis drei verschiedene multimodale Einheiten herausarbeiten, die in den jeweiligen Diskursfragmenten auftauchen: Erstens die Aussage, dass der Ausweis echt ist, zweitens, dass er gefälscht wurde und eine dritte Gruppe, in der die Abbildung des Dokumentes als eine Bebilderung des Falls Demjanjuks verwendet wird. Dabei ähneln sich die visuellen Inszenierungen des Schlüsselkonzeptes, besonders dann, wenn es sich um vergleichbare Textsorten handelt, wie etwa im Tagesthemen- und im Report-Mainz-Beitrag. Diese Inszenierungen erhalten aber erst durch die Kombination mit sprachlichen Kontexten ihre eindeutige Aussage, wobei die kommunikative Zielrichtung vor allem bestimmt ist durch den Standpunkt, den die jeweiligen Akteursgruppen in dem Diskurs etwa aufgrund ihrer politischen Einstellung einnehmen.[9] Das heißt, wie die multimodalen Einheiten sich zusammensetzen, werden sowohl von den Positionen der Akteure im Dis-

---

9   Das auffälligste Beispiel ist da sicherlich die rechtsextreme Vereinigung der *National Alliance*, die aufgrund ihrer antisemitischen, rechtsnationalen Überzeugungen davon ausgeht, dass es sich bei dem Verfahren gegen Demjanjuk um eine Verschwörung handelt.

kurs bestimmt, als auch von den entsprechenden von ihnen genutzten medialen Kommunikationsformen.

5.6 Fazit: Multimodale Diskurspraxis

Ziel dieses Beitrages war eine skizzenhafte Konzeptualisierung der Besonderheiten von Online-Diskursen sowie deren medienadäquate Analyse. Demnach sind Online-Diskurse multimodale Praktiken einer kollektiven sowie interpersonalen (Netzwerk-)Wissenskonstituierung, die online-medienspezifisch mit Offline-Diskursen verknüpft sind. Online-Diskurse sind durch Dezentralität, Netzwerkkommunikation, Hypertextualität, Kombination unterschiedlicher Kommunikationsformen sowie Multimodalität und Dynamik im Netz geprägt, worauf das diskursanalytische Instrumentarium abgestimmt werden muss. Das Analysekorpus wurde demnach in Anlehnung an Busse/Teubert (1994) nicht repräsentativ nach quantitativen Gütekriterien erstellt, sondern unterliegt einem qualitativen Auswahlverfahren. Um dieses systematisch und transparent zu gestalten, wurde eine Integration zweier Methoden vorgestellt, die jeweils die Schwächen der anderen auszugleichen versuchen. Während die aus der qualitativen Sozialforschung stammende *Grounded Theory* ein zirkuläres Vorgehen der Erhebung und Analyse von Daten ermöglicht, das der Publikations- und Kommunikationsdynamik im Netz entgegenkommt, wurde dieses mit Ansätzen der linguistischen Frame-Analyse kombiniert. Letzte stellt durch den Bezug auf Matrixframes einen systematischen Zugriff auf das unübersichtliche Online-Diskursfeld zur Verfügung. Hierdurch wird die Erhebungsmethode, das *theoretical sampling,* zielführender geleitet. Außerdem bieten sich durch den Bezug auf bestimmte Matrixframes Prädikationsfragen an, die das kodierende Analyseverfahren konkretisieren und transparenter machen.

Der Hauptfokus dieses Beitrags lag auf der multimodalen Diskurspraxis, die im Netz seine maximale Ausprägung erfährt. Es wurde hierbei die besondere Funktion von Multimodalität im diskursiven Zusammenhang deutlich. Sie ist eine akteursabhängige (Re-)Kombination verschiedener monomodaler Zeichenphänomene, die bereits in vorherigen Diskursfragmenten des entsprechenden Diskursthemas relevant gesetzt wurden. Je nach zu markierender diskursiver Position werden diese in der Folgekommunikation wieder zusammengefügt. Diese multimodale Diskurspraxis ist insbesondere dadurch gekennzeichnet, dass die im Diskurs relevant gesetzte Bildlichkeit (hier die Abbildung des Dienstausweises bzw. des vermeintlichen historischen Porträts Demjanjuks) je nach zu markierender diskursiver Position sprachlich aktualisierte Bedeutungszuschreibungen erfährt. Während das Bild in allen gezeigten multimodalen Diskursfragmenten gemäß seiner syntaktischen Dichte und Fülle (Goodman 1995) und ikonischen Wahrnehmungsnähe (Sachs-Hombach 2003) einen sinnnahen Eindruck des historischen Dokumentes und der historischen Person Demjanjuks vermittelt, fokussiert der sprachliche Ko- oder Kontext erst dessen aktualisierte kommunikative Bedeutung. Dient es als individuelles Beweisstück für die Täterschaft Demjanjuks, oder wird es wegen seines Wiedererkennungspotenzials als ›thematische Überschrift‹ genutzt, welches ihm eine Repräsentationsfunktion für den Gesamtdiskurs zuschreibt? Dies entscheidet sich durch die jeweilige explizite und/oder implizite Bezugnahme des Sprachtextes auf das Bild. Dabei ist weder die Auswahl des Bildphänomens noch die Art der sprachlichen Bezugnahme rein akteurs-motiviert, sondern Ergebnis seiner subjektiven Positionierung mittels vom Diskurs entsprechend bereit gestellten Zeichenrepertoires. Die Verwendung des Bildes sowie deren mögliche Bezugnahmen wurden durch vorherige diskursive Praktiken bereits entwickelt. Jede weitere multimodale Kombination bzw. Aktualisierung erweitert und verengt die diskursiven Praktiken zugleich. Im Ergebnis bilden sich jedoch verknappende Diskurskonventionen als multimodale Muster heraus. Diese lassen sich in der Diskursanalyse im Ergebnis als multimodale Interpretationsmuster erfassen. Sie geben Hinweise über die multimodale Formation des Gesamtdiskurses. So kann abschließend festgestellt werden, dass diskursive Zeichenphänomene monomodal vermittelt und in den konkreten Diskursfragmenten multimodal aktualisiert werden.

Literatur

Busse, Dietrich & Wolfgang Teubert (1994). »Ist Diskurs ein sprachwissenschaftliches Objekt? Zur Methodenfrage der historischen Semantik«. In: Begriffsgeschichte und Diskursgeschichte. Methodenfrage und Forschungsergebnisse der historischen Semantik. Hgg. von Dietrich Busse, Fritz Hermanns, Wolfgang Teubert. Opladen: Westdeutscher Verlag, S. 10–28.

Dürscheid, Christa (2005). »Medien, Kommunikationsformen, kommunikative Gattungen«. In: Linguistik online 22, 1/05, Online-Dokument: Netlink 644.

Flick, Uwe (2004). Triangulation. Eine Einführung, Wiesbaden

Fraas, Claudia (1996). Gebrauchswandel und Bedeutungsvarianz in Textnetzen. Die Konzepte IDENTITÄT und DEUTSCHE zur deutschen Einheit. Tübingen.

Fraas, Claudia (2011, im Druck): Frames – ein qualitativer Zugang zur Analyse von Sinnstrukturen in der Online-Kommunikation. In: Job, Barbara; Mehler, Alexander und Tilman Sutter (Hg.): Die Dynamik sozialer und sprachlicher Netzwerke. Wiesbaden.

Fraas, Claudia, Stefan Meier & Christian Pentzold (2010). »Konvergenz an den Schnittstellen unterschiedlicher Kommunikationsformen – Ein Frame-basierter analytischer Zugriff«. In: Mediengattungen: Ausdifferenzierung und Konvergenz. Hgg. von Hans-Jürgen Bucher, Katrin, Lehnen und Thomas Gloning, Frankfurt a. M., S. 227–256.

Fraas, Claudia, Olga Galanova, Stefan Meier, Christian Pentzold & Vivien Sommer (2011): Online-Diskurse. Methodeninstrumentarium der Datenerhebung und -analyse zur Bestimmung von Online-Diskursen als gesellschaftliche Praktiken. Poster auf der DFG-Tagung Online-

Diskurse, TU Chemnitz, 21.-22.01.2011. <http://www.medkom.tu-chemnitz.de/mk/online-diskurse/pdf/Projekt.pdf>.

Glaser, Barney G. & Anselm L. Strauss [1967] (2005). The discovery of grounded theory. Strategies for qualitative research, New York.

Goodman, Nelson (1995). Sprachen der Kunst, Frankfurt a. M.

Holly, Werner. (2000). »Was sind ›Neue Medien‹ – was sollen ›Neue Medien‹ sein?« In: Neue Medien im Alltag. Hg. von Klaus Boehnke, Werner Holly und Günter Voß, Opladen, S. 79–106.

Keller, Reiner (2005). »Wissenssoziologische Diskursanalyse als interpretative Analytik«. In: Die diskursive Konstruktion von Wirklichkeit. Zum Verhältnis von Wissenssoziologie und Diskursforschung. Hgg. von Reiner Keller, Andreas Hirseland, Werner Schneider und Willy Vierhöver, Konstanz, S. 49–76.

Keller, Reiner (2008): Wissenssoziologische Diskursanalyse. Grundlegung eines Forschungsprogramms. 2. Auflage. Wiesbaden: VS | GWV Fachverlage GmbH.

Keppler, Angela (2006). Mediale Gegenwart. Eine Theorie des Fernsehens am Beispiel der Darstellung von Gewalt, Frankfurt am Main.

Konerding, Klaus-Peter (1993). Frames und lexikalisches Bedeutungswissen. Untersuchungen zur linguistischen Grundlegung einer Frametheorie und zu ihrer Anwendung in der Lexikographie. Tübingen.

Kress, Gunther & Theo van Leeuwen (2001). Multimodal Discourse. The Modes and Media of Contemporary Communication. London.

Meier, Stefan, Carsten Wünsch, Christian Pentzold & Martin Welker (2010). »Auswahlverfahren für Online-Inhalte«. In: Die Online-Inhaltsanalyse. Hgg. von Martin Welker und Carsten Wünsch, Köln, S. 103–123.

Leeuwen, Theo van (2005). Introducing social semiotics, London/New York.

Ludes, Peter (2001). Multimedia und Multimoderne: Schlüsselbilder. Fernsehnachrichten und World Wide Web – Medienzivilisierung in der Europäischen Währungsunion, Wiesbaden.

Meier, Stefan (2010). »Multimodalität im Diskurs: Konzept und Methode einer multimodalen Diskursanalyse (multimodal discourse analysis)«. In: Handbuch Sozialwissenschaftliche Diskursanalyse 1, Theorien und Methoden: Bd 1, (i.E.). Hgg. von Reiner Keller, Andreas Hirseland, Werner Schneider und Willy Vierhöver, Wiesbanden.

Meier, Stefan (2008). (Bild-)Diskurs im Netz. Konzept und Methode für eine semiotische Diskursanalyse, Köln.

Minsky, Marvin (1975). »A Framework for Representing Knowledge«. In: The Psychology of Computer Vision. Hg. von P. H. Winston, New York, S. 211–278.

Müller, Marion G. (2003). Grundlagen der visuellen Kommunikation, Konstanz.

Sachs-Hombach, Klaus (2003). Das Bild als kommunikatives Medium. Elemente einer allgemeinen Bildwissenschaft, Köln.

Schmidt, Jan (2006). Weblogs. Eine kommunikationssoziologische Studie, Konstanz.

Siever, Torsten, Peter Schlobinski & Jens Runkehl (Hgg.) (2005). Websprache.net. Sprache und Kommunikation im Internet. Berlin et al.

Stöckl, Hartmut (2004): Typographie: Körper und Gewand des Textes. Linguistische Überlegungen zu typographischer Gestaltung. In: Zeitschrift für Angewandte Linguistik (ZfAL), Heft 41/2004, S. 5–48.

Strauss, Anselm L. & Juliet Corbin ([1990] 2010): Grounded Theory. Grundlagen Qualitativer Sozialforschung, Weinheim, Basel.

Strübing, Jörg (2008). Grounded Theory. Zur sozialtheoretischen und epistemologischen Fundierung des Verfahrens der empirisch begründeten Theoriebildung. 2., überarbeitete und erweiterte Auflage. Wiesbaden.

Wengeler, Martin (2003). Topos und Diskurs. Begründung einer argumentationsanalytischen Methode und ihre Anwendung auf den Migrationsdiskurs (1960-1985). Tübingen.

Ziem, Alexander (2008). Frames und sprachliches Wissen. Kognitive Aspekte der semantischen Kompetenz. Berlin, New York.

Lucia Miškulin Saletović (Zagreb)

6 Werbestrategien in deutscher und kroatischer Internet-Werbung für Campingplätze

Die vorliegende Arbeit handelt von Werbestrategien am Beispiel deutscher und kroatischer Internet-Werbung für Campingplätze. Zuerst werden die wichtigsten Werbestrategien dargestellt. Der größte Teil der vorliegenden Arbeit ist den einzelnen Varianten der Werbestrategien und deren Funktionen gewidmet. Sie werden erstens theoretisch und zweitens exemplarisch an Beispielen aus unserem Korpus erläutert. Am Ende wird die kontrastive Analyse deutscher und kroatischer Werbung im Hinblick auf die Werbestrategien dargestellt.

6.1 Einleitung

Seit langem ist Werbung in unserer Industrie- und Konsumgesellschaft nicht mehr wegzudenken. Wer heute durch die Stadt geht, Straßen entlang läuft, in einer Zeitung oder Zeitschrift blättert, Radio hört, fernsieht oder im Internet surft, stößt überall auf Werbung in verschiedensten Formen.

In letzter Zeit gewinnt gerade Internet-Werbung immer mehr an Bedeutung. Für Kesić (2003: 410) ist das Internet viel mehr als ein neues Medium; es stellt ein neues Paradigma des Marketings dar, in dem der Verbraucher vom ›Fisch‹ zum ›Fischer‹ wird und selbst entscheidet, was, wann und wie er kauft. Meler (2005: 281–282) spricht von fast unbegrenzten Möglichkeiten des Internets, das sich zu einem mächtigen Werbeträger[1] auf globaler Ebene entwickelt hat. Wirtschaftswissenschaftliche Literatur bietet eine Reihe von Vorschlägen zur Klassifizierung von Internet-Werbung. Für die sprachwissenschaftliche Beschäftigung mit Werbung im Internet findet Janich (2003: 222) die Klassifizierung von Friedrichsen (1998: 214) besonders brauchbar. Nach der Art

---

1 Werbeträger sind als Medien zu verstehen, durch die Werbemittel, wie beispielsweise Anzeigen, Hörfunkspots, Fernsehspots, Plakate und Werbebriefe verbreitet werden.

der Rezeption unterscheidet er zwischen Direktwerbung[2], Abrufwerbung im WWW[3] und Werbung im Verbund[4].

Ziel der Arbeit ist es, einerseits die aktuelle Internet-Werbung auf Werbestrategien zu untersuchen und auf aktuelle Trends einzugehen, anderseits die Internet-Werbung unter dem interkulturellen Gesichtspunkt zu betrachten und die Unterschiede und Gemeinsamkeiten in der deutsch- und kroatischsprachigen Werbung herauszuarbeiten.

Unser Korpus besteht aus vierzig deutschen und vierzig kroatischen Abrufwerbeanzeigen[5] für Campingplätze. Campingplätze wurden aus zweierlei Gründen gewählt; einerseits gehören sie zur Werbung für Dienstleistungen[6], bei der die Touristik-Werbung an der Spitze steht, andererseits haben bisherige Untersuchungen zu diesem Thema bewiesen, dass sich Werbebotschaften einzelner Campingplätze stark unterscheiden sowie dass einige bedeutende Unterschiede zwischen deutschen und kroatischen Abrufwerbeanzeigen für Campingplätze bestehen[7].

6.2 Werbestrategien

Die Wirkung der Werbebotschaft hängt nicht nur davon ab, was sie beinhaltet, sondern auch davon, wie sie gestaltet ist. Die Werbung versucht die Werbeobjekte in bestimmte Zusammenhänge einzuordnen und hervorzuheben und dabei sowohl rationale als auch sinnliche und seelische Kräfte auf das jeweilige Werbeobjekt und seine Umgebung zu lenken, um dadurch den Bekanntheitsgrad der Ware zu erhöhen und die Konsumbereitschaft zu wecken. Das einzelne Werbeobjekt erscheint in Zusammenhängen, die seine Qualitäten, seien

---

2   Online sind zwei Formen der Direktwerbung zu unterscheiden: unaufgefordert zugesandte Werbe-E-Mails an Privatpersonen oder in Newsgroups und vom Kunden bestellte regelmäßige Produktinformationen im Rahmen von Newsletter-Service und Mailinglisten.

3   Die Abrufwerbung im Internet ist die Werbung, die man selbst abruft, indem man auf eine entsprechende Website geht. Sie umfasst vor allem Websites und Sponsoring von attraktiven Angeboten im Netz.

4   Zu den häufigsten Formen der Werbung im Verbund zählen Banner und Buttons.

5   Gerade die Abrufwerbung im Internet wirft in Definition und Analyse die größten Probleme auf. Mehr dazu in Janich (2003: 224–225) und Adamzik (2004: 82).

6   Die Einteilung in Werbung im Privatbereich, Werbung für gesellschaftliche Gruppen und Ziele, politische Werbung und Werbung für Dienstleistungen stammt von Sowinski (1998: 7–11).

7   Im Unterschied zu deutschen Werbeanzeigen für Campingplätze ist der Slogan in kroatischen Werbeanzeigen für Campingplätze nicht vorhanden (Miškulin Saletović 2010: 257–259). Deutsche und kroatische Internet-Werbeanzeigen für Campingplätze unterscheiden sich auch in Schlüsselwörtern, die individuelle und emotionale Assoziationen anregen und damit eine Steuerungsfunktion in der Argumentation annehmen. Mehr dazu in Miškulin Saletović/Virč (2009: 476–480).

es tatsächliche oder angedichtete, aktivieren und in einem besonderen Licht erscheinen lassen. Grob gesagt, können diese Zusammenhänge als Werbestrategien bezeichnet werden. Werbestrategien werden in der Forschung sehr oft unterschiedlich verstanden. Manchmal sind es semantische Strategien, die Formen, Inhalte und Intentionen umfassen, manchmal sind es Überzeugungsstrategien[8], manchmal Strategien, die sich vor allem durch ihre sprachliche Form unterscheiden. Unter Werbestrategien versteht Janich (2003: 95) inhaltliche Argumentationsstrategien, die in einer Anzeige, einem Spot oder einer ganzen Kampagne dominieren. Sowinski (1998: 32–40) und Janich (2003: 95–99) teilen Werbestrategien in drei Gruppen ein, in produktbezogene, senderbezogene und empfängerbezogene Werbestrategien. Jede Werbestrategie kann weiter gegliedert werden.

Es ist zu betonen, dass solche Einteilungen keinesfalls als vollständig zu verstehen sind. Janich (2003: 95) hebt hervor, dass ihre Übersicht der Werbestrategien immer offen für neue Einfälle der Werbetreibenden bleibt. Zudem hält Janich (2003: 95) die Einteilung in produkt-, sender- und empfängerbezogene Argumente nicht für starre Zuordnungen, sondern für einen Versuch, etwas Ordnung in die Vielfalt der Möglichkeiten zu bringen. In Anlehnung an Sowinski (1998: 32–38) und Janich (2003: 95–97) sind folgende Untergruppen der produktbezogenen Werbestrategie zu nennen: »Verweis auf Herkunft des Produktes«[9], »Nennung von Produkteigenschaften«, »Beschreibung oder Demonstration der Wirkungsweise des Produkts«[10], »Beschreibung oder Demonstration typischer oder besonderer Verwendungssituationen«, »Beweis durch Warentests«, »Anführen marktbezogener Argumente«[11], »vergleichende Werbung«[12], »Erotisierung und Sexualisierung der Werbung«[13], »Zuord-

---

8   Gau (2007: 64–68) spricht von Überzeugungsstrategien und unterscheidet zwischen rationaler und emotionaler Werbestrategie.

9   Auf die Herkunft des Produktes wird besonders in der Lebensmittelwerbung verwiesen, wo die regionale Herkunft häufig als Qualitätsmerkmal und Hauptargument für das Produkt herangezogen wird. Mehr dazu in Janich (2003: 95–96).

10   Im Rahmen dieser Strategie wird beschrieben, wie ein bestimmtes Produkt wirkt und welche Vorteile es für den potentiellen Konsumenten hat. Diese Strategie wird häufig in Kombination mit der Strategie Nennung von Produkteigenschaften eingesetzt.

11   Marktbezogene Argumente beziehen sich auf Preise, Beschaffungssituationen und Marktlagen. Wenn die gebrachten Argumente korrekt und nachprüfbar sind, ist diese Strategie besonders schlüssig.

12   Diese Strategie nimmt eine Zwischenstellung zwischen Produkt- und Senderbezug ein. Laut Janich (2003: 96–97) ist bei dieser Strategie oft das einzige inhaltlich fest zu machende Argument, dass das eigene Produkt besser oder günstiger als ein Konkurrenzprodukt ist.

13   Oft werden in der Werbung Bilder knapp und/oder attraktiv bekleideter sowie nackter Personen eingesetzt, obwohl solche Bilder in keinem sachlichen oder ursächlichen Verhältnis zum Werbeobjekt stehen. In der Regel werden solche Bilder durch entsprechende Slogans oder Schlagzeilen ergänzt.

nung positiver Werte zum Objekt«[14], »Erfolgs- und Glücksverheißung«[15],
»Rätselwerbung«[16], »Wortspiele und Sprichwörter«[17], »Aura-Werbung«[18]
usw. Zu senderbezogenen Werbestrategien zählen »Eigenlob des Werbers«,
»Zitatwerbung«[19] und »Verweis auf Tradition und Erfahrung«. Die häufigsten
Varianten der empfängerbezogenen Werbestrategien sind »Lob des Adressaten«, »Imperativ-Werbung«, »Appell an überindividuelle Werte«, »emotionale
Aufwertung«[20] und »Fragenwerbung«. In den Fußnoten sind nur diejenigen
Untergruppen der Werbestrategien kurz erläutert, die in unserem Korpus nicht
vorkommen oder äußerst selten vertreten sind. Untergruppen der Werbestrategien, die in unserem Korpus zum Einsatz kommen, werden im weiteren Text
behandelt.

6.2.1 Werbestrategien im deutschen Teil des Korpus

Im deutschen Teil des Korpus überwiegen produktbezogene Strategien. 34%
der Werbeanzeigen benutzen ausschließlich produktbezogene Strategien, wobei 52% der Werbeanzeigen vorwiegend produktbezogene Strategien anwenden.

Die häufigsten produktbezogenen Strategien im deutschen Teil unseres
Korpus sind »Nennung von Produkteigenschaften«, »Beschreibung und Demonstration typischer oder besonderer Verwendungssituationen« und »Beweis
durch Warentests«.

Der Campingplatz liegt direkt am Parsteinersee, ... (Campingplatz Parsteiner See,
http://www.camping-parsteiner-see.de)

14   Sowinski (1998: 33–34) bezeichnet diese Strategie als ›Beseelung‹ der Waren, wofür Cha-
     rakterisierungen benutzt werden, die den Produkten sachlich nicht unmittelbar zugeordnet
     sind, aber das Empfinden der Konsumenten stark ansprechen.
15   Die Verbindung einer bestimmten Ware oder eines bestimmten Produktes mit Erfolgs-
     oder Glücksverheißung ist schon seit jeher bekannt. Heutzutage ist sie oft in Verbindung
     mit exotischen Bildern und Beschreibungen anzutreffen.
16   Diese Strategie wird eingesetzt, um durch das Nachdenken über das Rätselartige in der
     Werbung, einen höheren Einprägungsgrad zu erreichen.
17   Ähnlich wie bei der Rätselwerbung wird diese Strategie eingesetzt, um durch Sprachspiele
     zum Nachdenken zu animieren und eine Merkwirkung auszulösen.
18   Diese Strategie besteht darin, ein Produkt mit einer besonders geschätzten Aura zu umge-
     ben. Einige Beispiele dafür findet man in Sowinski (1998: 36) und Gau (2007: 82).
19   Unter Zitatwerbung versteht Sowinski (1998: 38–39) das Auftreten bekannter Personen des
     öffentlichen Lebens, Spezialisten aus einzelnen Branchen und in letzter Zeit unbekannter
     Konsumenten als Sekundärsender, wodurch die Wirkung der Werbung gesteigert wird.
20   Laut Janich (2003: 98) bezweckt Zitieren von Werten eine emotionale Gestimmtheit und
     eine Verbindung des Produktes mit diesen positiven Werten.

Der Campingplatz bietet einen kompletten Service und alle Annehmlichkeiten für einen komfortablen Aufenthalt. (Campingplatz Parsteiner See, http://www.camping-parsteiner-see.de)

Die obigen zwei Beispiele nennen wichtige Eigenschaften des Campingplatzes, jedoch gibt es einen bedeutenden Unterschied zwischen dem ersten und dem zweiten Beispiel. Im ersten Beispiel geht es um eine nachprüfbare Information, was einen gewissen Grad an Sachlichkeit impliziert[21]. Im zweiten Beispiel ist die Eigenschaft des Produktes auf einer emotionalen Ebene angesiedelt und nicht im gleichen Maße nachprüfbar. Deshalb gehört dieses Beispiel auch teilweise der »emotionellen Aufwertung« und weist zugleich einen Empfängerbezug auf. Die im zweiten Beispiel benutzten Adjektive (komplett und komfortabel) gehören zu Hochwertwörtern[22], was heißt, dass sie ohne die grammatische Struktur eines Komparativs oder Superlativs geeignet sind, das damit näher Bestimmte aufgrund ihrer positiven Inhaltsseite aufzuwerten.

... nur ein paar Kilometer von den Autobahnen A 61 und A 60 entfernt (Eifel-Camp, http://www.eifel-camp.de)
Die ganzjährig geöffnete 5-Sterne Camping-Anlage... (Eifel-Camp, http://www.eifel-camp.de)

Nachprüfbare Informationen über Campingplätze aus den deutschen Internet-Werbeanzeigen umfassen Informationen über die Lage einzelner Campingplätze, Entfernungen von naheliegenden Ortschaften, die Kapazität und Kategorisierung (Anzahl der Personen und Stellplätze), sanitäre Anlagen, behindertengerechte Einrichtungen, Haustiere sowie Anweisungen für die Anreise.

Der Campingplatz ist idealer Ausgangspunkt für Wanderungen in die Umgebung oder für Ausflüge in die nahe Schweiz sowie nach Österreich. (Camping Wirthshof, http://www.wirthshof.de/index.php?id=11)
Fledermaus- und Biberreservat, einzigartige Flora und Fauna gilt es zu entdecken. (Heide-Camp Schlaitz, http://www.heide-camp-schlaitz.de)

Die Strategie, Produkteigenschaften zu nennen, ist sehr häufig mit der Beschreibung bestimmter Verwendungssituationen gekoppelt, wobei Leistungs-

---

21 Solche sachlichen Argumente wie technische Details, technische Leistungsmöglichkeiten und Informationen über die inhaltliche Zusammensetzung sind sehr häufig in der Werbung für Autos, technische Geräte, Kosmetikprodukte und Medikamente zu finden. Mehr dazu in Janich (2003: 96).

22 Hochwertwörter sind nur eine der Möglichkeiten zur semantischen Aufwertung der angebotenen Produkte. Mehr dazu in Sowinski (1998: 72–75) und Janich (2003: 117–124).

möglichkeiten des Produktes im Vordergrund stehen. In den obigen zwei Beispielen wird angeführt, was man auf Campingplätzen alles machen kann. Es
geht um Informationen darüber, wie man seinen Tag oder seinen Aufenthalt
auf dem Campingplatz verbringen kann. In der Regel werden Informationen
über Freizeit- und Sportaktivitäten, Unterhaltung, Wellness und Kinderaktivitäten erwähnt.

> Am 29.10.2009 wurde im Nationalparkzentrum „Kellerwald" in Vöhl-Herzhausen
> am Edersee dem **RHÖN CAMPING-PARK** die **ECOCAMPING Auszeichnung**
> verliehen.
> Die **ECOCAMPING-Auszeichnung** erhalten Campingunternehmen, die sich kon
> tinuierlich für die Verbesserung von Qualität, Umweltschutz und Sicherheit in ihrem
> Betrieb einsetzen.
> Das europaweit erst rund 200 mal vergebene Zertifikat wurde insgesamt 15 Camping
> unternehmen in Hessen zuerkannt, zu denen auch der **RHÖN CAMPING-PARK**
> zählt. (Campingplatz Rhön, http://www.rhoen-camping-park.de)

Der obige Ausschnitt aus der Werbeanzeige für den Campingplatz Rhön ist ein
anschauliches Beispiel der Strategie »Beweis durch Warentests«. Diese Strategie ist in der Werbung sehr beliebt und kann eine relativ hohe Beweiskraft besitzen, je nachdem, wie zuverlässig die zitierte prüfende Instanz ist. Gerade aus
diesem Grunde wurde in dem obigen Beispiel ausführlich geschildert, um was
für eine Auszeichnung es geht und wem die Auszeichnung verliehen wurde.

> Der Campingplatz „Am Freesenbruch" wurde durch den DTV (Deutscher Tourismus-
> Verband) im Jahre 2005 mit sehr gut bewertet. Das sind FÜNF STERNE.
> Die Auszeichnung mit „Gold" im Bundeswettbewerb „Vorbildliche Campingplätze" in
> den Jahren 2000 und 2006 unterstreichen den hervorragenden Ruf unseres Urlaubdo
> mizils. Zudem sind wir mehrfacher Landessieger im Wettbewerb „Vorbildliche Cam
> pingplätze in Mecklenburg-Vorpommern".
> Unser Reisemobilhafen darf das Markenlogo TopPlatz tragen und zählt somit zu den
> ausgezeichneten Reisemobil-Stellplätzen in Deutschland. (Campingplatz Am Free
> senbruch, http://www.camping-zingst.de)
> Dazu tragen sicher auch die erstklassigen Bewertungen in diversen Campingführern
> bei, die wir regelmäßig erhalten. (Camping Alisehof, http://www.alisehof.de)

Zitierte prüfende Instanzen, die einzelnen Campingplätzen einen hohen Grad
an Glaubwürdigkeit verleihen, sind Bundes- und Landeswettbewerbe, angesehene Markenlogos und Bewertungen in Campingführern, was aus den obigen
zwei Beispielen ersichtlich ist.

In Internet-Werbeanzeigen für deutsche Campingplätze werden produktbezogene Strategien mit empfängerbezogenen und/oder senderbezogenen
Strategien gekoppelt. Von empfängerbezogenen Strategien kommen »Appell

an überindividuelle Werte«, »Fragenwerbung« und »Imperativ-Werbung« am häufigsten zum Einsatz.

> Komfort und Service werden im Eifel-Camp ganz groß geschrieben. (Eifel-Camp, http://www.eifel-camp.de)
> Tauchen Sie ein in unsere Oase der Ruhe und Erholung. (Campingplatz LuxOase, http://www.luxoase.de)

Die Argumentation mit überindividuellen Werten, die in der Werbung sehr häufig anzutreffen ist, ist sehr kultur- und zeitabhängig[23]. Überindividuelle Werte, die in den deutschen Internet-Werbeanzeigen bevorzugt werden, sind Komfort, Service, Abwechslung, Ruhe, Erholung und Natur (s. Miškulin Saletović/Virč 2009: 476–477), was die obigen zwei Beispiele veranschaulichen. Im Beispiel aus der Werbung für den Campingplatz Luxoase werden überindividuelle Werte mit der Strategie »Imperativ-Werbung« gekoppelt. Heutzutage ist es eher selten, dass Zielgruppen einer Werbung zu bestimmten Handlungen in der Form des Imperativs aufgefordert werden. In unserem Beispiel geht es nicht um eine direkte Kauf- bzw. Besuchaufforderung, was als marktschreierisch betrachtet wird, sondern um einen indirekten, umschreibenden Kauf- bzw. Besuchappell, was durch das Verb eintauchen zum Ausdruck kommt.

> Und im Winter? Da versprüht die im Schnee und Eis gelegene Landschaft einen ganz besonderen Charme und es lockt das Angebot der nahen Wintersportgebiete. (Bigge-see-Camping, http://www.camping-biggesee.de)
> Wetten, dass es Ihnen bei uns wochenlang nicht langweilig wird? Wir sorgen dafür, dass Sie viele Informationen und Tipps für eindrucksvolle unvergessliche Ausflüge erhalten. (Campingplatz Luxoase, http://www.luxoase.de)

Den umschreibenden Kaufappellen ähnlich sind indirekte Aufforderungen in Frageform, hinter denen häufig Behauptungen und Aufforderungen versteckt sind. Im obigen Beispiel aus der Werbung für den Campingplatz Biggesee versteckt sich hinter der Frage eigentlich ein Angebot, womit man sich dort im Winter beschäftigen kann. Den Einladungscharakter unterstreicht zusätzlich die Beschreibung der Landschaft. Im Ausschnitt aus der Werbung für den Campingplatz Luxoase wird eine rhetorische Frage mit elliptischer Struktur benutzt. Hinter der Frage verbirgt sich die Behauptung bzw. das Versprechen,

---

23 So wird beispielsweise in der Werbung für Genussmittel, Kosmetika, Mode oder Reisen vorwiegend mit hedonistischen Werten (Lebensfreude, Genuss, Erfolg u. a.) appelliert. Mehr dazu in Schütte (1996: 358). Mehr über die Zeitabhängigkeit überindividueller Werte in der Werbung in der Längsschnittanalyse der Anzeigenwerbung von Wehner (1996: 113–125).

dass die Campingmitarbeiter für einen abwechslungsreichen Aufenthalt jedes Gastes sorgen werden.

Die einzige senderbezogene Strategie in den deutschen Internet-Werbeanzeigen für Campingplätze aus unserem Korpus ist »Eigenlob des Werbers«, die jedoch eher selten zum Einsatz kommt. Diese Strategie wird von Banken und Versicherungen bevorzugt, damit ihre Leistungsfähigkeit und Zuverlässigkeit hervorgehoben werden (s. Sowinski 1998: 38). Bei Campingplätzen geht es vor allem um den Gebrauch von Hochwertadjektiven für die Beschreibung einzelner Campingplätze.

> ... und herzlich willkommen auf einem der modernsten und komfortabelsten Camping-plätze in der Nordsee! (Insel-Camping-Borkum, http://www.insel-camping-borkum.de)

Im obigen Beispiel werden die Adjektive *modern* und *komfortabel* im Superlativ benutzt, wodurch der Sender seinen Campingplatz lobt und in einem guten Licht erscheinen lässt. Diese Strategie grenzt jedoch an der produktbezogenen Strategie »Nennung von Produkteigenschaften«, wobei es sich im obigen Beispiel nicht um nachprüfbare Eigenschaften, sondern um subjektive Behauptungen des Werbers handelt.

6.2.2   Werbestrategien im kroatischen Teil des Korpus

In den kroatischen Internet-Werbeanzeigen aus unserem Korpus kommen vor allem produktbezogene Strategien zum Einsatz, sei es ausschließlich oder in Kombination mit sender- und/oder empfängerbezogenen Strategien. Die meistbenutzte produktbezogene Strategie, die in über der Hälfte der Werbeanzeigen aus dem kroatischen Teil des Korpus zu finden ist, ist »Nennung von Produkteigenschaften«.

Produkteigenschaften, in unserem Falle Eigenschaften einzelner Campingplätze und Informationen über einzelne Campingplätze, beziehen sich auf Lage, Entfernungen, Kapazität und Kategorie (Personenanzahl, Anzahl der Sterne, Art der Stellplätze), Preise, Ermäßigungen, sanitäre Anlagen, Behindertenfreundlichkeit und Haustiere.

- 2060 kamp jedinica, dio luksuznih parcela, Mobile home-ovi, novouređeni sanitarni čvorovi
- Parcela S – superior parcele za auto+šator; auto+kamp prikolicu ili kamper s dovodom i odvodom vode; priključcima za SAT TV te električnim priključkom – zona more I

- Parcela L – luksuzne parcele za auto+šator; auto+kamp prikolicu ili kamper s dovodom i odvodom vode; priključcima za SAT TV te električnim priključkom – zona more II
- Parcela A – parcele za auto+šator; auto+kamp prikolicu ili kamper s električnim priključkom – zona more III
- Mobilne kućice – dnevni boravak, spavaće sobe, u potpunosti opremljena kuhinja, kupatilo, terasa
- ...
- Na parceli mogu boraviti istovremeno najviše 4 osobe (računaju se i djeca) ili 2 odraslih + maksimalno 4 djece (do 12 god.)
- 10 sanitarnih čvorova, s odjeljcima za djecu/bebe. Tuš, umivaonik, stroj za pranje rublja, prostor za pranje suđa, tuš za kućne ljubimce
- (Campingplatz Park Umag, http://www.istracamping.com/HR/kampovi/Park_Umag_1784.itu)[24]

Im Ausschnitt aus der Werbung für den Campingplatz Park Umag werden wichtige Informationen über Unterkunftsmöglichkeiten und sanitäre Anlagen stichpunktartig angeführt. Da es ausschließlich um nachprüfbare Informationen geht, bietet dieser Werbetext einen hohen Grad an Glaubwürdigkeit. Aus dem kroatischen Teil des Korpus ergibt sich, dass Campingplätze im Rahmen einer größeren Hotelgesellschaft reich an nachprüfbaren, klar strukturierten Informationen sind, während Werbetexte kleinerer, meist privater Campingplätze wenige Informationen anbieten und vor allem mit attraktiven Bildern appellieren (s. Miškulin Saletović 2010: 262–263). In solchen Werbetexten werden eher subjektive Informationen angeführt, weshalb die Grenzen zwischen produktbezogenen und senderbezogenen Strategien relativ fließend sind.

Ovaj kamp je pravi turistički biser, mjesto za odmor i užitak, ekološka oaza spokojstva i mira u srcu Dalmacije, u Lokvi Rogoznici. (Campingpl. Sirena, http://www.autocamp-sirena.com)[25]

---

24 Zum leichteren Verständnis wurden alle Ausschnitte aus kroatischen Werbeanzeigen in die deutsche Sprache übersetzt. Die Übersetzungen stammen vom Autor selbst: 2060 Stellplätze, teilweise Luxusstellplätze, Mobilheime, neu eingerichtete Sanitäranlagen | Stellplatz S – Superiorstellplätze für Auto + Zelt; Auto + Wohnwagen oder Wohnmobil mit Wasserzufuhr und -abfuhr; mit Anschlüssen für SAT TV und Strom – Zone Meer I | Stellplatz L – Luxusplätze für Auto + Zelt; Auto + Wohnwagen oder Wohnmobil mit Wasserzufuhr und -abfuhr; mit Anschlüssen für SAT TV und Strom – Zone Meer II | Stellplatz A – Stellplätze für Auto + Zelt; Auto + Wohnwagen oder Wohnmobil mit Stromanschluss – Zone Meer III | Mobilheime – Wohnzimmer, Schlafzimmer, komplett ausgestattete Küche, Bad, Terrasse […] Auf der Parzelle können gleichzeitig maximal 4 Erwachsene oder 2 Erwachsene und maximal 4 Kinder (bis zum Alter von 12) untergebracht werden | 10 Sanitäranlagen mit Kinder- und Babywaschraum, Dusche, Waschbecken, Waschmaschine, Geschirrspülraum, Dusche für Haustiere

25 Dieser Campingplatz ist eine wahre touristische Perle, ein Ort zum Erholen und Genießen, eine umweltfreundliche Oase der Gelassenheit und Ruhe im Herzen Dalmatiens, in Lokva Rogoznica.

Der obige Satz aus der Werbung für den Campingplatz Sirena bietet nur zwei
nachprüfbare Informationen über die Lage des Campingplatzes und eine ganze Reihe an subjektiven Einschätzungen über den Campingplatz, wodurch der
Campingplatz semantisch aufgewertet wird. Häufig werden in den kroatischen
Werbeanzeigen aus unserem Korpus typische und besondere Aktivitäten beschrieben, denen man dort nachgehen kann, wie beispielsweise Baden, Sonnen,
Entspannung, Animation, Unterhaltungsmöglichkeiten und Sportaktivitäten.

> Gostima koji vole sport i rekreaciju na raspolaganju su teniski i boćarski teren, te
> pristupačan teren za jogging, biciklizam ili pak duge šetnje u prirodi. ... Zaljubljenici
> u morske ljepote mogu posjetiti ronilački klub koji se nalazi u mjestu, 5 km udaljen od
> kampa. (Campingplatz Mindel, http://www.mindel.hr/default.asp?lang=hr)[26]

Im Ausschnitt aus der Werbung für den Campingplatz Mindel werden unterschiedliche Aktivitäten dargestellt, je nachdem, ob man Sportarten im Frei-
en oder Wassersportarten bevorzugt. Die produktbezogene Strategie »Beweis
durch Warentests« kommt äußerst selten zum Einsatz.

- plava zastava
- ...
- uvođenje ISO standarda 9001 (standard kvalitete) te 14001 (standard zaštite
  okoliša) (Campingplatz Slatina, http://www.camp-slatina.com/hrv/)[27]

Im obigen Beispiel werden zwei Warentests bzw. Qualitätsbeweise angeführt,
jedoch nicht detailliert geschildert, welche Inhalte mit den Zeichen und/oder
Standards verbunden sind. In allen Beispielen dieser Strategie geht es um die
Blaue Flagge und/oder ISO-Standards. Die Blaue Flagge wird seit 1987 als
Umweltsymbol für Sportboothäfen, Strände und Badestellen an Binnenseen,
jeweils für ein Jahr vergeben (s. http://www.blaue-flagge.de). Um die Blaue
Flagge zu erhalten, müssen strenge Kriterien hinsichtlich Badewasserqualität,
Sicherheitsstandards und Serviceleistungen erfüllt sein. Deshalb wundert es
sehr, dass die Blaue Flagge kaum erwähnt wird.

Produktbezogene Strategien werden oft mit empfängerbezogenen Strategien gekoppelt. Am häufigsten sind »Appell an überindividuelle Werte« und
»Imperativ-Werbung« anzutreffen, äußerst selten auch »Lob des Adressaten«.

---

26   Den Gästen stehen zahlreiche Sport- und Freizeitmöglichkeiten zur Verfügung, z. B. Ten-
     nis- und Bocciaplätze sowie ein leicht zugängliches Gelände zum Joggen, Radfahren oder
     für lange Spaziergänge in der Natur Liebhaber der Meeresschönheiten können im 5 km
     entfernten Ort den Tauchclub besichtigen.
27   Blaue Flagge | ... | Einführung der ISO Standards 9001 (Qualitätsstandard) und 14001
     (Umweltschutzstandard)

U sjeni borove šume i starih maslinika pruža se beskrajna mogućnost vraćanja i uživanja u netaknutoj prirodi.(Campingplatz Bor, http://www.camp-bor.hr)[28]

Im obigen Beispiel wird mit überindividuellen Werten *Pinienwald* (*borova šuma*) und *unberührte Natur* (*netaknuta priroda*) appelliert. Zudem sind als überindividuelle Werte *more* (*das Meer*), *priroda* (*die Natur*), *plaža* (*der Strand*), *sport* (*der Sport*), *opuštanje* (*die Entspannung / Erholung*), *hlad* (*der Schatten*), *mir* (*die Ruhe*) und *mediteransko* (*mediterran*) häufig vertreten (s. Miškulin Saletović und Virč 2009: 477–478).»Appell an überindividuelle Werte« wird oft in Kombination mit »Imperativ-Werbung« angewandt. Dabei geht es nicht um direkte Aufforderungen, sondern um umschreibende Besuchappelle, was aus dem folgenden Beispiel ersichtlich ist. Potentiellen Campinggästen wird empfohlen, möglichst schnell den Campingplatz zu besichtigen, um die Sonne, das kristallklare Meer und die schönsten Strände an der Adria genießen zu können.

Nemojte dugo čekati, posjetite nas što prije za ovih sunčanih dana i uživajte u kristalno-čistom moru i najljepšim plažama na Jadranu. (Campingplatz Antony Boy, http://www. antony-boy.com)[29]

Umschreibende Besuchappelle verbergen sich auch hinter Imperativ-Werbeanzeigen, in denen der Kontrast zwischen der Hektik des Stadtlebens und unberührter Natur dargestellt wird.

Zaboravite dakle na posao i gradsku vrevu i nervozne vozače, dođite i prošećite pastirskim stazama, uživajte u Jadranskom moru na jednoj od intimnih plažica ... (Campingplatz Bor, http://www.camp-bor.hr)[30]

Im obigen Beispiel aus der Werbung für den Campingplatz Bor stehen Herdenpfade (*pastirske staze*) und Adriastrände (*u Jadranskom moru na jednoj od intimnih plažica*) für unberührte Natur und Arbeit (*posao*) und nervöse Fahrer (*nervozni vozači*) für die Hektik der Großstadt. Nicht so oft enden Werbetexte auf den Startseiten der Websites mit direkten Aufforderungen.

Dođite i uvjerite se zašto. (Campingplatz Seget, http://www.kamp-seget.hr)[31]

---

28 Im Schatten des Pinienwaldes und alter Olivenhaine bieten sich unendliche Möglichkeiten, sich zurückzuziehen und die unberührte Natur zur genießen.
29 Warten Sie nicht allzu lange. Besuchen Sie uns möglichst schnell und genießen Sie an sonnigen Tagen das kristallklare Meer und die schönsten Strände der Adria.
30 Vergessen Sie die Arbeit und die Hektik der Stadt sowie nervöse Fahrer. Kommen Sie hierher und machen Sie einen Spaziergang entlang der Hirtenpfade und genießen Sie die Adria an einem der einsamen Strände ...
31 Kommen Sie und überzeugen Sie sich.

Das obige Beispiel aus der Werbung für den Campingplatz Seget könnte aufgrund der direkten Besuchaufforderung als aufdringlich empfunden werden,
wirkt jedoch nicht allzu direkt, weil die Startseite ansonsten ausschließlich
nachprüfbare Informationen anbietet, wodurch die direkte Aufforderung eini-
germaßen gemildert wird.

Potentiellen Kunden Komplimente zu machen, gehört zu den Umgangsfor-
men eifriger Kaufleute. Gelegentlich wurde diese Taktik auch im kroatischen
Teil des Korpus übernommen. In der Werbung für den Campingplatz Mlaska
werden potentielle Besucher für ihren Lebensstil und Geschmack gelobt. Potentielle Gäste werden als dynamisch und feinfühlig beschrieben.

Moderni autokamp (polovica kojeg je naturističko), u potpunosti preureden kako bi za-
dovoljio sve potrebe dinamičnog i profinjenog turista ... (Campingplatz Mlaska, http://
www.mlaska.com/hr)³²

Von senderbezogenen Strategien trifft man auf »Eigenlob des Werbetreibenden« und »Verweis auf Tradition und Erfahrung«.

... u neposrednoj blizini najljepšeg mora na Zemlji.(Campingplatz Mlaska, http://www.
mlaska.com/hr)³³
Antony-Boy jedan od najmodernijih i najprivlačnijih kampova na poluotoku Pelješcu
nedaleko od Orebića u sklopu mjesta Viganj.(Campingplatz Antony Boy, http://www.
antony-boy.com)³⁴

Die obigen zwei Beispiele veranschaulichen, wie der Werber in den kroatischen
Werbeanzeigen aus unserem Korpus gelobt wird. Dafür werden die Adjektive *herrlich*, *modern* und *attraktiv* im Elativ, bzw. Superlativ benutzt. Das erste
Beispiel handelt vom herrlichsten Meer der Erde und das zweite von einem
der modernsten und attraktivsten Campingplätze auf der Halbinsel Pelješac in
Kroatien. Für die beworbenen Campingplätze wurden Adjektive benutzt, die
bei einem ausgewogenen Verhältnis zwischen Adjektiv und Campingplatz bzw.
Meer nicht benutzt würden. Mit Hilfe der Adjektive im Elativ bzw. Superlativ
werden die kroatische Adria und die beworbenen Campingplätze aufgewertet
und um mehrere Stufen auf der in der Sprache beschlossenen Hierarchie der
Werte heraufgerückt.

Das Anführen der Tradition und Erfahrung ist eine Möglichkeit, das Unternehmen in einer Werbeanzeige argumentativ einzubringen. Ein Camping-

32   Dieser moderne Campingplatz (wovon die Hälfte FKK ist) wurde vollständig renoviert, um
     den Bedürfnissen eines dynamischen und feinfühligen Touristen gerecht zu werden ...
33   ... in unmittelbarer Nähe des schönsten Meeres der Erde.
34   Antony-Boy ist einer der modernsten und attraktivsten Campingplätze auf der Halbinsel
     Pelješac unweit von Orebić im Ort Viganj.

platz, der schon lange existiert, muss zwangsläufig Erfahrung haben und sich als gut und erfolgreich erwiesen haben. Es handelt sich um eine konventionalisierte Schlussregel, dass die Tradition immer für die Sache spricht. Aus diesem Grunde wird im kroatischen Teil unseres Korpus häufig auf Tradition verwiesen.

> Kamp je otvoren 1985. godine i od tada do danas, prateći najnovije turističke trendove, svake godine iznova otvara vrata uvijek dobrodošlim posjetiteljima. (Campingplatz Mlaska, http://www.mlaska.com/hr)[35]
> ... dobrodošli na web stranicu kampa »Čikat«, kampa sa dugogodišnjom tradicijom najvećeg kampa na otoku Lošinju. (Campingplatz Čikat, http://www.camp-cikat.com)[36]

6.2.3   Kontrastive Analyse

Sowohl im deutschen als auch im kroatischen Teil des Korpus werden produktbezogene Strategien bevorzugt. Internet-Werbung bedient sich ausschließlich oder vorwiegend Varianten der produktbezogenen Strategien. Das heißt, dass bei Abrufwerbeanzeigen für Campingplätze bestimmte Campingplatzeigenschaften oder Aktivitäten, denen man dort nachgehen kann, im Vordergrund stehen, wodurch der Rezipient rational angesprochen wird. Durch die Nennung von sachlichen Eigenschaften der Campingplätze, Informationen über Freizeitgestaltung und Bewertungen, die Campingplätze von prüfenden Instanzen erhielten, werden eher rationale Argumente vermittelt. Die Beschränkung auf bloße Informationen über das Werbeobjekt erweckt den Eindruck der Ehrlichkeit, Zuverlässigkeit und Glaubwürdigkeit.

Einige interkulturelle Unterschiede lassen sich in der Anwendung bestimmter produktbezogener Werbestrategien feststellen. Im deutschen Teil des Korpus werden im Rahmen der Strategie »Nennung von Produkteigenschaften« Anweisungen für die Anreise angeführt, was im kroatischen Teil des Korpus kaum belegt ist. Die Strategie »Beweis durch Warentests« wird viel öfter im deutschen Teil des Korpus eingesetzt. Zudem wird in deutschen Werbeanzeigen ausführlich erklärt, um welche prüfende Instanzen es sich handelt, während im kroatischen Teil, wenn überhaupt vorhanden, Beweise durch Warentests stichpunktartig angeführt sind. Um potentielle Rezipienten von der Qualität zu überzeugen, werben deutsche Campingplätze gern mit Ergebnissen von Warentests.

---

35   Der Campingplatz wurde im Jahr 1985 eröffnet und öffnet, den neusten Trends im Tourismus folgend, Jahr für Jahr jederzeit willkommenen Besuchern seine Tore.
36   ... willkommen auf die Website des Campingplatzes »Čikat«, des Campingplatzes mit langjähriger Tradition des größten Campingplatzes auf der Insel Lošinj.

Zum größten Teil werden produktbezogene Strategien eingesetzt, um potentielle Rezipienten über die Campingplätze zu informieren. Jedoch liegt in der Auswahl der Angaben oft eine Informations- und Interessesteuerung der potentiellen Kunden. Negative Angaben werden in der Regel verschwiegen, wobei angeführte Angaben relativ selten wertungsfrei sind. Die Sachlichkeit und Ehrlichkeit ist teils sicherlich das Ergebnis bewusster Überlegungen und geschickter Darstellung.

In unserem Korpus stehen empfänger- und senderbezogene Strategien eher im Hintergrund und kommen in der Regel als Ergänzung der produktbezogenen Strategien zum Einsatz. Empfängerbezogene Strategien appellieren an das Gefühl des potenziellen Rezipienten und bemühen sich, positive Sinneseindrücke zu vermitteln. Die Unterschiede zwischen den deutschen und kroatischen Internet-Werbeanzeigen liegen in der Auswahl der jeweiligen empfängerbezogenen Strategie sowie in der Verwendung der sprachlichen Mittel, wodurch bestimmte Strategien zustande kommen. In kroatischen Werbeanzeigen ist »Fragenwerbung« nicht vorhanden, wohingegen in deutschen Werbeanzeigen »Lob des Rezipienten« nicht vorkommt. »Imperativ-Werbung« ist sowohl in deutschen als auch in kroatischen Internet-Werbeanzeigen anzutreffen, jedoch überwiegen im kroatischen Korpus direkte und im deutschen Korpus indirekte Aufforderungen. Überindividuelle Werte überlappen sich nur teilweise; im deutschen Korpus wird häufig mit Komfort, Service und Abwechslung appelliert, was im kroatischen Korpus nicht anzutreffen ist.

Von den senderbezogenen Strategien ist »Eigenlob des Werbers« im deutschen und kroatischen Teil des Korpus anzutreffen, während »Verweis auf Tradition und Erfahrung« nur in kroatischen Internet-Werbeanzeigen eingesetzt wird. Die Ergebnisse der kontrastiven Analyse sind in der folgenden Tabelle 6-1 zusammengefasst.

Aus unserer Analyse geht hervor, dass Internet-Werbeanzeigen für Campingplätze sowohl im Deutschen als auch im Kroatischen eher den Verstand als das Gefühl des Rezipienten ansprechen. Die Werbung richtet sich nicht an passive Rezipienten, die nur ein flüchtiges Interesse an dem beworbenen Campingplatz haben, sondern wendet sich an aktive Rezipienten, die gewillt sind, Werbung als ein Mittel zur Information über Campingplätze zu nutzen. Solche Werbeanzeigen sind laut Zielke (1991: 117–126) den sogenannten High-Involvement-Anzeigen zuzuordnen. Obwohl Werbeanzeigen zur Klasse der appellativen Texte gerechnet werden (s. Brinker 2005: 121), lässt sich aufgrund der benutzten Werbestrategien feststellen, dass in den Internet-Werbeanzeigen aus unserem Korpus die informative Funktion überwiegt. Das ist auf die veränderte Rezeptionssituation bzw. auf den Werbeträger Internet zurückzuführen, bei dem Rezipienten sich in der Regel aktiv dafür entschieden haben, das Informationsangebot einer Website wahrzunehmen.

Interkulturelle Unterschiede zwischen deutschen und kroatischen Internet-Werbeanzeigen für Campingplätze sind in der Regel durch unterschiedliche Vorstellungen und Konzepte der Campingplätze bedingt. Im Kroatischen stehen Campingplätze hauptsächlich für Natur pur, wobei Komfort, Service und Qualität nachgeordnet sind. Im Deutschen wird neben der unberührten Natur großer Wert auf Komfort, abwechslungsreiches Angebot und Qualität gelegt. Wenn überhaupt, dann wird in kroatischen Werbeanzeigen auf Tradition, Erfahrung und Qualität verwiesen, wobei in deutschen Werbeanzeigen für die Qualität einzelner Campingplätze schlüssige Beweise bzw. Bewertungen von

Werbestrategie	deutsch	kroatisch
Nennung von Produkteigenschaften	+	+
Demonstration typischer oder besonderer Verwendungssituationen	+	+
Beweis durch Warentests	+	–
Eigenlob des Werbers	+	+
Verweis auf Tradition und Erfahrung	–	+
Appell an überindividuelle Werte	+	+
Fragenwerbung	+	–
Imperativ-Werbung	+	+
Lob des Adressaten	–	+

Tab. 6-1: Werbestrategien in deutschen und kroatischen Internet-Werbeanzeigen für Campingplätze

Organisationen, die große Autorität genießen, vorgelegt werden. Zudem gehören zu überindividuellen Werten im deutschen Teil des Korpus Werte, die sich auf den gemeinsamen Nenner Natur und Qualität bringen lassen, während überindividuelle Werte im kroatischen Teil des Korpus auf die Schönheit der Natur ausgerichtet sind.

6.3   Fazit und Ausblick

Mittels der Sprache und der Werbestrategien kann eine rationale und/oder eine emotionale Werbewelt inszeniert werden, um bei potentiellen Rezipienten, ein bestimmtes Verhalten hervorzurufen. In Internet-Werbeanzeigen für Campingplätze stehen produktbezogene Strategien im Vordergrund. Der Schwerpunkt liegt auf dem Produkt bzw. dem Campingplatz, dessen qualitative Vor-

züge bekannt gemacht werden. Empfänger- und senderbezogene Strategien
werden in den Hintergrund gestellt, was heißt, dass Emotionalität und positive
Gefühle eine begleitende und untergeordnete Funktion ausüben. Da das neue
Phänomen der Abrufwerbung eine veränderte Nutzungssituation, aktiv und
selbstbestimmt statt beiläufig und oberflächlich, mit sich bringt, werden die
Internet-Werbeanzeigen aus unserem Korpus als eine Mischung aus Informa-
tion und Appell, jedoch mit dem Schwerpunkt auf sachlichen nachprüfbaren
Angaben gestaltet.

Auf Makroebene weisen deutsche und kroatische Internet-Werbeanzeigen
für Campingplätze zahlreiche Gemeinsamkeiten in Bezug auf Werbestrategi-
en auf, auf der Mikroebene kommen jedoch Unterschiede vor, die auf unterschiedliche Konnotationen und Assoziationen zurückzuführen sind, die potentielle Rezipienten in deutscher und kroatischer Sprache mit Campingplätzen
verbinden. Um weitere durch soziokulturelle und gesellschaftliche Bedingungen bestimmte Unterschiede in der Touristik-Internetwerbung zwischen dem
Deutschen und Kroatischen festzustellen, müssen weitere kontrastive Untersuchungen durchgeführt werden.

Literatur

Adamzik, Kirsten (2004). Textlinguistik. Eine Einführende Darstellung. Tübingen.
Brinker, Klaus (⁶2005). Linguistische Textanalyse. Eine Einführung in Grundbegriffe und Me-
    thoden. Berlin.
Gau, Daniela (2007). Erfolgreiche Werbung im interkulturellen Vergleich. Tübingen.
Friedrichsen, Mike (1998). »Marketingkommunikation auf dem Weg ins Internet? Werbewir-
    kungsforschung und computervermittelte Kommunikation«. In: Online-Kommunikation.
    Beiträge zu Nutzung und Wirkung. Hg. v. Patrik Rössler. Opladen/Wiesbaden, S. 207–226.
Janich, Nina (³2003). Werbesprache. Tübingen.
Kesić, Tanja (2003). Integrirana marketinška komunikacija: oglašavanje, unapređenje prodaje,
    Internet, odnosi s javnošću, publicitet, osobna prodaja. Zagreb.
Meler, Marcel (2005). Osnove marketinga.Osijek.
Miškulin Saletović, Lucia und Ines Virč (2009). »Kulturelle Markiertheit von Schlüsselwörtern
    am Beispiel deutscher und kroatischer Internet-Werbung für Campingplätze«. In: IDV-Ma-
    gazin 81, S. 470–481.
Miškulin Saletović, Lucia (2010). »Reklame za autokamp na mrežnim stranicama u njemačkome
    i hrvatskome jeziku«. In: Mediji i društvena odgovornost. Hg. v. Danijel Labaš. Zagreb, S.
    249–270.
Schütte, Dagmar (1996). Das schöne Fremde. Anglo-amerikanische Einflüsse auf die Sprache
    der deutschen Zeitschriftenwerbung. Opladen.
Sowinski, Bernhard (1998). Werbung.Tübingen.
Wehner, Christa (1996). Überzeugungsstrategien in der Werbung. Eine Längsschnittanalyse von
    Zeitschriftenanzeigen des 20. Jahrhunderts. Opladen.
Zielke, Achim (1991). Beispiellos ist beispielhaft. Oder: Überlegungen zur Analyse zur Kreation
    des kommunikativen Codes von Werbebotschaften in Zeitungs- und Zeitschriftenanzeigen.
    Pfaffenweiler.

Internetquellen

alisehof: Netlink 677
antony-boy: Netlink 678
autocamp-sirena: Netlink 679
blaue-flagge: Netlink 680
camp-bor: Netlink 681
camping-biggesee: Netlink 682
camping-parsteiner-see: Netlink 683
camping-zingst: Netlink 684
camp-slatina: Netlink 624
eifel-camp: Netlink 685
heide-camp-schlaitz: Netlink 686
insel-camping-borkum: Netlink 621
istracamping: Netlink 622
camp-cikat: Netlink 687
kamp-seget: Netlink 688
lindelgrund: Netlink 689
luxoase: Netlink 690
mindel: Netlink 623
mlaska: Netlink 691
rhoen-camping-park: Netlink 692
wirthshof: Netlink 620

MELANIE WAGNER (LUXEMBURG)

7 Sprachideologien auf Facebook: Diskussionen auf Gruppenseiten über den Sprachgebrauch in Luxemburg

7.1 Einleitung

Luxemburgisch wurde bis vor kurzem selten als Schriftsprache benutzt und dies kann teilweise damit erklärt werden, dass der Lehrplan für den Luxemburgisch-Unterricht in der Schule recht unstrukturiert ist und daher nur wenige Schüler Luxemburgisch-schreiben lernen. Luxemburgisch wurde im Jahr 1912 als Schulfach eingeführt uns seither hat sich nicht viel verändert, was die Struktur und den Inhalt des Unterricht angeht: Luxemburgisch wird sowohl in der Grundschule wie auch im ersten Jahr des Gymnasiums nur mit einer Stunde unterrichtet. Die Stellung des Luxemburgischen in der Schule erscheint als relativ niedrig und Berg und Weis (2005: 76) führen hierfür verschiedene Gründe. Sie erläutern, dass Luxemburgisch nie als Unterrichtssprache in Erwägung gezogen wurde, da die luxemburgische Sprache lange als »Dialekt« angesehen wurde und da Luxemburgisch außerdem fast ausschließlich als mündliches Kommunikationsmittel genutzt würde, sei das Luxemburgische nicht als adäquates Unterrichtsmittel (ebd.) eingestuft worden. Die Lehrpläne[1] für Luxemburgisch in der Grundschule und im Gymnasium sind recht vage gehalten und es wird wenig Wert auf das Unterrichten der luxemburgischen Sprache als Schriftsprache gelegt:

> »D'Haaptzil vum Lëtzebuergeschen ass, sech mat aneren an der Mammesprooch mëndlech ze verstännegen an Texter geleefeg ze liesen. (...) De Cours vum Lëtzebu-

---

1   Lehrplan für Luxemburgisch in der Grundschule: Netlink 612; Lehrplan für Luxemburgisch im Gymnasium: Netlink 613.

ergesche soll duerch déi gebrauchte Methoden esou opgebaut ginn, datt duerch Spill a
Spaass, d'Freed mam Schwätzen, mam Liesen a méi spéit och eventuell mam Schreiwen entsteet an erhale bleift. Duerch d'Schreiwe vum Lëtzebuergeschen soll d'Kand
net strapazéiert ginn, et däerfe keng Diktater gemaach ginn, an d'Resultater vun den
Excercicen däerfen och net fir d'Nummer op der Zensur zielen.«[2].[3]

Die Tatsache, dass wenig Wert auf das Vermitteln des Luxemburgischen als
Schriftsprache gelegt wird, führt dazu, dass viele Mitglieder der Sprachgemeinschaft, besonders die der älteren Generationen, sich unsicher beim Schreiben der luxemburgischen Sprache fühlen und Angst davor haben, Fehler zu
machen, und es daher vorziehen auf Deutsch oder Französisch zu schreiben
(Wagner/Davies 2009: 125). Die Position der luxemburgischen Sprache als
Schriftsprache hat sich jedoch mit der Entwicklung der neuen Medien gänzlich verändert, da das Luxemburgische in diesem Bereich als Schriftsprache
floriert. In einem Interview mit der luxemburgischen Tageszeitung Luxemburger Wort erklärte Professor Peter Gilles:

»Die ganz große Chance [für das Luxemburgische] bieten aber die neuen Medien und
das Internet: Beim Verfassen von SMS, beim Schreiben von Emails, bei Einträgen
im Facebook benutzen Luxemburger sozusagen nur noch das Luxemburgische hier
herrscht die Einsprachigkeit.«[4]

Luxemburgisch wird demnach häufig als schriftliches Kommunikationsmittel
in den neuen Medien benutzt und in diesem Kapitel möchte ich die Resultate
einer Studie über Sprachideologien vorstellen, die auf verschiedenen Gruppenseiten der populären sozialen Netzwerkplattform *Facebook* dargestellt werden.
Das Korpus besteht aus einer Sammlung von Gruppenseiten und wurden in
Hinsicht auf präsente Sprachideologien und Diskurse zum Thema Sprache
präsentiert und analysiert. Diese Gruppenseiten bestehen aus Seiten, die von
einem oder mehreren Administrator(en) angelegt und gegründet werden; die
Administratoren wählen den Gruppennamen und schreiben eine Gruppenbeschreibung, die Thema, Problematik oder Ziel der jeweiligen Gruppe erläutert.
Die Länge und Ausführlichkeit der Gruppenbeschreibung ist den Administratoren überlassen und variiert von Gruppe zu Gruppe. Benutzer der sozia-

2   Das Hauptziel des Luxemburgischen ist es, sich mit anderen in der Muttersprache münd-
    lich zu verständigen und Texte flüssig zu lesen. (...) Der Untrrichte des Luxemburgischen
    soll durch die benutzten Methoden sol aufgebaut werden, dass durch Spiel und Spaß, Freu-
    de am Sprechen, Lesen und später auch eventuell am Schreiben entsteht und erhalten bleibt.
    Durch das Schreiben des Luxemburgischen soll das Kind nicht strapaziert werden, es dür-
    fen keine Diktate gemacht werden, und die Noten der Übungen dürfen auch nicht in die
    Note auf dem Zeugnis einfließen. (Übersetzung M.W.)
3   Lehrplan für Luxemburgisch in der Grundschule, Seite 3. Netlink 612.
4   Tageszeitung *Luxemburger Wort*. Netlink 614.

len Nezwerkplattform Facebook können Mitglieder dieser Gruppen werden, indem sie entweder Einladungen folgen und diese akzeptieren, oder aber in Eigeninitiative nach Gruppen suchen, deren Themen sie ansprechen und sich dann diesen Gruppen anschließen. Das Ziel der hier beschriebenen Studie bestand darin, ein Korpus von Gruppentiteln und den dazugehörigen Gruppenbeschreibungen zu untersuchen. Bevor das Korpus und die Datenanalyse genauer beschrieben werden, möchte ich zunächst auf die Sprachensituation in Luxemburg eingehen.

Mit einer geographischen Größe von 2.586 Quadratkilometern und einer Bevölkerung von 493.500 (Statec[5], 2009) ist Luxemburg der zweitkleinste Mitgliedsstaat der Europäischen Union (EU). Die Sprachensituation wird oft als dreisprachig beschrieben, womit Bezug auf die drei Sprachen genommen wird, die vom Sprachengesetz von 1984 anerkannt werden: Luxemburgisch, Französisch und Deutsch. Das Sprachengesetz definiert Luxemburgisch als Nationalsprache und sowohl Luxemburgisch, wie auch Deutsch und Französisch als administrative Sprachen. Die luxemburgische Sprachvarietät gehört zu den germanischen Sprachvarietäten und hat Gemeinsamkeiten mit den moselfränkischen Varietäten, die in Deutschland, Belgien und Frankreich gesprochen werden. Diese verwandschaftliche Beziehung erklärt die Entscheidung, Kinder in der Grundschule auf Deutsch zu alphabetisieren und Deutsch als Unterrichtssprache zu definieren. Französisch wird als zweite Sprache im zweiten Grundschuljahr eingeführt und ersetzt später im Gymnasium Deutsch als Unterrichtssprache.

Für die luxemburgische Sprache wird der Übergang von einer hauptsächlich gesprochenen Sprache zu einer Schriftsprache mit der Entstehung einer luxemburgischen Literatur zu Beginn des 19. Jahrhunderts verbunden. Ein weiterer wichtiger Faktor ist natürlich der des Lernens und Lehrens der luxemburgischen Sprache: Luxemburgisch wurde, wie auch schon oben beschrieben, im Jahr 1912 als Schulfach eingeführt, der Lehrplan traf jedoch keine explizite Aussagen zum Inhalt des Unterrichts:

Art. 23: Die obligatorischen Lehrgegenstände des Primärunterrichtes sind: [...] die Anfangsgründe der Landesgeschichte und Luxemburgisch [...][6]

In der Vorschule wird Wert darauf gelegt, dass alle Kinder Luxemburgisch sprechen lernen, da die Nationalsprache auch als Integrationssprache angesehen wird. In der Grundschule und im Gymnasium wird die Rolle des Luxemburgischen jedoch abgeschwächt; die Kinder werden in deutscher Sprache alphabe-

5 Statec: Das nationale statistische Institut Luxemburgs.
6 Loi scolaire 1912, Mémorial N°61du Grand-Duché du Luxembourg, Netlink 615.

tisiert, und diese Sprache dient gleichzeitig auch als Unterrichtssprache (Berg/ Weis, 2005). Luxemburgisch wird nun offiziell nicht mehr als Unterrichtssprache benutzt, es wird jedoch oft von Lehrern auf diese Sprache zurückgegriffen, um weitere Erklärungen zu geben. Für Luxemburgisch ist sowohl im Lehrplan der Grundschule, als auch in dem des ersten Jahres des Gymnasiums eine Unterrichtsstunde pro Woche vorgesehen. Berg und Weis (ebd.: 77) weisen darauf hin, dass in den meisten Schulbibliotheken kaum luxemburgische Literatur zu finden sei. Sie führen dies unter anderem darauf zurück, dass die Luxemburger sich in der luxemburgischen Sprache unsicher fühlten, sowohl beim Lesen wie auch beim Schreiben (Wagner 2010) und auch ihren literarischen Wert nicht einzuschätzen wüssten. Diese Unsicherheit dem Luxemburgischen gegenüber ist zum Teil auf die Lehrsituation dieser Sprache zurückzuführen: Eine Analyse des Lehrplans für Luxemburgisch in der Grundschule hat ergeben, dass zwar die Hauptregeln der Rechtschreibung gelernt werden sollen, die Kinder an die luxemburgische Literatur herangeführt werden, zudem soll über das Leben in Luxemburg diskutiert werden. Leider gibt es noch fast keine Studien zum Unterricht des Luxemburgischen in der Schule und von daher ist zurzeit nicht klar, was genau während dieses Unterrichts gelehrt und behandelt wird. Eine Studie, die mit Studenten an der Universität Luxemburg durchgeführt wurde, hat ergeben, dass, obwohl Lesen im Lehrplan für Luxemburgisch vorgesehen ist, nur die Hälfte der Informanten gelernt hatten Luxemburgisch zu lesen, die andere Hälfte beschäftigte sich hauptsächlich mit Sagen, Geschichten, Liedern und Gedichten auf Luxemburgisch (Wagner 2010). Außerdem zeigte diese Studie, dass nur wenige Schüler tatsächlich an die Schreibweise des Luxemburgischen herangeführt wurden und sich der Großteil des Unterrichts auf mündliche Kommunikation oder Lesen beschränkte. Wenig Wert wurde auf das Unterrrichten der Schriftsprache gelegt – und dies könnte daher eine mögliche Erklärung dafür sein, warum einige Leute sich beim Schreiben des Luxemburgischen unsicher fühlen (Wagner/Davies 2009: 126). Die Situation des Luxemburgisch-Unterrichts wird zusätzlich dadurch erschwert, dass weder Grundschullehrer noch Gymnasiallehrer dafür ausgebildet sind, Luxemburgisch zu unterrichten. Dies führt dazu, dass eine Reihe von Lehrern den Luxemburgischunterricht ausfallen lässt und ihn durch den Unterrichtsstoff von anderen Fächern ersetzt oder aber sich auf das Lesen von Texten u.ä. beschränkt.

Diese Situation führt dazu, dass der Großteil derer, die auf Luxemburgisch schreiben, ihre eigenen Strategien entwickelt haben, um Luxemburgisch zu schreiben, manchmal mit Hilfe von veröffentlichten Orthographien, wie z. B.

Josy Brauns *Eis Sprooch richteg schreiwen*[7] oder mit der von den wenigen Lehrern, die versuchen, das Schreibsystem zu vermitteln. Ein Einstellungswechsel Luxemburgisch als Schriftsprache gegenüber trat mit der Entwicklung der neuen Medien ein und in diesem Bereich entwickelte Luxemburgisch sich zur beliebtesten Schriftsprache (Gilles 2009: 166). Wie vorher gezeigt, wird auf Luxemburgisch gemailt, gesimst, gebloggt und gepostet. Ein Beispiel hierfür ist die einzige auf Luxemburgisch veröffentlichte Zeitung, die man auf der Website des nationalen Radio- und Fernsehsenders www.rtl.lu finden kann – hier werden sowohl eine Tageszeitung wie auch eine Sonntagszeitung auf Luxemburgisch angeboten. Die Website hat zudem eine Rubrik für Briefe an die Redaktion, wo auch der Großteil der Kommentare auf Luxemburgisch verfasst wird.

7.2   Luxemburgisch auf Facebook

Die soziale Netzwerkplattform Facebook ging im Jahr 2004 online und hat dem amerikanischen Marktforscher com.score nach weltweit über 340 Millionen Nutzer. Facebook ist die in Luxemburg populärste Netzwerkplattform und viele Luxemburger haben sich dort registriert, ein Profil erstellt und Gruppenseiten kreiert. Wenn man sich die Sprachen ansieht, die die luxemburgischen Benutzer wählen, sieht man einerseits sehr schnell, dass die Sprachwahl oft sehr variabel ist; manche Benutzer schreiben in mehr als einer Sprache, manche immer in derselben. Es wird andererseits aber auch klar, dass Luxemburgisch eine sehr beliebte Schreibsprache auf dieser Plattform ist und hier auf verschiedenster Art und Weise geschrieben wird. Nachrichten werden auf Luxemburgisch verfasst, Statusaktualisierungen und Gruppenbeschreibungen ebenso. Es gibt zureit noch keine luxemburgische Version der Netzwerkplattform und daher wählen die angemeldeten Nutzer verschiedenste Sprachen, wie z.B. Deutsch, Französisch, Englisch usw. für die Beschreibung ihres Profils. Die Tatsache, dass es keine luxemburgische Version gibt, hat auf der Plattform für Diskussionen gesorgt und es haben sich Gruppen gebildet, die dazu auffordern, eine luxemburgische Fassung zu entwickeln, und die ihre Unzufriedenheit darüber ausdrücken, keine Version in ihrer Landessprache zu haben. Gruppen wie *Facebook op letzebeuesch* [sic] (Netlink 616) (573 Mitglieder, 28/10/2010), *FB op Lëtzebuerg* (744 Mitglieder, 28/10/2010) (Netlink 617) oder *Facebook op Letzebuerg* (161 Mitglieder, 28/10/2010) (Netlink 618) setzen sich für eine luxemburgische Fassung ein und es ist an der Anzahl der Mitglieder zu sehen, dass es für diesen Wunsch recht viel Unterstützung gibt:

---

7   Unsere Sprache richtig schreiben.

In der Gruppenbeschreibung der Gruppe *Facebook op Letzebuerg* wird dazu
aufgefordert, Erkenntnisse über eine mögliche Übersetzung zu sammeln oder
aber gleich zu übersetzen:

»Natierlech ass Facebook op all fuerzsprooch...mee op letzebuergesch? Nee wisou?!
=.=[8]
Also wann een wees wei an wou een iwersetzt...dann maacht et, oder soot mär be-
scheed ;-)
Mir wölle bleiwen waat mär sin!«[9]

Zusätzlich wird kritisiert, dass es Facebook in »jeder anderen kleinen Sprache«,
aber nicht auf Luxemburgisch gibt, und die Frage nach dem Grund dafür wird
aufgeworfen. Tatsächlich verfügt Facebook über ein Übersetzungstool (Netlink 619) wo Nutzer sich anmelden können, um selbst in verschiedene Sprachen zu übersetzen[10], und es gibt mittlerweile über 60 verschiedene Sprachversionen, aber bis jetzt noch keine auf Luxemburgisch. Die Tatsache, dass es
drei unterschiedliche Gruppen[11] gibt, die sich für eine luxemburgischsprachige
Version einsetzen, weist darauf hin, dass die luxemburgische Sprache für Teile
der luxemburgischen Bevölkerung von hoher Bedeutung ist – dies wird durch
Forschungsergebnisse anderer Projekte bestätigt (Wagner/Davies 2009).
    Wenn man sich die Gruppennamen der luxemburgischen Gruppen auf Fa-
cebook ansieht, fällt auf, dass eine relativ hohe Anzahl von Gruppen sich mit
dem Thema »Sprache in Luxemburg« beschäftigen und dass die Gruppenbeschreibungen sowie die Diskussionen oft sehr emotionsgeladen sind. Eine Suche nach dem Schlagwort »Lëtzebuerg« Anfang Oktober 2010 ergab über 500
Gruppen, die in ihrem Gruppentitel Bezug aufs Land oder auf die Sprache
nahmen. Wenn man nach anderen Schreibvarianten für »Lëtzebuerg« oder für
den Namen der luxemburgischen Sprache sucht, bekommt man die Resultate
aus Tabelle 7-1.
    Bei genauer Ansicht sieht man sofort, wie die Anzahl der Gruppen sich
zwischen Dezember 2009 und Mai 2010 entwickelt und fast verdoppelt hat;
dies kann einserseits an der zunehmenden Popularität des Netzwerkportals
liegen, aber andererseits auch an der Beliebtheit des Themas selbst, das auch
in der geschriebenen Presse immer wieder auftaucht. Man kann jedoch auch
beobachten, dass die Anzahl der Gruppen zwischen Mai und Oktober 2010

8   Bei den Facebook-Zitaten wurde die Originalrechtschreibung der Autoren beibehalten.
9   »Natürlich gibts Facebook in jeder Pupssprache...aber auf Luxemburgisch? Nein warum?!
    =.= Also wenn jemand hier weiß wie und wo man übersetzt...tut es; oder gib mir Bescheid.
    Wir wollen bleiben was wir sind.«.
10 Siehe Lenihan (o.J.).
11 *Facebook op letzebeuesch, Facebook op Letzebuerg, Lëtzebuergesch als Facebook-Sprooch.*

Schlagwort:	Treffer 10/2009	Treffer 05/2010	Treffer 10/2010
Lëtzebuerg	352	Über 500[1]	Über 500[1]
Letzebuerg	500	Über 500	Über 500
Lëtzebuergesch	69	111	101
Letzebuergesch	35	99	89
Letzeboiesch	6	14	10
[1] Leider gibt Facebook bei der Suchfunktion keine genauen Zahlen mehr an, sobald mehr als 500 Treffer erzielt wurden.			

Tab. 7-1: Ergebnisse der Schlagwortsuche

leicht gesunken ist; hierfür gibt es keine klare Erklärung, man kann vermuten, dass dies mit der zum Teil negativen Presse des sozialen Netzwerks zu tun haben könnte. Außerdem fällt auf, dass die verschiedenen Schreibweisen des Landesnamens und der Landessprache sehr variabel sind – dieser hohe Grad von Variation wird noch auffälliger bei der Analyse der Gruppennamen und der -beschreibungen. Eine Erklärung für die orthographische Variation ist die Tatsache, dass Luxemburgisch von den wenigsten als Schriftsprache gelernt wurde und viele Luxemburger ihre eigenen Verschriftlichungsstrategien fürs Luxemburgische anwenden (Wagner 2011).

7.3   Die Untersuchung

In diesem Kapitel möchte ich mich auf die Analyse der Gruppennamen und -beschreibungen beschränken und die metalinguistischen Kommentare untersuchen, die dort über Sprache(n) in Luxemburg gemacht werden. Diese Analyse soll einen Einblick sowohl in die Sprachideologien wie auch in die verschiedenen Arten von Diskursen über Sprache(n) und Sprachgebrauch in Luxemburg gewähren. Das Korpus wurde durch eine Suche nach den oben erwähnten Schlagworten erstellt und dann in verschiedene Kategorien unterteilt. Die Kategorisierungskriterien waren sowohl das Thema der Gruppe als auch die Nachricht, die mit Gruppentitel und -beschreibung vermittelt werden sollte.

Die Untersuchung der Gruppenseiten ergab, dass der Großteil Seiten von Clubs wie z.B. Hondsclub Lëtzebuerg oder Motorradclub Lëtzebuerg oder aber Petitionen für die Eröffnung eines bestimmten Restaurants oder Geschäfts in Luxemburg, z.B. Burger King fir Lëtzebuerg, Starbucks fir Lëtzebuerg sind. Die Namen und Beschreibungen der Gruppen beziehen sich auf die Art und Funktion des Clubs oder fungieren als eine Art Werbung; da in diesen

Gruppen keine Aussagen über Sprache(n), Sprachgebrauch oder die Sprachensituation in Luxemburg getroffen werden, wurden sie für diese Studie außer Acht gelassen.

7.3.1 Kategorisierung der Gruppenseiten

Die Untersuchung der Gruppenseiten ergab, dass hier in Gruppentiteln und -beschreibungen Bezug auf die Sprachen genommen wurde, die in Luxemburg benutzt werden, auf die luxemburgische Sprache selbst, aber auch auf die demographische Situation des Landes. Um einen ersten Einblick in die verschiedenen Sprachideologien und Diskurse zu erlangen, wurde ein Korpus, bestehend aus 32 Gruppen, erstellt. Eine Liste der Gruppen mit Informationen zu Gruppennamen[12], Anzahl der Mitglieder sowie der zugeteilten Kategorie findet man in Tabelle 7-2:

Nr.	Gruppenname	Anzahl der Mitglieder	Kat.
1	Lëtzebuerger sinn och keng Preisen (Luxemburger sind auch keine Deutschen)	3	A
2	Lëtzebuergesch schreiwen wëllt och gekonnt sinn (Luxemburgisch-schreiben will auch gekonnt sein)	6	C
3	Keen franséisch schwätzen wëllen, awer keen lëtzebuergesch schraiwen kënnen (Kein Französisch-sprechen wollen, aber keine Luxemburgisch-schreiben können)	15	C
4	Studien an Schoul op Letzebuergesch (Studium und Schule auf Luxemburgisch)	52	A
5	Mir welle bleiwe wat mir sinn (Wir wollen bleiben was wir sind)	93	A
6	NPL – Lëtzebuerg, den Lëtzebuerger (NPL – Luxemburg den Luxemburgern)	150	A
7	Ech well mat menger Bouneschlupp letzebuergesch Schwätzen! (Ich will mit meiner Bohnensuppe Luxemburgisch-sprechen!)	168	C
8	ALL ZORT VUN AARBECHT, fir d'éischt fir d'Lëtzebuerger (JEDE SORTE ARBEIT, zuerst für die Luxemburger)	215	A
9	»Ej wöll eis letzeboiesch Sproch retten, mais... Kramatick? Wat ass dat??« (Ich will unsere luxemburgische Sprache retten, aber Grammatik? Was ist das denn?)	239	C
10	Ech schwätzen just nach Franséich mat rietspopulistegen Letzebuerger! (Ich spreche nur noch Französisch mit rechtspopulistischen Luxemburgern!)	274	B
11	Luxembourg, on t'aime! (Luxemburg, wir lieben dich!)	317	B

12 Die Orthographie, Schreibweise und Schriftform wurden in der Originalform beibehalten.

Nr.	Gruppenname	Anzahl der Mitglieder	Kat.
12	Lëtzebuergesch: Een MUSS fir all Doc an Infirmière an der Kannerklinik!! (Luxemburgisch: Ein MUSS für jeden Arzt oder Krankenpflegerin im Kinderkrankenhaus!)	329	C
13	Lëtzebuerg ass lëtzebuergesch, weist datt Ierch eis Identitéit net eegal as (Luxemburg ist luxemburgisch, zeigt, dass euch eure Identität nicht egal ist)	360	A
14	Be COOL, speak LETZEBUERGESCH (Seid COOL, sprecht LUXEMBURGISCH)	397	C
15	Rett eis Lëtzebuerger Sprooch!!! (Rettet unsere luxemburgische Sprache!!)	465	A
16	STOP Rassismus zu Lëtzebuerg! HALTE au racisme au Luxembourg! (STOPPT Rassismus in Luxemburg !)	511	B
17	Ech schwätze just na Swahili an de Geschäfter! (Ich spreche nur noch Swahili in den Geschäften!)	511	B
18	mir sinn houfreg, Lëtzebuerger ze sinn, mä mir si keng Rassisten!! (wir sind stolz darauf Luxemburger zu sein, aber wir sind keine Rassisten!!)	614	C
19	Fir dass d'Auslänner an Frontalieren sech un Letzebuerg unpassen sollen!! (Dafür, dass Ausländer und Grenzgänger sich an Luxemburg anpassen sollen!!)	888	A
20	Mir Wëlle Bleiwen Wat Mir Sin (Wir wollen bleiben was wir sind)	1259	C
21	Nee zu rietspopulisteschen Gruppen! (Nein zu rechtspopulitischen Gruppen!)	1477	B
22	Lëtzebuergesch schwätzen soll obligatoresch sinn (Luxemburgisch-sprechen soll obligatorisch sein)	1595	A
23	Lëtzebuergesch soll een haaptfach an der Schoul gin!!! (Luxemburgisch soll ein Hauptfach in der Schule werden!!!)	2110	C
24	Mir wëllen een multikulturellt Land ouni Gewalt an ouni Haass (Wir wollen ein multikulturelles Land ohne Gewalt und ohne Hass)	2700	C
25	Et soll Letzeboiech an Letzebuerg geschwaat ginn (Es soll Luxemburgisch in Luxemburg gesprochen werden)	3458	A
26	Ech schwätzen just nach lëtzebuergesch an de Geschäfter (Ich spreche nur noch Luxemburgisch in den Geschäften)	3571	A
27	EN FRANCAIS!!!! - Nee, Monsieur/Madame... op LËTZEBUERGESCH w.e.g.!!!! (AUF FRANZöSISCH !!!! – Nein, Herr / Frau...auf LUXEMBURGISCH bitte!!!!)	3855	A
28	Et muss Letzebuergesch an Letzebuerg geschwaat gin!!! (Es muss Luxemburgisch in Luxemburg gesprochen werden!!!)	3890	C
29	Letzebuergesch as keen Franséisch! (Luxemburgisch ist kein Französisch!)	3977	A

Nr.	Gruppenname	Anzahl der Mitglieder	Kat.
30	LETZEBUERGESCH, MENG Mammesprooch (LUXEMBUR-GISCH, MEINE Muttersprache)	4297	C
31	yes!!!... luxembourgish is a language!!!! (JA!!!... Luxemburgisch ist eine Sprache!!!!)	5040	C
32	All déi Leit déi zu Lëtzebuerg wunnen an enger Grupp (Alle Leute die in Luxemburg lebe in einer Gruppe)	8056	B

Tab. 7-2: Liste der Gruppen

Die Gruppentitel und -beschreibungen wurden inhaltsanalytisch untersucht und infolgedessen in die Kategorien A, B und C eingeteilt. Kategorien A und B beinhalten die Gruppen, deren Beschreibung sich direkt auf die luxemburgische Sprache oder Sprachensituation in Luxemburg bezieht. Es gibt jedoch einen wichtigen Unterschied zwischen den beiden Kategorien: zu Kategorie A gehören die Gruppen, die sich eher auf einem nationalistischen, manchmal schon fremdenfeindlichen Niveau bewegen, und zu Kategorie B zählen die, die auf diese nationalistischen Bemerkungen reagieren und ihren Unmut und ihre Abneigung diesen gegenüber öffentlich machen. Zu Kategorie C gehören die Gruppen, für die die Sprachensituation in Luxemburg auch ein wichtiges Thema ist, die aber im Gegensatz zu denen aus Kategorie A Wert darauf legen, auf die Tatsache hinzuweisen, dass sie weder rassistisch noch fremdenfeindlich seien und dass für sie nur die Problematik der Sprach(en)wahl oder die luxemburgische Sprache an sich wichtig sind. Von den 32 Gruppen, aus denen das Korpus zusammengesetzt wurde, gehören 13 Gruppen zu Kategorie A, 6 zu Kategorie B und 13 zu Kategorie C.

7.3.2   Sprachideologien und Diskurse über Sprache

Die Analyse der Gruppennamen und -beschreibungen erlaubt es, einen Eindruck über die Diskurse und Leitmotive zu gewinnen, die sich auf die Themen Sprache(n) und Sprachgebrauch in Luxemburg beziehen. Diskurse werden hier verstanden als geäußerter Text [...]« (Bußmann 2002: 171). Die metalinguistischen Kommentare, die über Sprache(n) und Sprachgebrauch getroffen werden, gewähren Einblick in die Sprachideologien gegenüber den verschiedenen Sprachen in Luxemburg. Woolard (1998: 3) definiert Sprachideologie als

»Repräsentationen, ob explizit oder implizit, die den Schnittpunkt zwischen Sprache und menschlichen Wesen in einer sozialen Welt interpretieren«.

Diese Beschreibung wird durch Erweiterungen von Kroskrity (2004: 498)[13] und Gal (2006: 13)[14] verdeutlicht. Sie alle gehen auf die Verbindung zwischen sozialen Gruppen und deren Perzeptionen von sich und anderen ein, also auf Annahmen und Voraussetzungen, was Sprache und deren Rolle sind. Webers Ausführung zur Verbindung zwischen Sprachideologien und Identität verdeutlicht, wie passend dieses Konzept für eine Analyse der für diese Studie zusammengestellten Korpora ist:

»Egal ob Sprachideologien vorausgesetzt sind oder ihnen widerstanden wird [...], haben sie einen Einfluss darauf wie Sprecher sich positionieren (und wie sie von ihrem Gegenüber positioniert werden), wie sie ihre eigenen Identitäten leben und wie sie Identitäten anderer Gruppen stylisieren. So erlaubt uns die Analyse von Sprachideologien solche Schlüsselfragen wie Gruppenidentität und Zugehörigkeit, die Verhandlung von Grenzen sowie soziale Inklusion und Exklusion zu untersuchen.« (Weber 2009: 113)[15]

Die für diese Studie analysierten Daten zeigen, dass die Gruppen sich häufig damit beschäftigen, welche Sprache(n) ihrer Meinung nach in Luxemburg (nicht) gesprochen werden sollen. Diese Aussagen zum *Sollgebrauch von Sprache* spiegeln sich in der Beschreibung von Sprachideologien von Wolfram und Schilling-Estes (2006: 9) wider:

»Tief verwurzelte, nicht in Frage gestellte Meinungen über wie die Welt in Bezug auf Sprache ist, sein soll und sein muss.«[16]

Die in den Daten präsenten Diskurse über Sprache(n) und Sprachgebrauch reflektieren sowohl, welchen Einfluss die Sprachideologien auf Sprecher von bestimmten Sprachen haben, als auch wie Sprecher sich und andere in der luxemburgischen Gesellschaft positionieren. Die Analyse zeigt außerdem, dass die Gruppennamen in den meisten Fällen die Gruppenbeschreibung zusammenfassen und sofort einen klaren Einblick in das Thema der Gruppe liefern. Eine Ansicht der Gruppennamen und -beschreibungen zeigt, dass die Diskurse um die Sprachenfrage in Luxemburg in vielen Fällen emotional geladen sind. Die folgenden Beispiele verdeutlichen, wie wichtig die Fragen um Sprache(n) und Sprachgebrauch sind. Die Gruppentitel, besonders jene der Katagorie A, reflektieren den Inhalt der Gruppenbeschreibungen und ihr Ton

13 »Vorstellungen, oder Gefühle, über Sprachen und wie sie in ihren sozialen Welten gebraucht werden.«.
14 »Kulturelle Ideen, Vermutungen und Voraussetzungen[Kommafehler im Original?] mit denen soziale Gruppen linguistische Sprachpraktiken benennen, formulieren und evaluieren.«.
15 Übersetzung M.W.
16 Übersetzung M.W.

macht ihren Standpunkt sowohl gegenüber dem Sprachgebrauch wie auch gegenüber Ausländern sofort klar. Dies gelingt u.a. durch die Nutzung eines bestimmten Schrifttyps oder eines Schriftstils. Im Beispiel der Gruppe 27 benutzt der Autor oder die Autorin Großbuchstaben, um seine/ihre Botschaft zu unterstreichen. In den neuen Medien wird das Schreiben in Großbuchstaben u.a. benutzt, um lautes Sprechen zu symbolisieren:

> Gruppe 27 : »EN FRANCAIS!!!! - Nee, Monsieur/Madame... op LËTZEBUER-GESCH w.e.g.!!!!« (Auf FRANZöSISCH!!!! – Nein, Herr / Frau...auf LUXEMBU-GISCHN bitte!!!!«)

Der Titel der Gruppe 27 ist ein Beispiel einer typischen Einkaufsituation in Luxemburg-Stadt, wo der/die Verkäufer(in) den Kunden oder die Kundin bittet Französisch zu sprechen. Die beiden folgenden Beispiele beziehen sich auch auf den Sprachgebrauch im öffentlichen Raum und auf das Sprachenlernen von Ausländern und Grenzgängern. Im ersten Beispiel (Gruppe 19) wird das Anliegen formuliert, dass Ausländer sich an Luxemburg anpassen und Luxemburgisch lernen sollen. Im zweiten (Gruppe 26) wird darauf hingewiesen, dass man nur noch Luxemburgisch in Geschäften sprechen wird:

> Gruppe 19: »Fir dass d'Auslänner an Frontalieren sech un Letzebuerg unpassen sollen!!« (Dafür, dass Ausländer und Grenzgänger sich an Luxemburg anpassen sollen!!)
> Gruppe 26: »Ech schwätzen just nach lëtzebuergesch an de Geschäfter.« (Ich sprechenur noch Luxemburgisch in Geschäften.)

In den Daten findet man nicht nur direkte Kommentare über Sprachgebrauch in Luxemburg, sondern auch, dass die Modalverben *sollen, wollen* und *müssen* eine besondere Rolle in Gruppentiteln spielen. Ihr Gebrauch in 6 der 32 Gruppentitel verdeutlicht die Relevanz der von Wolfram und Schilling-Estes (2006: 9) aufgestellten Definition über Sprachideologien und weist auf den Sollgebrauch von Sprache(n) in der luxemburgischen Gesellschaft hin:

Gruppe 12:	Lëtzebuergesch: Een MUSS fir all Doc an Infirmière an der Kannerklinik!![17]
Gruppe 19:	Fir dass d'Auslänner an Frontalieren sech un Letzebuerg unpassen sollen!![18]
Gruppe 23:	Lëtzebuergesch soll en Haptfach an der Schoul ginn[19]

---

17 Luxemburgisch: Ein **MUSS** für jeden Arzt und jeden Krankenpfleger im Kinderkrankenhaus!!.
18 Ausländer und Grenzgänger **sollen** sich an Luxemburg anpassen!!.
19 Luxemburgisch **soll** ein Hauptfach in der Schule werden.

Gruppe 22:	Lëtzebuergesch schwätzen soll obligatoresch sinn.[20]
Gruppe 25:	Et soll Letzeboiech an Letzebuerg geschwaat ginn[21]
Gruppe 28:	Et muss Letzebuergesch an Letzebuerg geschwaat gin!!!![22]

Die Formulierung der Gruppentitel macht in diesen Beispielen deutlich, dass der Gebrauch von Luxemburgisch gefordert wird; im öffentlichen Sprachraum sowie auch in der Schule. Solche Forderungen weisen auf den starken emotionalen Wert und den hohen Stellenwert des Luxemburgischen innerhalb der Gruppen und für ihre Mitglieder hin. Wenn man sich die dazugehörigen Gruppenbeschreibungen ansieht, zeigt sich, dass die luxemburgische Sprache oft mit Identität in Verbindung gebracht wird: »ech sinn der meenung dass letzebuerg letzebuerg soll sen, mad der eegener sproch, [...]«[23] (Gruppe 25) und dass das Nicht-Sprechen der luxemburgischen Sprache einerseits als Ignoranz, aber auch andererseits als Unwille der ausländischen Bevölkerung oder der Grenzgänger gewertet wird, sich anzupassen:

> Gruppe 22: Mir sin dat eenzegt Land wou et zouléist d'ass all déi hei hin wunnen oder schaffen kommen net brauchen letzebuergesch ze léieren sondern mir eis hinnen mussen unpassen obwuel mir hei an eisem land sin, ech fannen d'ass et Zait gëtt d'ass mer eis dogéint wieren, soss verléieren mer eis Identitéit an eisen Stolz. [...][24]

Die Aussagekraft der Forderungen wird durch die hohe Anzahl der Gruppenmitglieder in den verschiedenen Gruppen verdeutlicht. Zusätzlich zum emotional hohen Stellenwert des Luxemburgischen wird der Nationalsprache auch eine identitätsgebende Funktion zugesprochen (siehe Gruppen 22 und 25). Die wichtige Funktion der luxemburgischen Sprache als Identitätsmarker kristallisiert sich heraus und streicht ihre zusätzliche Funktion als Exklusions- bzw. Inklusionskriterium hervor.

Die Analyse der Gruppenbeschreibungen weist eine weitere Art von Diskurs auf, nämlich den des »wir« versus »ihr/die Anderen«. Ricento (2003) spricht in seiner Analyse dieser »Wir-versus-ihr«-Konstruktion einer amerikanischen Identität von rhetorischen Strategien, die Grenzen zwischen »uns« gegen »sie/die anderen« schmieden. Diese Art von Diskurs strich zuvor Horner (2007) in ihrer Analyse von Texten der luxemburgischen geschriebenen Presse hervor

---

20   Luxemburgisch sprechen **soll** obligatorisch sein.
21   Es **soll** Luxemburgisch in Luxemburg gesprochen werden.
22   Es **muss** Luxemburgisch in Luxemburg gesprochen werden!!!!.
23   Ich bin der Meinung, dass Luxemburg Luxemburg sein **soll**, mit der eigenen Sprache [...].
24   Wir sind das einzige Land das es zulässt, dass alle die hierhin leben oder arbeiten kommen nicht Luxemburgisch zu lernen brauchen sondern wir uns ihnen anpassen, obwohl wir hier in unserem Land sind. Ich finde dass es Zeit wird, dass wir uns dagegen wehren, sonst verlieren wir unsere Identität und unseren Stolz. [...]

und sie spiegelt sich klar in der Gruppenbeschreibung der Gruppe 6, »NPL –
Lëtzebuerg den Lëtzebuerger« wider:

NPL - Lëtzebuerg, den Lëtzebuerger!!!
Ech hunn ës genuch z'erliewen, wéi sech **dëss natioun** gedanken doriwwer mëscht,
op **mer** iergendéen individuum oder <u>seng</u> kultur beleidëge kéinten. als lëtzebuerger hu
mer eis éege kultur, **eis** éege sprooch, **eis** éege gesellschaftsuerdnung an **eisen** éegene
liewensstil. dëss kultur huet sech während jorhonnerten entwëckelt. **mir** schwätze lët-
zebuergësch a nët portugiesësch, franséisch, arabësch, yugoslawësch, capverdianësch
oder soss iergend eng aner sprooch. wann <u>dir</u> also déel vun **eiser** gesellschaft wëllt gin,
da léiert gefällecht d'sprooch ! »**mir** wëlle bleiwe waat **mer** sin« as **eise** nationale motto.
daat as nët irgendée politësche slogan. **mir** hunn dëse slogan ugeholl, wëll chrëschtlëch
männer a fraen dofir hiert liewe gelooss hunn. ët as also absolutt normal dé slogan no
baussen ze droen. wann der <u>iech</u> vu gott beleidëgt fillt, da schloen ech vir, <u>dir</u> sicht <u>iech</u>
eng aner plaz op dëser welt fir <u>äre</u> wunnsëtz, well gott as nun émol déel vun **eiser** kultur
a wann <u>iech</u> daat stéiert misst der <u>iech</u> éechthaft gedanken doriwwer maan, an én ane-
ren déel op dësem planéit ze plënneren. **mir** sin hei zefridde mat **eiser** kultur an hu nët
de gerëngste wonsch **eis** grouss z'änneren an ët as **eis** och ganz égal wéi d'saachen do
ofgelaaf sin, wou <u>dir</u> hierkommt. dëst as **eise** staat, **eist** land, **eis** liewensart. **mir** gönnen
<u>iech</u> gär d'méiglechkéet, daat alles mat **eis** ze déelen. wann <u>der</u> awer soss näischt ze din
hutt ewéi iwwert **eise** fändel, **eise** nationale motto an **eise** liewensstil ze reklaméieren,
ze stöhnen, ze meckeren an ze blären da wëll ech <u>iech</u> ganz dringend drop hiweisen
dach vun enger anerer, groussartëger lëtzebuerger fräihéet gebrauch ze maan, an zwar
d'recht **eis** ze verloossen, wann ët <u>iech</u> hei nët passt ! wann <u>der</u> hei nët glëcklech sidd, da
gitt! **mir** hunn <u>iech</u> nët gezwongen heihinner ze kommen. <u>dir</u> hutt **eis** gefroot kënnen
hei ze bleiwen. dann akzeptéiert gefällegst daat land, daat <u>iech</u> akzeptéiert huet.

Ich habe die Schnauze voll zu erleben, wie sich **diese Nation** Gedanken darüber
macht, ob **wir** irgendein Individuum oder <u>seine</u> Kultur beleidigen könnten. Als Lu-
xemburger haben **wir unsere** eigene Kultur, **unsere** eigene Sprache, **unsere** eigene
Gesellschaftsordnung und **unseren** eigenen Lebensstil. Diese Kultur hat sich wäh-
rend Jahrhunderten entwickelt. **Wir** sprechen Luxemburgisch und nicht Portugiesisch,
Französisch, Arabisch, Jugoslawisch, Kapverdianisch oder sonst eine andere Sprache.
Wenn <u>ihr</u> also Teil **unserer** Gesellschaft werden wollt, dann lernt gefälligst **unsere**
Sprache! 'Wir wollen bleiben was wir sind' ist **unser** nationales Motto. Das ist nicht
irgendein politischer Slogan. **Wir** haben diesen Slogan angenommen, weil christliche
Männer und Frauen dafür ihr Leben gelassen haben. Es ist also absolut normal, diesen Slogan nach außen hin zu tragen. Wenn <u>ihr</u> euch von Gott beleidigt fühlt, dann
schlage ich vor, ihr sucht euch einen anderen Platz auf dieser Welt als <u>euren</u> Wohnsitz,
weil Gott ist nun einmal Teil **unserer** Kultur und wenn <u>euch</u> das stört, müsst ihr euch
ernsthaft Gedanken darüber machen, auf einen anderen Teil dieses Planeten zu ziehen.
Wir sind zufrieden hier mit **unserer** Kultur und haben nicht den geringsten Wunsch
uns groß zu ändern und es ist **uns** auch egal was für Sachen da abgelaufen sind, wo
<u>ihr</u> herkommt. Dies ist **unser** Staat, **unser** Land, **unsere** Lebensart. **Wir** gönnen <u>euch</u>
die Möglichkeit, dies mit **uns** zu teilen. Wenn <u>ihr</u> aber nichts anderes zu tun habt, als

über **unsere** Fahne, **unser** nationales Motto und **unseren** Lebensstil zu reklamieren, zu stöhnen, zu meckern und zu schimpfen dann will ich ganz dringend darauf hinweisen von einer anderen, großartigen luxemburgischen Freiheit Gebrauch zu machen, und zwar das Recht **uns** zu verlassen, wenn es <u>euch</u> hier nicht passt! Wenn <u>ihr</u> hier nicht glücklich seid, dann geht! **Wir** haben <u>euch</u> nicht dazu gezwungen herzukommen. <u>Ihr</u> habt **uns** gebeten hier bleiben zu dürfen. Dann aktzeptiert gefälligst das Land, das <u>euch</u> akzeptiert hat.«

In dem Abdruck der Gruppenbeschreibung sind zur Verdeutlichung des Diskurses diejenigen Teile fett markiert, die das »wir« wiedergeben; die »ihr«-Referenzen wurden unterstrichen. Bei der Betrachtung dieses Textes, bemerkt man, wie anhand der Gruppenbeschreibung ein »wir« gegen ein »ihr/die Anderen« kreiert wird. Es wird klar zwischen »uns« und »dem Anderen« unterschieden und beide werden voneinander abgegrenzt. Merkmale, die Teil der »wir«-Gesellschaft sind, wie z.B. Sprache und Kultur, werden nicht nur klar hervorgehoben, sondern auch als Besitz durch das Possessivpronomen »unser« markiert. Interessant ist außerdem, dass auf Religion bzw. das Christentum hingewiesen wird, woraus man schließen kann, dass mit der Gruppe der »anderen« alle Nicht-Christen gemeint sind. Diese Art von Abgrenzung markiert die Grenzen zwischen »wir« und »ihr/die Anderen« ganz klar. Diese Gruppenbeschreibung liest sich wie ein Pamphlet für Luxemburg, das alles, was der Meinung des Autors nach zum Land, zur Kultur und zur Bevölkerung Luxemburgs gehört, beschreibt. Dieses Streitschreiben gibt dem Außenseiter das Gefühl, nicht willkommen zu sein, da alles Teil der Wir-Gruppe zu sein scheint: die Fremdgruppe ist zwar toleriert, wird aber dazu aufgefordert, alles sprachliche und kulurelle zu akzeptieren und zu verinnerlichen, womit sie in Luxemburg konfrontiert wird.

Die Daten zeigen einen weiteren Diskurs auf, der an den vorherigen anschließt, aber weniger feindselig ist, und zwar einen Diskurs um die Ablehnung des Französischen. In 15 Gruppen wird darauf hingewiesen, dass in Luxemburg Luxemburgisch gesprochen werden soll und dass Ausländer und Grenzgänger Luxemburgisch lernen sollen. Besonders die mangelnde Liebe zum Französischen und die Ablehnung der französischen Sprache werden in 6 der 30 Gruppen explizit ausgedrückt. In der Gruppenbeschreibung der Gruppe 26 kann man z.B. lesen: Ed kann dach net sinn, dass wann een an een geschäft gehd, dass een do emmer franseich schwetzen muss.. oder wann een op der stross iergenteen eppes freet[25]. Diese Art von Diskurs ist interessant, da nach dem Zweiten Weltkrieg eher die deutsche Sprache abgelehnt (Wagner/ Davies 2009) und die französische gefördert wurde. Interessanterweise wird

---

25   »Es kann doch nicht sein, dass wenn man in ein Geschäft geht, man dort immer Französisch sprechen muss ... oder wenn man jemanden auf der Straße etwas fragt.«

in keiner der analysierten Gruppen auf den Gebrauch des Deutschen in Luxemburg eingegangen, so dass man daraus schließen kann, dass die deutsche Sprache auf weniger Widerstand stößt.

An diesen Anti-Französisch-Diskurs lehnt sich ein weiterer und auch letzter Diskurs an, auf den ich hier eingehen möchte, nämlich der des Sprachpurismus. Einige Gruppen fordern zwar auch hier aus Angst vor »Verwelschung« weniger Einfluss des Französischen, jedoch besteht hier das Hauptanliegen in der Forderung, dass jeder, der sich zum Luxemburgischen äußert, erst einmal die Orthographie lernen und ›richtig‹ schreiben solle. In Gruppe 29 »Lëtzebuergesch ass kee Franséisch[26]«, in der man im Mai 2010 3977 Mitglieder zählt, wird der Gebrauch von französischen Lehnwörtern kritisiert und getadelt. In anderen Gruppen, wie z. B. in den Gruppen 2 und 9, wird angemahnt, dass jene, die den Gebrauch des Luxemburgischen fordern, die luxemburgische Orthographie und Grammatik erlernen sollen, bevor sie Luxemburgisch schreiben und andere für ihren Nicht-Gebrauch des Luxemburgischen kritisieren. Die Gruppenbeschreibungen gehen auf die fehlenden Rechtschreib- und Grammatikkenntnisse der Luxemburgischschreiber auf Facebook ein und bemängeln diese.

Bevor ich zu den Schlussfolgerungen übergehe, möchte ich darauf hinweisen, dass natürlich nicht alle luxemburgischen Facebook-Gruppen eine solch negative Attitüde Ausländern und Grenzgängern bzw. dem mehrsprachigen Sprachgebrauch gegenüber aufweisen. Die wiederkehrenden Diskurse in den Gruppen, die zu den Kategorien B oder C gehören, sind negative Reaktionen auf die Gruppen der Kategorie A. In den Gruppen der Kategorie C werden die Sorgen und Bedenken über die luxemburgische Sprachsituation hervorgehoben, zusätzlich wird darauf hingewiesen, dass diese Anliegen in keiner Weise mit Fremdenfeindlichkeit oder Rassismus zu tun haben. Ein Beispiel hierfür ist die Gruppe 18: »Mir sinn houfreg, Lëtzebuerger ze sinn, mä mir si keng Rassisten!![27]«. Hier wird sich schon im Gruppentitel distanziert und diese Positionierung wird in der Gruppenbeschreibung ausgeweitet. In verschiedenen anderen Gruppen, wie den Gruppen 26 oder 12, wird diese Klarstellung in der Gruppenbeschreibung selbst gemacht:

Gruppe 11: [...] DAT HEI ASS KENG AUSLÄNNERFEINDLECH GRUPP!!!
Et geht mir just drëm op den Problem opmierksam zë man an zë wëesen wéi aner Lèit doriwwer denken[28]

---

26 »Luxemburgisch ist kein Französisch.«.
27 »Wir sind stolz darauf Luxemburger zu sein, sind aber keine Rassisten.«
28 »Dies ist keine ausländerfeindliche Gruppe!!! Es geht mir nur darum, auf das Problem aufmerksam zu machen und zu wissen, was andere Leute darüber denken.«

In den Gruppen der Kategorie B wird darauf hingewiesen, dass man Ausländer im Lernen des Luxemburgischen unterstützen sollte und dass Patriotismus nicht gleich mit Fremdenfeindlichkeit in Verbindung zu bringen sei. Die Wichtigkeit der luxemburgischen Sprache für die luxemburgische Bevölkerung wird unterstrichen, und es wird Wert darauf gelegt, auf die Tatsache hinzuweisen, dass diese Gruppen keine Plattformen für Unterstellungen, Beleidigungen und Vorwürfe seien. Es ist interessant zu sehen, dass von insgesamt 32 Gruppen 12 Gruppen es für wichtig empfinden, den Wert der luxemburgischen Sprache hervorzuheben und sich von rassistischen und fremdenfeindlichen Äußerungen zu distanzieren. Dies zeigt, dass es ein Bewusstsein für diese Problematik gibt, und wirft die Frage auf, ob die Tatsache, den Wert einer Sprache hochzuhalten und Kritik an der luxemburgischen Sprachensituation zu äußern, mit Rassismus und Fremdendeindlichkeit gleichzusetzen sei.

Zusätzlich gibt es noch die 6 Gruppen der Kategorie B – dies sind meist sarkastische Kopien der Gruppen der Kategorie A. So findet man z.B. anstelle von Gruppe 26 »Ech schwätze just nach Lëtzebuergesch an de Geschäfter[29]« den Titel der Gruppe 17 »Ech schwätze just nach Swahili an de Geschäfter[30]«. In diesem Fall wird der Titel von Gruppe 26 teilweise aufgegriffen und so verändert, dass sich über die erste Gruppe lustig gemacht wird und gleichzeitig auf die Mehrsprachigkeit Luxemburgs hingewiesen wird. In diesen Gruppenbeschreibungen wird meist darauf hingewiesen, dass diese Gruppen ins Leben gerufen wurden, um auf rassistische und fremdenfeindliche Gruppen zu reagieren und diese zu kritisieren. Zu dieser Kategorie gehören aber auch Gruppen wie 10 und 21, die eindeutige Aussagen über die rechtspolitische Ausrichtung der Gruppen aus Kategorie A treffen. Die Titel »Ech schwätzen just nach Franséisch mat rietspopulistegen Letzebuerger« (Gruppe 10) oder »Nee zu rietspopulisteschen Gruppen!« (Gruppe 21) bringen ihren Unmut solchen Gruppen oder Personen schon eindeutig zur Geltung und zeigen, dass sie sich von solchen Gruppen abwenden möchten.

Zusätzlich findet man mittlerweile auch immer mehr Gruppen, die darauf hinweisen, dass sie die große Anzahl an patriotischen Gruppen auf *Facebook* als störend empfinden und diese für ihre Titel und Gruppenbeschreibungen kritisieren; ein Beispiel hierfür ist die Gruppe »Kappwei vun deem letzebuerger Patriotismus op fb«[31].

---

29 »Ich spreche nur noch Luxemburgisch in Geschäften.«
30 »Ich spreche nur noch Swahili in Geschäften.«
31 »Kopfschmerzen von diesem luxemburgischen Patriotismus auf fb«

7.4   Fazit

Die Analyse der hier vorgestellten Daten hat gezeigt, dass der emotionale
Wert der luxemburgischen Sprache in Bezug auf die Spracherfahrungen in
Luxemburg für die Facebook-Gruppenmitglieder sehr wichtig ist. Zahlreiche
Gruppen haben sich gebildet, die sich mit den Themen Sprache(n), Sprach(en)
benutzung und Sprachattitüden auseinandersetzen, und dies bezeugt die Relevanz dieser Fragen in der luxemburgischen Gesellschaft. Luxemburgisch wird
als Sprache der luxemburgischen Bevölkerung angesehen, als Sprache, in der
persönliche Belange ausgedrückt werden, und als Sprache, die der Meinung
zahlreicher Luxemburger nach in der Öffentlichkeit benutzt werden soll, sei
dies in Restaurants, Geschäften oder Krankenhäusern. Die Gruppentitel und
-beschreibungen vermitteln die allgemeine Botschaft der Gruppe, und es fällt
auf, dass Diskussionen um Sprache(n) und Sprachgebrauch in Luxemburg oft
sehr emotionsgeladen sind. In verschiedenen Gruppen wird die Idee des Soll-
gebrauchs von Sprache durch die Benutzung von Modalverben klar vermittelt
und in anderen wird anhand von rhetorischen Strategien die Grenze zwischen
»uns« und »ihr« verdeutlicht. Diese Art von Diskursen erlauben es Einblick
in die verschiedenen Sprachideologien zu gewinnen. Des Weiteren zeigen
diese Diskurse, wie sehr es verschiedene Bevölkerungsgruppen bestürzt und
verärgert, dass so viele in Luxemburg lebende und arbeitende Menschen kein
Luxemburgisch sprechen, und kein Interesse daran haben, Luxemburgisch zu
lernen. Desweiteren zeigt die Analyse der verschiedenen Kategorien, dass es
auch Gruppen gibt, die sich für die gerade beschriebenen Diskurse schämen
und die aufzeigen, dass Luxemburg ein mehrsprachiges und multikulturelles
Land ist und dort deshalb mehr Sprachen als nur Luxemburgisch gesprochen
werden (sollen).

Im Allgemeinen kann man schließen, dass Facebook als Plattform benutzt
wird, um diese Themen publik zu machen, zu diskutieren, zu kritisieren, aber
auch um Bedenken und Unmut zu äußern. Diese Plattform, die mit ihren sechs
Jahren noch relativ jung ist, fungiert als eine Art Sprachrohr für Themen, die
schon seit Jahrzehnten existieren und besprochen werden, aber noch nie in einer solchen Öffentlichkeit zum Ausdruck gebracht wurden.

Literatur

Androutsopoulos, Jannis K. (2006). Introduction: Sociolinguistics and computer-mediated communication. In: Journal of Sociolinguistics, 10/4, S. 419–438.

Bußmann, Hadumod (2002). Lexikon der Sprachwissenschaft. Stuttgart.

Davis, Kathryn Anne (1994). Language Planning in Multilingual Contexts: Policies, Communities, and Schools in Luxembourg. Amsterdam.

Berg, Charles, Christiane Weis (2005). Sociologie de l'enseignement de langues dans un environnement multilingue. Rapport national en vue de l'élaboration du profil des politiques linguistiques éducatives luxembourgeoises. Luxembourg: Minstère de l'Education nationale et de la Formation professionnelle et Centre d'études sur la situation des jeunes en Europe.

Gal, Susan (2006). Migration, minorities and multilingualism: Language ideologies in Europe. In: Mar-Molinero, Clare/ Stevenson, Patrick (Hg.) Language Ideologies, Policies and Practices: Language and the Future of Europe. Basingstoke, S. 13–27.

Gilles, Peter (2009). Jugendsprachliche Schriftlichkeit auf Luxemburgisch in den Neuen Medien. In: Berg, Charles/Kerger, Lucien/Meisch, Nico/Milmeister, Marianne (Hg.): Savoirs et engagements. Hommage à Georges Wirtgen. Differdange, 166–175.

Heath, Shirley B (1989). Language ideology. In: International Encyclopedia of Communication (Vol. 2). New York, S. 393–395.

Horner, Kristine (2007). »Language and Luxembourgish national identity: ideologies of hybridity and purity in the past and present.« In: Elspaß, Stephan, Nils Langer Joachim Scharloth, Wim Vandenbussche (Hgg.): Germanic Language Histories 'from Below' (1700–2000), edited by. Berlin/New York (Studia Linguistica Germanica 86), 363–378.

Koch, Peter, Wulf Oesterreicher (1985). »Sprache der Nähe – Sprache der Distanz. Mündlichkeit und Schriftlichkeit im Spannungsfeld von Sprachtheorie und Sprachgeschichte«. In: Romanistisches Jahrbuch 36/85, S. 15–43.

Kroskrity, Paul V. (2004). Language ideologies. In: Duranti, Alessandro (Hg.) A Companion to Linguistic Anthropology. Oxford, S. 496–517.

Lenihan, Aoife (o.J.). The interaction of Language Policy Media and new technology. Ongoing Phd Thesis. University of Limerick.

MENFP (1989). Horaires et Programmes: Enseignement primaire. Netlink 612.

Ricento, Thomas (Hg., 2000). Ideology, Politics and Language Policies: Focus on English. Amsterdam.

Statec (2009). Le Luxembourg en chiffres. http://www.statec.lu.

Wagner, Melanie, Winifred V. Davies (2009). »The Role of World War II in the Development of Luxembourgish as a National Language.« In: Horner, Kristine (Hg.). Luxembourg: Special issue of Language Problems and Language Planning 33/2: S. 112–131.

Wagner, Melanie (2010). Lesenlernen: die Situation in Luxemburg. In: Lutjeharms, Madeline, Claudia Schmidt (Hgg.) Lesekompetenz in Erst-, Zweit-, und Fremdsprache. Tübingen.

Wagner, Melanie (2011). Private literacies – strategies for writing Luxembourgish in World War II. In: Gilles, Peter, Melanie Wagner (Hgg.) Linguistische und soziolinguistische Bausteine der Luxemburgistik. Frankfurt am Main (Reihe Mikroglottika), S. 203–228

Weber, Jean-Jacques (2009). Multilingualism, Education and Change. Frankfurt am Main.

Wolfram, Walt, Nathalie Schilling-Estes (2006). American English: Dialects and Variation (2ed). Malden.

Woolard, Kathryn (1998). Language ideology as a field of inquiry. In: Schieffelin, Bambi B., Kathryn A. Woolard, Paul V. Kroskrity, (Hgg.). Language Ideologies: Practice and Theory. Oxford, S. 3–47.

LARISSA SHCHIPITSINA (ARCHANGELSK)

8 Stilmischung, Code-Switching & Co.: Hybriditätsarten im Internet

ZEITmagazin, *webverzeichnis4you* und *Blogroman*: mit solchen und ähnlichen Erscheinungen hat man es bei der Kommunikation im Internet immer öfter zu tun. Vermischung von Schriften, semiotischen Codes, lexikalischen Einheiten verschiedener Nationalsprachen, Merkmalen der Mündlichkeit und Schriftlichkeit sowie Textsorten tritt im Internet immer wieder auf, so dass man beim Anblick eines solchen bunten Bildes den Eindruck hat, dass man mitten auf der Kreuzung verschiedener Wege steht, die einen Internetnutzer mehrdimensional umgeben und manchmal sogar irritieren.

In diesem Zusammenhang entsteht die Frage: sind die Erscheinungen, die auf Grund der Annäherung oder Mischung verschiedenartiger Formen und Codes im Internet zustande kommen, unabhängig voneinander oder stellen sie verschiedene Facetten einer globalen Entwicklung dar, die die moderne Kommunikation im Internet immer mehr prägt? Wenn man diese Frage mit »Ja« beantwortet, wie könnte diese globale Entwicklung heißen? Und welche konkreten Erscheinungen schließt eine solche globale Entwicklung ein? Der Lösung dieser Fragenkomplexe ist der vorliegende Aufsatz gewidmet. Dazu muss man sich zuerst nach der Stelle der Formen- und Codemischung unter den anderen sprachlichen Besonderheiten der Kommunikation im Internet umsehen. Dann werden die möglichen Bezeichnungsvorschläge für diesen Prozess der Formen- und Codemischung betrachtet, unter anderen auch der Begriff der Hybridität. Zum Schluss werden die einzelnen Erscheinungsformen der Hybridität auf verschiedenen Sprach- und Textebenen am Beispiel unterschiedlicher Kommunikationsformen im Internet beschrieben.

8.1 Sprache und Kommunikation im Internet: quo vadis?

Seit Ende der 1990er Jahre beginnt die aktive Untersuchung der Sprache und
Kommunikation im Internet. Dabei betrachtet man entweder eine einzelne
Kommunikationsform und ihre linguistischen Merkmale (Storrer 2000; Beißwenger 2001; Ziegler/Dürscheid 2002; Schlobinski/Siever 2005 u.a.m.) oder
verschiedene Kommunikationsformen (Runkehl/Schlobinski/Siever 1998;
Crystal 2001; Bittner 2003; Trofimowa 2004 u.a.). Im ersten Fall können die
Forscher das detaillierte Bild eines Segments der Internetkommunikation vor-
legen; beim zweiten Vorgehen bekommen die Forscher eine breitere Vorstellung über die Kommunikation via Computer und Internet, was die Grundlage
für bestimmte Verallgemeinerungen in Bezug auf linguistische Prinzipien der
Kommunikation im Internet insgesamt bildet. Gerade die zweite Vorgehens-
art interessiert uns im vorliegenden Aufsatz, um die Rolle der Formen- und
Codemischung unter anderen linguistischen Grundsätzen der Kommunikation, die mit Hilfe von spezifischen technischen Mitteln zustande kommt, zu
betrachten.

Es gibt eigentlich keine terminologische Einigkeit unter den verschiedenen
Forschern, wie man die Prinzipien des Sprachgebrauchs im Internet nennen
könnte: *Entwicklungstendenzen, Neuerungen* oder *Merkmale des Sprachgebrauchs
im Internet*. Aber da die Festlegung des entsprechenden Terminus die Grenzen
des Aufsatzes überschreiten würde, überlasse ich es den künftigen Diskussionen und betrachte die genannten Begriffe im vorliegenden Aufsatz als Syno-
nyme.

Jedenfalls haben bisher nicht viele Sprachforscher versucht, die *allgemeinen*
Prinzipien des Sprachgebrauchs im Internet zu formulieren, obwohl die zahlreichen empirischen Untersuchungen genügend Fakten zu verallgemeinernden
Aussagen darüber liefern. Der Grund dafür könnte wohl die Heterogenität
der neuen Kommunikationssphäre sein, die sowohl synchrone als auch asynchrone Kommunikationsformen umfasst und die entsprechend fast auf polaren
Prinzipien der linguistischen Gestaltung beruht. Es ist aber wichtig, möglichst
verschiedene Kommunikationsformen der zu analysierenden Kommunikationssphäre zu berücksichtigen, um ihre Spezifik, die durch das Kommuni-
kationsmedium bestimmt ist, von anderen Kommunikationsarten (mündlich,
schriftlich, Radio-, Fernsehkommunikation und einige andere) aufzudecken.
Deswegen stehen im Vordergrund unserer Überlegungen die allgemeinen
Prinzipien der linguistischen Gestaltung *verschiedener* Kommunikationsformen im Internet.

In der wissenschaftlichen Literatur werden entweder verschiedene Prinzipien der linguistischen Gestaltung der Internetkommunikation aufgelistet

(Schmitz 1995; Döring 2003; Iwanow 2003) oder die ausführliche Beschreibung eines dieser Prinzipien gegeben (Baym 1995, Schmitz 1997; Siever 2006 u.a.m.). So nennt Schmitz folgende Neuerungen, die durch die Kommunikation mit Neuen Medien in die Sprache eingehen:

- neuer Wortschatz, bei dem es sich hauptsächlich um Fachtermini aus der Computerwelt handelt;
- neue Stilformen: je nach der Kommunikationssphäre entwickeln sich in der computervermittelten Kommunikation einerseits schematisierende, streng geregelte, sparsam restringierte und andererseits saloppe, anarchische, üppig kreative Stilformen;
- neue Textsorten, zu welchen unter anderem »schriftliche Dialoge« im Chat oder Hypertext gehören;
- neue Verflechtung der semiotischen Kanäle etwa in der Art von der Mischung der Mündlichkeit und Schriftlichkeit oder Verbalität und Nonverbalität. (Schmitz 1995)

Die genannten Neuerungen der Kommunikation im Internet betreffen lexische, stilistische, textuelle und semiotische Seiten, unter welchen wir besonders auf die letztere aufmerksam werden müssen wegen ihres unmittelbaren Bezugs auf das besprochene Thema.

Der Forscher des russischen Internetsegments Ivanov nennt unter den Entwicklungstendenzen der Sprache im Internet die Tendenz zum ökonomischen Ausdruck, lexische und orthographische Interferenz der englischen und der eigenen (in dem betrachteten Fall der russischen) Sprache, aktive Bildung neuer Wörter sowie Nutzung der piktographischen Mittel zu pragmatischen Zwecken, insbesondere die Nutzung der Emoticons zum Ausdruck der intensiven emotionalen Beteiligung am kommunikativen Geschehen (Iwanow 2003).

Die letztgenannte Tendenz stellt m.E. eine Art der Verflechtung der semiotischen Kanäle dar, wie es schon oben formuliert worden ist. Vom Standpunkt der Codemischung aus sollte auch der Begriff der Interferenz interessant sein, unter welchem die Einwirkung der einen (englischen) auf die beliebige andere (russische, deutsche usw.) Sprache verstanden wird.

Wenn man außerdem auch die wissenschaftlichen Arbeiten berücksichtigt, die einer konkreten Entwicklungstendenz oder einem konkreten Prinzip des Sprachgebrauchs im Internet gewidmet sind, entsteht die folgende Liste der am häufigsten ausgegliederten und untersuchten Grundsätze des Sprachgebrauchs im Internet:

- Vermischung der Grenzen zwischen Mündlichkeit und Schriftlichkeit (Oraliteralität[1]) (December 1993; Maiworm 2003; Schlobinski 2004; Awramowa 2004 u.a.m);
- Kreativität, Hang zum Humor und Sprachspiel (Baym 1995; Danet 2001; Radbil 2008);
- Benutzung verschiedener Schriften-, Buchstaben- und Zahlenkombinationen (Weingarten 1995);
- aktive Nutzung des Computerwortschatzes und Computerjargons (Schwalbach 1997; Kutusow 2006);
- Vermischung der Verbalität und Nonverbalität (Multimedialität) (Schmitz 1997; Cölfen 2003);
- emotionale Intensität der Kommunikation im Internet (Chenault 1998; Nesterow 1999);
- spezifische Kohärenzarten im Hypertext (Storrer 2000; Bittner 2003; Dedowa 2008 u.a.m.);
- Sprachökonomie (Schmitz 2001; Siever 2006; Leontjewa 2009);
- Sprachenmischung bzw. Code-Switching (Androutsopoulos/Hinnenkamp 2001; Antonowa 2004);
- Verschmelzung der Grenzen zwischen verschiedenen Textsorten und Stilen im Internet (Mikhailow 2004; Schmitz 2004).

Man muss anmerken, dass die angeführte Liste offen ist und dass immer neue Prinzipien dazu kommen können/müssen, was durch die rasche Entwicklung der Informationstechnologien und entsprechender Kommunikationspraktiken im Internet verursacht wird.

Außerdem gibt es weitere Einschränkungen für die angeführte Liste. Die gesammelten linguistischen Prinzipien der Internetkommunikation können einerseits *nicht für alle* Kommunikationsformen im Internet typisch sein, vgl. etwa die institutionellen Webseiten, die nicht emotional sein dürfen. Andererseits sind z.B. Emotionalität, Ökonomie des Ausdrucks oder Sprachenmischung *nicht nur für* die Kommunikation im Internet charakteristisch und auch im mündlichen Jugendjargon vertreten.

Jedoch haben die aufgelisteten Erscheinungen nicht zufällig die primäre Aufmerksamkeit der Internetforscher auf sich gezogen. Das Interesse an diesen linguistischen Merkmalen des Sprachgebrauchs im Internet ist m.E. durch die bedeutende Zahl ihrer Erscheinungsformen bedingt (Oraliteralität,

---

1 Der Terminus ›Oraliteralität‹ ist von Nicola Döring vorgeschlagen worden (Döring 2003: 184). Aus ökonomischen Gründen wird im Weiteren gerade dieser Terminus in Bezug auf die Mischung der Mündlichkeit und Schriftlichkeit in der Internetkommunikation gebraucht.

Kreativität, Ökonomie, Multimedialität u.a.) oder durch spezifische Erscheinungsformen, die erst in der Internetkommunikation entstehen (Emotionalität, Kohärenz). Also kann man die angeführte Liste für eine Arbeitsvariante der Zusammenfassung in Bezug auf die linguistischen Grundsätze des Sprachgebrauchs in verschiedenen Kommunikationsformen des Internet ansehen.

Unser Augenmerk ist dabei den Grundsätzen gewidmet, die mit verschiedenen Formen der Mischung verbunden sind: Mischung von Mündlichkeit und Schriftlichkeit, Verbalität und Nonverbalität sowie Mischung von Sprachen und Textsorten. Diese Prinzipien des Sprachgebrauchs im Internet nehmen einen bedeutenden Platz unter anderen Erscheinungen, die die Kommunikation im Internet charakterisieren, sowohl in qualitativer Hinsicht (fast die Hälfte der genannten Prinzipien haben mit Formen- und Codemischung zu tun), als auch bezüglich des Reichtums ihrer Erscheinungsformen. Das ist m.E. auf die komplexe Natur der entsprechenden Kommunikationssphäre zurückzuführen und spricht dafür, dass man diese Erscheinungen als einen mehrere Sprachtendenzen vereinenden Grundsatz der Internetkommunikation extra betrachtet.

8.2 Komplexität, Synästhetisierung oder Hybridität?

Die Analyse der Merkmale, die den Sprachgebrauch im Internet prägen, hat gezeigt, dass Oraliteralität, Multimedialität und Code-Switching *verschiedene Formen der Mischung* sind, die sich auf semiotischer oder nationalsprachlicher Ebene vollziehen. Als *Sammelbegriff* für diese Erscheinungen wären die von verschiedenen Internetforschern benutzten Begriffe ›Synästhetisierung‹ (Freisler 1994), ›Hybridität‹ (Antonowa 2004) oder ›Komplexität‹ (Schmitz 2004) möglich. Jedenfalls sind die genannten Begriffe entweder zu eng oder zu verschwommen in ihrer Bedeutung. So bezieht sich der erste Terminus auf die Mischung von Schrift, Ton, Bild und Bewegung (Freisler 1994: 31), und der zweite ist traditionell mit der Mischung der Nationalsprachen assoziiert (Erfurt 2003: 21). Der Begriff der Komplexität umfasst in der Auslegung von Schmitz (2004: 35) alle Arten der Mischung: der Standardsprache mit den Sozio-, Regio- und Idiolekten, des Gemeinwortschatzes mit den Fachtermini, Anglizismen und Neuschöpfungen, der bekannten Textsorten mit den neuen. Jedenfalls scheint die letztgenannte Bezeichnung wegen ihrer Allgemeingebräuchlichkeit und ihres unscharfen Sinns als Terminus weniger passend zu sein.

Aufgrund obiger Beobachtungen wird der Vorschlag diskutiert, als Sammelbegriff für verschiedene Formen der Mischung beim Sprachgebrauch im Internet den Terminus ›Hybridität‹ zu nutzen. Ursprünglich stammt dieser

Terminus aus der Biologie und bezeichnet soviel wie »aus Verschiedenem zusammengesetzt, von zweierlei Herkunft; gemischt; zwitterhaft« (Duden 2007).
Die Tendenz, Hybridität mit der Interaktion verschiedener Kulturen (Garciá
Canclini 1995) zu verbinden, ist ziemlich jung und offensichtlich weniger verbreitet als der Begriff des Code-Switchings. Es wird also in dem vorliegenden
Aufsatz vorgeschlagen, *die Hybridität breiter als Mischung von Nationalsprachen
aufzufassen und auf verschiedene Formen der Mischung in der Internetkommunikation auszudehnen.* So gesehen ist der Begriff der Hybridität ein *Hyperonym* für
eine Reihe der Erscheinungen, die den Sprachgebrauch im Internet charakterisieren:

- Oraliteralität;
- Multimedialität;
- Code-Switching;
- Schriften-, Buchstaben- und Zahlenmischung;
- Textsortenmischung;
- Stilmischung.

Die genannten Tendenzen des Sprachgebrauchs im Internet werden im Weiteren als *Hybriditätsarten* eingehender beschrieben und mit Beispielen illustriert.

8.3   Hybriditätsarten in der Internetkommunikation

8.3.1   Oraliteralität

Die Bezeichnung ›Oraliteralität‹ ist eine teleskopische Bildung aus den Komponenten ›oral‹ (mündlich) und ›literal‹ (schriftlich, vgl. December 1993). Somit bezieht sich diese Bezeichnung auf *Vorkommen der Elemente der konzepti-
onellen Mündlichkeit in formal schriftlichen Texten.* Oraliteralität charakterisiert
verschiedene Kommunikationsformen des Internets und ist am Beispiel der
Chats (December 1993, Maiworm 2003, Schlobinski 2004), E-Mails (Gün-
ther/Wyss 1996), Newsgroups (Geider 2001) und anderer Kommunikationsformen (MOO, SMS) untersucht worden. Die Ergebnisse dieser Beobachtungen zeigen, dass die Gründe der Oraliteralität in der Internetkommunikation
medientechnisch oder *pragmatisch* sein können:

- medientechnische Gründe: *(quasi)synchroner* Charakter der Kommunikation in Chats und MUDs/MOOs, welcher den Zeitmangel für die Pro-

duktion der Beiträge von der Seite der Kommunikationsteilnehmer hervorruft; gleichzeitig sind die Produkte dieser Kommunikation auf dem *Bildschirm fixiert*, sind also nicht an akustische, sondern an schriftliche Existenzform gebunden;

- pragmatische Gründe: die Kommunikanten halten sich *bewusst* an die Kommunikationspraktiken, die sich in der emotional geladenen mündlichen interpersonalen Kommunikation herausgebildet haben, ohne auf die bei der Produktion des Textes zur Verfügung stehende Zeit aufzupassen.

Das folgende Beispiel illustriert die Oraliteralität des (quasi)synchronen Chats:

[19:33] A und hier regnet es wie aus eimern
[19:33] B oh mein got, noch tel.
[19:33] A sag ihm nen schoenen gruss von mir, enzo
[19:34] C hier hats nur in die eimer gehagelt (#berlin, 28.05.2009)[2]

Zu den Merkmalen der Oraliteralität in dem angeführten Beispiel zählen die graphische Wiedergabe der Lautreduktion (*nen, hats*), der Tippfehler (*got*), konsequente Kleinschreibung, Initialkürzung des Wortes (*tel.*) u.a. Erscheinungen. Es sei dabei angemerkt, dass die graphischen Merkmale der Oraliteralität weitgehend überwiegen, was wohl durch die komplexe technische Natur der Chatkommunikation (synchron-graphisch) erklärt sein kann.

Es ist offensichtlich, dass die Kommunikanten die normative Schreibweise kennen und in dem angeführten oder in ähnlichen Fällen bewusst die Merkmale der Oraliteralität zulassen. Deswegen muss man diese Beispiele nicht für fehlerhafte Schreibweise, sondern für *bewusste Agraphie*[3] halten. Dadurch kann der Kommunikant Zeit und Mühe sparen. Außerdem kann er seinen Ausdruck variieren und sich sprachlich emotional und ungezwungen zeigen.

Gerade die pragmatischen Gründe führen zum Ausbau der agraphischen Haltung der ›Sprechenden‹, die sich bestimmte Regeln für die Entzerrung der Schreibweise ausdenken, vgl. etwa die ›Albanische Sprache‹ (*yazyk padonkaff*) im Russischen (Sergatschowa 2008). Dadurch distanzieren sich die Anhänger dieser Art des Sprachgebrauchs im Internet von der normativen Schreibweise, was einerseits der Unterhaltung dient und andererseits eine Art Protest gegen verschiedene Normen und Vorschriften in der Gesellschaft und Sprache bildet.

Merkmale der Oraliteralität auf syntaktischer Ebene sind die Isolierung, die die Spontaneität des Gedankenganges widerspiegelt (*das waren andere zeiten*

---

2   In diesem und in weiteren Beispielen werden die Nutzernamen und Nicknames durch Buchstaben ersetzt und die Schreibweise des Originals beibehalten.

3   Der Terminus ›Agraphie‹ ist von mir in Anlehnung an die Bezeichnung ›agrammatism‹ (Iwanow 2001: 141) eingeführt.

als du hier warst .... bessere ..., #oesterreich, 30.01.2008), und die Verb-Zweit-
stellung im *weil*-Satz (*weil ich bin frei,* #deutschland, 15.12.2008). Diese Erscheinung zeugen von der mangelnden Kontrolle des Kommunikanten über die
Einhaltung der grammatischen Normen.

8.3.2 Multimedialität

Unter Multimedialität (Synästhetisierung, Polykodierung, kreolisiertem Text)
versteht man *Benutzung verschiedener Modi der Informationskodierung (verba-
ler Text, Bild, Ton und Bewegung) in einem komplexen semiotischen Gebilde,* zu
welchem der Text der Internetkommunikation wird (vgl. Sorokin, Tarassow
1990; Schmitz 1997, Bittner 2003). Die Multimedialität als *semiotische Art der
Hybridität* erstreckt sich von den einfachsten Fällen der Emoticon-Integration
in Chatrepliken bis zu den mit animierten Bildern beladenen Webseiten.

   Die Multimedialität führt dazu, dass der verbale Teil des Textes der Internetkommunikation kürzer, unselbständiger, rhizomatischer, flüchtiger und
fragmentarischer als herkömmlicher Text wird (Schmitz 1997: 145). Dabei
kann der nonverbale Textteil den verbalen dublieren, ergänzen, ein Element
des verbalen Textteils unterstreichen, dem Inhalt des verbalen Teiltextes widersprechen oder ihn fast völlig ersetzen (Pojmanowa 1997).

   Eine Art der genannten Beziehungen zwischen verbalem und nonverbalem
Textteil illustriert die folgende Chatreplik, in der das Smiley den gesamten
Sinn der Phrase richtig verstehen lässt:

A kalt wind regen ... ein schoener tag :-) (#deutschland, 18.06.2008)

Wenn man in dem angeführten Beispiel das Emoticon nicht berücksichtigt,
kann man glauben, dass der Sprechende das Gegenteil des Gesagten meint und
dass er also den Tag mit Wind und Regen gar nicht für *schön* hält. In Wirklichkeit muss man die Äußerung wörtlich wahrnehmen, was vom ›lächelnden‹
Smiley unterstützt wird.

   In verschiedenen Kommunikationsformen des Internets entwickeln sich eigene Multimedialitätsarten, etwa das ›Zeichnen‹ mithilfe der Tastatursymbole
in Chat und MOO, die Avatars in Internetforen oder die bewusste Platzierung
des Textes, Bildes sowie Nutzung des leeren Raumes auf der Webseite.

8.3.3 Code-Switching

Beim *Code-Switching* handelt es sich um den Wechsel des (nationalen) Codes
innerhalb eines Gesprächs oder Textes (Androutsopoulos/Hinnekamp 2001:

370). *Code-Mischung* wird von einigen Forschern als eine Art Code-Switching verstanden, die sich innerhalb eines Satzes (intrasentential) vollzieht (Muysken 2000: 4).

Etwas breiter gefasst ist der Begriff der *Sprachenkonvergenz* (Kabaktschi 1997) oder der *Spracheninterferenz* (Iwanow 2003). Diese Begriffe beziehen sich auf die Annäherung verschiedener Sprachen sowohl in der Rede (Benutzung des »fremden« Sprachmaterials in den Texten der eigenen Sprache, was mit dem Code-Switching gleichgesetzt werden kann), als auch in der Sprache (die Wort- und Strukturbildung nach den Mustern der anderen Sprache) (vgl. Kabaktschi 1997: 65).

Jedenfalls ist schon mehrmals darauf verwiesen worden, dass es uns nicht um die ›Sprache *des* Internets‹, sondern um den Sprach*gebrauch im* Internet geht (vgl. Schlobinski 2000), deswegen bleiben wir im Weiteren beim Begriff des Code-Switchings. Code-Switching ist national-kulturelle Hybriditätsart und bezieht sich auf *die Nutzung der Elemente verschiedener Sprachen in einem Text oder sogar in einem Wort.*

Dabei sprechen viele Forscher davon, dass praktisch in allen Nationalsprachen außer Englisch regelmäßig zwischen eigener und englischer Sprache umgeschaltet wird (Hård af Segerstad 2002; Bittner 2003; Iwanow 2003 u.a.m.). Dieser Prozess betrifft die Benutzung der aus dem Englischen entlehnten Computertermini im Text der eigenen Sprache sowie sonstiger Anglizismen. Besonders vielsagend ist die Nutzung der Anglizismen, die in dem entsprechenden Kontext nicht obligatorisch sind und leicht durch die Wörter und Wendungen der eigenen Sprache ersetzt werden können. Den ›überflüssigen‹ Anglizismengebrauch im Beitrag eines deutschsprachigen Internetforums illustriert das folgende Fragment.

Wenn du Low-Budget unterwegs sein willst, kannst du mit Kosten von etwa 15-20 Euro rechnen ... Nach oben – klar – No Limit, Da kannst auch täglich in der Pension absteigen (www.rad-forum.de, 17.01.2009)

In diesem Beispiel sind zweimal englische Ausdrücke eingeschaltet, was die ständige Bereitschaft des Sprechenden widerspiegelt, auf Englisch zu kommunizieren.

Aber natürlich ist der Gebrauch der Anglizismen nicht nur für die Internetkommunikation charakteristisch. Viele Sprachforscher nennen die Internationalisierungstendenz der Sprache ein Zeichen der heutigen Zeit (vgl. Braun 1987). Jedenfalls kann man vermuten, dass man bei der Kommunikation im Internet infolge seines globalen Charakters und wegen der amerikanischen Herkunft vieler Computerprogramme öfter zum Englischen greifen muss als bei der schriftlichen oder mündlichen Kommunikation. Um diese Vermutung zu bestätigen, sind empirische Untersuchungen und entsprechende statistische Angaben nötig.

Dabei muss man zwischen dem obligatorischen und fakultativen Anglizismengebrauch unterscheiden: im ersten Fall gibt es in der eigenen Sprache (noch) keine Entsprechungen für die Termini, die man gebrauchen muss (vgl. das Wort ›Cookie‹), im zweiten Fall könnte man auf die Wörter der englischen Herkunft verzichten und dasselbe mithilfe des eigenen Wortschatzes ausdrücken. So könnte man im obigen Beispiel statt des englischen Ausdrucks ›Low-Budget‹ ohne Sinnverlust das deutsche Wort ›günstig‹ gebrauchen.

Gerade die letzteren Fälle können von bestimmten Entwicklungstendenzen des Sprachgebrauchs im Internet zeugen, weil die Wahl der englischen Wörter und Ausdrücke aus der Reihe der usuellen synonymischen Bezeichnungen der eigenen Sprache pragmatische Gründe hat (z.B. der Wunsch, modern zu wirken oder die eigene Ausdrucksweise zu variieren).

In welchem Maße und ob überhaupt Code-Switching die *englische* Sprache in der Internetkommunikation auszeichnet, bleibt zu erforschen.

8.3.4   Schriften-, Buchstaben- und Zahlenmischung

Beim Sprachgebrauch im Internet werden nicht selten verschiedene *Kombinationen der Buchstaben, Zahlen und Symbole* benutzt. So ersetzt ›n8‹ das Wort ›Nacht‹, im Wort ›digit@l‹ erscheint das internettypische @-Zeichen anstelle des Buchstabens *a* und in Wörtern wie ›YouTube‹ werden Binnenmajuskeln verwendet. Im Russischen und in anderen Sprachen mit dem nicht-lateinischen Alphabet findet man hybride Wörter wie ›Net-культура‹, bei denen noch eine besondere Möglichkeit der Schriftenmischung entsteht.

Alle diese Beispiele zeugen in erster Linie von der *Kreativität* der Sprechenden, die durch die Variation der Schreibweise bestimmte pragmatische Zwecke verfolgen und sich dem Adressaten gegenüber expressiv und geistreich zeigen. Man denke etwa an die Selbstpräsentation der ›Sprechenden‹ durch die Wahl der Nicknames, die oft auf einer Kombination aus Buchstaben, Zahlen und Symbole basieren oder an die Internetwerbung, die die Aufmerksamkeit der Kunden durch vom Standard abweichende Schreibweise erlangen will. Außerdem tragen einige Arten der Schriften-Zahlenmischung zur *Sprachökonomie* bei, was für (quasi)synchronen Chat und die Kommunikationsformen mit begrenzter Zeichenzahl (SMS, Twitter) besonders wichtig ist.

8.3.5   Textsortenmischung

Unter den neuen Kommunikationsbedingungen entwickeln sich bei der Kommunikation im Internet auch neue Textsorten bzw. Kommunikationsformen[4]. Dabei muss man auf *verschwindende und verschmelzende Grenzen zwischen einzelnen Textsorten* verweisen, auch ohne der Frage nachzugehen, in welchem Maß Chat, E-Mail oder Online-Zeitung dem herkömmlichen Gespräch, Brief oder der Printzeitung nah sind.

Es geht uns nämlich um die Annäherung solcher Textsorten, wie Newsgroups- und Forendiskussionen bzw. Kommentieren der Beiträge in Weblogs oder in Onlinezeitungen. Neben der gleichen *Funktion* (Informationsabfrage bzw. -lieferung zu einem festgelegten Thema sowie Ausdruck der eigenen Meinung) und *Kommunikationsbedingungen* (asynchrone Gruppendiskussion) sind diese Kommunikationsformen auch äußerlich ähnlich und enthalten eine Reihe ziemlich kurzer Beiträge verschiedener Kommunikanten zu einem Thema, bei denen Angaben über Namen, Datum u.a.m. automatisch produziert und dem Beitrag zugefügt werden.

Außerdem nehmen in der letzten Zeit *polyfunktionale* Kommunikationsformen Verbreitung wie *soziale Netze*, die Profilerstellung durch den Kommunikanten, Kommentare anderer auf seiner »Wand«, Chatmöglichkeit, Gruppendiskussionen, Suche und einige andere Subgenres in sich vereinen. Auch *Portale* als Webseiten mit Nachrichten, Bibliothek, Chat, Web-Mail-Diensten u.Ä. sind Beispiele dafür.

Somit betrifft die Textsortenmischung sowohl die gleiche Funktionalität bei verschiedenen Textsorten als auch die Polyfunktionalität einiger komplexen Textsorten, was m.E. weitgehend technisch ermöglicht wird: Die komplexen Textsorten entwickeln sich im *WWW*, dem Internetdienst, der die reichsten Programmmöglichkeiten und dadurch eine Polyfunktionalität der entsprechenden Textsorten bietet.

---

4   Hier wird auf die semantischen Nuancen bei der Unterscheidung der Textsorte, Kommunikationsform und dem Genre verzichtet, vgl. die entsprechende Diskussion in Breure 2001 oder Dürscheid 2005. Die Termini sind m.E. zwar nicht synonymisch, aber beziehen sich auf eng miteinander verbundene Phänomene.

8.3.6 Stilmischung

Wegen der Polyfunktionalität und Flexibilität einzelner Textsorten im Internet ist der Sprachgebrauch in dieser Sphäre durch Stilmischung gekennzeichnet. Die Stilmischung betrifft dabei d*ie Nutzung der Elemente des technischen oder des Alltagsstils in allen Kommunikationssphären im Internet.* Unter den Elementen des technischen Stils werden Computertermini und Computerjargon verstanden, die man nicht nur in der Kommunikation der Computerspezialisten antrifft, sondern auch in der Rede anderer Kommunikanten. Elemente des Navigationsmenüs verschiedener WWW-Textsorten enthalten in der Regel solche Termini: *Startseite, E-Paper, RSS, Blogs, Download* usw. Auch in den Chats, E-Mails usw. kommen diese Wörter vereinzelt vor. Der Gebrauch der Elemente des technischen Stils ist auf die spezifischen Kommunikationsbedingungen zurückzuführen: in der computervermittelten Kommunikation sind Bezeichnungen der Internetdienste und Programmfunktionen für das Kommunizieren so wichtig, dass sie immer wieder erwähnt werden.

Elemente des Alltagsstils in den öffentlichen Texten sind meistens in den Leserkommentaren enthalten, und die Möglichkeit des Kommentierens gibt es heute in vielen Kommunikationsformen des Internets. Die Leser treten dabei als Individuen in öffentlicher Szene auf , so dass ihr Stil heterogen ist und je nach sprachlicher Vorliebe und individueller Haltung des Sprechenden sich von der streng literarischen Form bis zu saloppen Äußerungen erstreckt. Dies sei mit einem Kommentar zu einem Onlineartikel illustriert.

Die genannten Erklärungsversuche sind putzig, aber sachlich falsch. Denn es ist berücksichtigen, dass das Ermessen eines Prüfers der theoretsichen Prüfung angesichts der Tatsache sehr eingeschränkt ist, dass es sich doch um multiple joice Aufgaben handelt. Wie soll ein Prüfer im Osten da strenger sein als einer im Westen, wenn das Kreuz an der falschen Stelle ist? (Die meisten Fahrschüler fallen im Osten durch, www.tagesspiegel.de, 14.07.2009).

In dem angeführten Beispiel gebraucht der Autor des Kommentars das umgangssprachliche Wort ›putzig‹, es gibt Fehler in der Schreibweise der Wörter ›theoretsichen‹ und ›joice‹ sowie in der grammatischen Konstruktion *es ist zu + Infinitiv.* Aber insgesamt ist dieser Kommentar sachlich verfasst, wovon der Gebrauch der erwähnten grammatischen Konstruktion, des Kompositums (*Erklärungsversuche*), der Genitivkette (*das Ermessen eines Prüfers der theoretsichen Prüfung*), der Präposition *angesichts,* des Terminus (*multiple joice Aufgaben*) und der rhetorischen Frage (*Wie soll…?*) zeugt. Stilistisch heterogen kann entweder ein Beitrag sein, wie das Beispiel oben illustriert, oder die Beiträge, die von verschiedenen Teilnehmern der Besprechung verfasst wurden und nebeneinander in der Diskussionsreihe erscheinen. Die zweite Art der Stilmischung ist ein wichtiges Merkmal der Oraliteralität der asynchronen Kommunikationsformen: die Integration von Elementen des Alltagsstils in den sonst normativ-literarischen Text illustriert die Mischung der *stilistischen* Merkmale von konzeptioneller Mündlichkeit und konzeptioneller Schriftlichkeit beim Sprachgebrauch in der asynchronen Gruppenkommunikation im Internet.

8.4 Schlussbemerkungen

Die durchgeführte Analyse hat gezeigt, dass Hybridität als Mischung von Formen, Codes, Textsorten und Stilen eine der wichtigsten Entwicklungstendenzen des Sprachgebrauchs im Internet ist. Das äußert sich in der Vielfalt der Hybriditätsarten, die zu den Grundsätzen der linguistischen Gestaltung der Internetkommunikation gehören. Dabei beziehen sich die einzelnen Hybriditätsarten auf linguistische, kulturelle, textsortenspezifische und mediale Aspekte der Internetkommunikation. Linguistisch gesehen betrifft die Hybridität folgende sprachliche Ebenen:

- die Ebene des *Wortes* (Schriften-, Buchstaben- und Zahlenmischung),
- die Ebene des *Satzes und Mikrotextes* (Code-Switching, Stilmischung, Oraliteralität),
- die Ebene des *Textes*: Multimedialität, Textsortenmischung.

Dabei sind hybride Erscheinungen nicht vorübergehend, sodass die entsprechenden Sprachpraktiken oder Textsorten nach einer bestimmten Zeitperiode normativ und nicht mehr als hybrid wahrgenommen werden. Hybridität ist ein ständiger Prozess, welcher aus der Geschwindigkeit der Entwicklung der neuen Kommunikationssphäre und deren globalem Charakter resultiert. Die Kenntnis dieser Tatsache fordert bewusste Handhabung der Hybridität als der Eigenschaft der Internetkommunikation, die in der Sprachlehre und im rezeptiven und produktiven Umgehen mit der Internetkommunikation berücksichtigt werden müssen.

Literatur

Androutsopoulos, Jannis & Volker Hinnenkamp (2001). »Code-Switching in der bilingualen Chat-Kommunikation: ein explorativer Blick auf #hellas und #turks«. In: Chat-Kommunikation. Sprache, Interaktion, Sozialität und Identität in synchroner computervermittelter Kommunikation. Perspektiven auf ein interdisziplinäres Forschungsfeld. Hg. v. Michael Beißwenger. Stuttgart, S. 367–400.

Antonowa, Svetlana N. (2004). Funktsional´no-igrovoj aspekt stanowlenija kompjuternogo diskursa (na materiale anglijskikh i russkikh zhurnal´nykh statej o kompjuternykh technologijakh). Tjumen.

Awramova, Anastassija G. (2004). »Elektronnyj diskurs w serkale oppositsiji ustnyj/pis´mennyj«. In: Vestnik MGU. Serija 19. 3, S. 119–126.

Baym, Nancy K. (1995). »The Performance of Humor in Computer-Mediated Communication«. In: Journal of Computer-Mediated Communication. 1(2). <http://jcmc.indiana.edu/vol1/issue2/baym.html>.

Beißwenger, Michael (Hg., 2001). Chat-Kommunikation. Sprache, Interaktion, Sozialität und Identität in synchroner computervermittelter Kommunikation. Perspektiven auf ein interdisziplinäres Forschungsfeld. Stuttgart.

Bittner, Johannes (2003). Digitalität, Sprache, Kommunikation. Eine Untersuchung zur Medialität von digitalen Kommunikationsformen und Textsorten und deren varietätenlinguistischer Modellierung. Berlin.

Braun, Peter (²1987). Tendenzen in der deutschen Gegenwartssprache. Sprachvarietäten. Stuttgart et al.

Breure, Leen (2001). Development of the Genre Concept. Utrecht. <http://www.cs.uu.nl/people/leen/GenreDev/GenreDevelopment.htm>.

Chenault, Brittney G. (1998). »Developing Interpersonal and Emotional Relationships Via Computer-Mediated Communication«. In: CMC Magazine. <http://www.december.com/cmc/mag/1998/may/chenault.html>.

Cölfen, Elisabeth (2003). »Bilder über Wörter: Bedeutungswandel illustriert. Sinn- und Sachzusammenhänge in einer hypermedialen Forschungs- und Lernumgebung zur Etymologie und historischen Semantik«. In: Wissen und neue Medien. Bilder und Zeichen von 800 bis 2000. Hgg. v. Ulrich Schmitz und Horst Wenzel. Berlin, S. 265–280.

Crystal, David (2001). Language and the Internet. Cambridge.

Danet, Brenda (2001). Cyberpl@y: Communicating online. Oxford.

December, John (1993). Characteristics of Oral Culture in Discourse on the Net. Paper presented at the twelfth annual Penn State Conference on Rhetoric and Composition. Pennsylvania. <http://www.december.com/john/papers/pscrc93.txt>.

Dedowa, Olga V. (2008). Teorija giperteksta i gipertekstowyje praktiki w Runete. Moskwa.

Döring, Nicola (2003). Sozialpsychologie des Internet. Die Bedeutung des Internet für Kommunikationsprozesse, Identitäten, soziale Beziehungen und Gruppen. Göttingen.

Duden (⁶2007). Deutsches Universalwörterbuch. Mannheim et al.

Dürscheid, Christa (2005). »Medien, Kommunikationsformen, kommunikative Gattungen«. In: Linguistik online. 22. 1. <http://www.linguistik-online.de/22_05/duerscheid.html>.

Erfurt, Jürgen (2003). »›Multisprech‹: Migration und Hybridisierung und ihre Folgen für die Sprachwissenschaft«. In: »Multisprech«: Hybridität, Variation, Identität. Hg. v. Jürgen Erfurt. Duisburg, S. 5–33. [=Osnabrücker Beiträge zur Sprachtheorie 65].

Freisler, Stefan (1994). »Hypertext – eine Begriffsbestimmung«. In: Deutsche Sprache 22.1, S. 19–50.

Garciá Canclini, Nestor (1995). Hybrid Cultures. Strategies for Entering and Leaving Modernity. Minneapolis; London.

Geider, Annekatrin (2001). Newsgroups im Kontinuum von Mündlichkeit und Schriftlichkeit. Stuttgart.

Günther, Ulla & Eva Lia Wyss (1996). »E-Mail-Briefe – eine neue Textsorte zwischen Mündlichkeit und Schriftlichkeit«. In: Textstrukturen im Medienwandel. Hgg. v. Ernest W.B. Hess-Lüttich, Werner Holly und Ulrich Püschel. Frankfurt/Main, S. 61–86.

Hård af Segerstad, Ylva (2002). Use and Adaptation of Written Language to the Conditions of Computer-Mediated Communication. Göteborg.

Iwanow, Leonid Ju. (2001). »Wosdejstvije nowykh informatsionnykh tekhnologij na russkij jazyk: sistemno-jazykowaja i kulturno-retschewaja problematika«. In: Slovar' i kul'tura russkoj retschi. Hgg. v. Natalija Ju. Schwedowa et al. Moskwa, S. 131–147.

Iwanow, Leonid Ju. (2003). »Jazyk v elektronnykh sredstvakh kommunikatsiji«. In: Kul'tura russkoj retschi. Hgg. v. Leonid Ju. Iwanow et al. Moskwa, S. 791–793.

Kabaktschi, Wladimir (1997). »Jazyk mezhkul`turnogo obshchenija i jazykovaja konwergenzija«. In: Studia Linguistica – 4. Jazykowaja sistema i sociokulturnyj kontekst. Sankt-Peterburg, S. 64–79.

Kutusow, Andrej B. (2006). Model' funktsionirovanija terminologitscheskogo slengisma w diskurse setewykh forumow. Tjumen'.

Leontjewa, Alessja W. (2009). Osobennosti kompressiji sredstw wyrazhenija informatsiji w sowremennom nemetskom jazyke (na materiale elektronnogo diskursa). Moskwa.

Maiworm, Susanne (2003). Zwischen Mündlichkeit und Schriftlichkeit: Eine linguistische Analyse französischsprachiger Chats. Düsseldorf.

Mikhajlow, Sergej N. (2004). »Zhanrowaja spetsifika elektronnoj kommunikatsiji«. In: Russkij jazyk: istoritscheskije sud'by i sowremennost'. Moskwa. <http://www.philol.msu.ru/~rlc2004/ru/abstracts>.

Muysken, Pieter (2000). Bilingual Speech: A Typology of Code-mixing. Cambridge.

Nesterow, Wadim Ju. (1999). K woprossu emotsional'noj nasychennosti mezhlitschnostnykh kommunikatsij w Internete. <http://flogiston.ru/articles/netpsy/netemotions>.

Pojmanowa, Olga W. (1997). Semantitscheskoje prostranstwo videoverbal'nogo teksta. Moskwa.

Radbil', Timur B. »Innowatsiji w jazyke seti Internet kak realisatsija kreatiwnogo potentsiala jazykowykh anomalij«. In: Jazyk stredstw massowoj informatsiji kak objekt mezhdistsiplinarnogo issledowanija. Hg. v. Maja N. Wolodina. Moskwa, S. 403–406.

Runkehl, Jens, Peter Schlobinski & Torsten Siever (1998). Sprache und Kommunikation im Internet. Überblick und Analysen. Opladen.

Schlobinski, Peter (2000). »sprache@web.de. Der Mythos von der Cyber-Kommunikation«. In: Frankfurter Allgemeine Zeitung 237, S. 14.

Schlobinski, Peter (2004). »Mündlichkeit/Schriftlichkeit in den Neuen Medien«. In: Standardvariation. Wie viel Variation verträgt die deutsche Sprache? Hgg. v. Ludwig M. Eichinger und Werner Kallmeyer. Berlin, S. 126–142.

Schlobinski, Peter & Torsten Siever (Hgg., 2005). Sprachliche und textuelle Merkmale in Weblogs. Ein internationales Projekt. In: Networx. Nr. 46. Hannover. <http://www.mediensprache.net/ networx/networx-46.pdf>.

Schmitz, Ulrich (1995). »Neue Medien und Gegenwartssprache: Lagebericht und Problemskizze«. In: Neue Medien. Hg. v. Ulrich Schmitz. Oldenburg, S. 7-51. [=Osnabrücker Beiträge zur Sprachtheorie 50].

Schmitz, Ulrich (1997). »Schriftliche Texte in multimedialen Kontexten«. In: Sprachwandel durch Computer. Hg. v. Rüdiger Weingarten. Opladen, S. 131–158.

Schmitz, Ulrich (2001). »http://www.ellipsen.de«. In: Sprache im Alltag: Beiträge zu neuen Perspektiven in der Linguistik. Hgg. v. Andrea Lehr et al. Berlin et al., S. 422–438.

Schmitz, Ulrich (2004). Sprache in modernen Medien. Einführung in die Tatsachen und Theorien, Themen und Thesen. Berlin.

Schwalbach, Claudia (1997). Neologismen im Internet. Untersuchung der Hackersprache unter besonderer Berücksichtigung der Wortbildung. Mainz.

Sergatschowa, Elena (2008). »Padonkowskaja retsch schagaet w massy«. In: YandeG.ru. <http://yandeg.ru/news/padonki_v_massy.html>.

Siever, Torsten (2006). »Sprachökonomie in den ›Neuen Medien‹«. In: Von »hdl« bis »cul8er«. Sprache und Kommunikation in den neuen Medien. Hg. v. Peter Schlobinski. Mannheim et al., S. 71–88.

Sorokin, Jurij A. & Ewgenij F. Tarassov (1990). »Kreolizowannyje teksty i ikh kommunikatiwnaja funktsija«. In: Optimizacija rechewogo wozdejstwija. Moskva, S. 180–186.

Storrer, Angelika (2000). »Was ist „hyper" am Hypertext?« In: Sprache und neue Medien. Hg. v. Werner Kallmeyer. Berlin et al., S. 222-249.

Trofimowa, Galina N. (2004). Jazykowoj wkus Internet-epokhi w Rossiji. Funktsionirowanije russkogo jazyka v Internete: kontseptual′no-suchnostnyje dominanty. Moskwa.

Weingarten, Rüdiger (1995). »Das Alphabet in neuen Medien«. In: Neue Medien. Hg. v. Ulrich Schmitz. Oldenburg, S. 61–82. [=Osnabrücker Beiträge zur Sprachtheorie 50].

Witmer, Diane F. & Sandra Lee Katzman (1997). »On-Line Smiles: Does Gender Make a Difference in the Use of Graphic Accents?«. In: Journal of Computer-Mediated Communication. 2. 4. <http://jcmc.indiana.edu/vol2/issue4/witmer1.html>.

Ziegler, Arne & Christa Dürscheid (Hgg., 2002). Kommunikationsform E-Mail. Tübingen.

GESINE BOESKEN (KÖLN)

9   Literaturplattformen:
Virtuelle Schreib- und Leseräume zwischen
›Schreib-Werkstatt‹ und ›Internetfamilie‹

9.1   Einleitung: Das Web 2.0 und die ›Territorialisierung‹ des virtuellen Raums

Zweifelsohne unterstützen die neuen Kommunikationsmedien unsere Wahrnehmung, die Welt rücke näher zusammen, und wohl kaum ein Medium hat so sehr zu einer ›Enträumlichung der Welt‹ beigetragen wie das Internet: Entfernungen werden nahezu bedeutungslos, wenn durch computervermittelte Kommunikation fast jede Region der Welt ohne größeren Zeitaufwand ›erreicht‹ wird und auch man selbst überall erreichbar ist. Nicht selten wird in diesem Zusammenhang vom ›Tod der Entfernung‹ gesprochen, eine Entwicklung, die jedoch nicht nur positiv wahrgenommen wird: So werden mit der Überwindung von Distanzen zwar immer mehr Räume verfügbar gemacht, mit der Vergrößerung des ›Angebots‹ wird aber gleichzeitig auch die Auswahl schwieriger und es bedarf zunehmend neuer Orientierungshilfen. So spricht Manuel Castells vom menschlichen Bedürfnis, sich ›in Orten zu verankern‹, wenn »Netzwerke Raum und Zeit« (Castells 2002: 71) auflösen, und auch Christiane Funken konstatiert eine Tendenz zur »Re-Kontextualisierung« (Funken 2001: 69) des virtuellen Raums. Dass eine solche Territorialisierung letztlich approximativ bleiben muss und lediglich den »Versuch einer Komplexitätsreduktion« (Matussek 2002: 89) darstellen kann, scheint unbestritten, ist doch das Internet ein »dynamisches System, das alle topographischen Vorstellungen sprengt« (ebd.).

Gerade in der Entwicklung des Internets hin zu dem, was wir spätestens seit Tim O'Reilly als Web 2.0 bezeichnen (vgl. O'Reilly 2005), zeigt sich ganz deutlich, wie stark das Bedürfnis nach einer solchen räumlichen Orientierung ist. Das Web 2.0 ist natürlich vor allem ein »Social Web« (Ebersbach/Glaser/ Heigl 2008), das Menschen miteinander verbindet. Es ist aber auch – und das unterscheidet es wesentlich von dem, was wir heute als Web 1.0 bezeichnen (vgl. hierzu den Artikel von Jens Runkehl in diesem Band) – ein *Mitmach*-Netz, in und an dem Menschen aktiv partizipieren, zu dessen Inhalt und Struktur sie beitragen. Indem die Nutzer hier also eigene Inhalte generieren, eignen sie sich den virtuellen Raum handelnd an; er scheint ihnen dadurch kontrollierbarer, greifbarer und wird somit auch zu einem persönlichen Raum. Gerade soziale Netzwerke wie Facebook können in dieser Hinsicht als Prototypen gesehen werden, weil sie nicht nur Vernetzung und Partizipation ermöglichen und sichtbar machen, sondern eben auch die Funktion einer Anlaufstelle oder eines Orientierungspunkts übernehmen und somit als Eingangsportal in den virtuellen Raum (im Sinne einer ›Home‹-Page) dienen: Der Blick auf Facebook – wahlweise auch Twitter, ein klassisches eigenes Weblog oder ein anderes ›social network‹ – ist häufig das erste, was Nutzer tun, wenn sie online gehen.

Auch Literaturplattformen können als solche Phänomene des Web 2.0 verstanden werden, die für ihre Nutzer die Funktion einer ›örtlichen Verankerung‹ haben, indem sie ihnen Partizipation und Vernetzung ermöglichen. Im Folgenden möchte ich zunächst das Phänomen ›Literaturplattform‹ etwas genauer betrachten (Kap. 9.2): Was sind Literaturplattformen, welche Struktur liegt ihnen zugrunde und wie gestaltet sich literarisches Handeln unter den spezifischen Bedingungen computervermittelter Kommunikation? Im Anschluss soll dann aufgezeigt werden, wie die virtuellen Schreib- und Leseräume, in denen sich literarisches Handeln etabliert, konstruiert, vor allem aber auch, wie sie von ihren Nutzern wahrgenommen und genutzt werden (Kap. 9.3). Die Beobachtungen und Überlegungen basieren auf einer Studie, in der mehr als 100 Nutzer und Betreiber von Literaturplattformen in qualitativen Interviews zu ihrem Nutzungsverhalten und zu ihrer Einstellung gegenüber den von ihnen genutzten Literaturplattformen befragt wurden (vgl. ausführlicher Boesken 2010).

9.2 Literaturplattformen

9.2.1 Ein erster Einblick

Literaturplattformen (häufig auch ›Autorenforum‹ genannt) sind privat gegründete und finanzierte Foren, in denen Internetnutzer ihre jeweils eigenen literarischen Texte veröffentlichen können. Darüber hinaus können hier aber auch die Texte anderer Nutzer kommentiert und Verbesserungsvorschläge unterbreitet werden; man tritt also mit anderen Schreibenden in einen – im besten Fall reziproken und auch konstruktiven – Austausch und kann sich untereinander vernetzen.

Literaturplattformen dienen insofern nicht nur als Veröffentlichungsplattform, sondern immer auch der literarischen Anschlusskommunikation. Der aus der Rezeptionsforschung stammende Begriff (vgl. u.a. Sutter 2006) soll hier weit gefasst werden und bezeichnet auf Literaturplattformen ganz allgemein den diskursiven Austausch über literarische Texte, die wiederum von ihren Verfassern nicht selten als ›work in progress‹ bezeichnet werden, weshalb der Fokus von Anschlusskommunikation ganz explizit auf der Auseinandersetzung mit einem Text zum Zwecke seiner ›Verbesserung‹ (bzw. der Schreibkompetenz des Verfassers im Allgemeinen) liegt. Das unterscheidet eine Literaturplattform im Übrigen wesentlich von einer Homepage, wo Nutzer zwar ebenfalls ihre literarischen Texte veröffentlichen können, auf denen es aber nur im seltensten Fall tatsächlich auch zu einer Anschlusskommunikation kommt.

Literaturplattformen vereinen gewissermaßen alle Bereiche literarischen Handelns in einem einzelnen Internetauftritt. Sie erlauben, basierend auf einer gewissen »publizistische[n] Egalisierung« (Döring 2003: 18), welches Handeln im virtuellen Raum ja insgesamt eignet, ohne größeren Aufwand die Übernahme und das Ausprobieren unterschiedlicher Handlungsrollen: Text-Produktion und -Rezeption, aber auch Vermittlung, im Sinne einer Veröffentlichung, und Verarbeitung, im Sinne einer ›Beschäftigung‹ mit literarischen Texten, liegen hier nahe beieinander und sind für jeden Nutzer – rein technisch gesehen – problemlos realisierbar.

In den vergangenen Jahren sind dutzende größerer und kleinerer Literaturplattformen entstanden, von denen viele über eine beachtliche Zahl von aktiven Mitgliedern verfügen und regelmäßig frequentiert werden. Alleine auf den drei ältesten und größten deutschsprachigen Literaturplattformen haben in den letzten zehn bis zwölf Jahren zusammen deutlich über 38.000 registrierte Nutzer knapp 200.000 Gedichte, Kurzgeschichten und andere literarische Texte veröffentlicht.

	Jahr der Gründung	Registrierte Nutzer	Literarische Texte	Beiträge
Leselupe	1998	4.040	60.200	265.000
Kurzgeschichten	1999	9.700	31.100	398.000
Gedichte.com	2000	22.100	105.000	565.000

Tab. 9-1: ›Eckdaten‹ der drei ältesten und größten deutschsprachigen Literaturplattformen (Stand: Oktober 2010)

Das Feedback zu den Texten ist dann noch einmal deutlich größer: Allein auf diesen drei Plattformen finden sich derzeit über 1 Million Beiträge, die der Anschlusskommunikation zugerechnet werden können (vgl. Tab. 9-1). Literatur, so scheint es, wird auf Literaturplattformen zum ›Breitensport‹.

Damit bieten Literaturplattformen Zugriff auf ein Korpus literarischer Texte von Privatpersonen, das in diesem Umfang wohl an keiner anderen Stelle öffentlich zugänglich ist. Für die vorliegende Untersuchung interessiert dabei weniger die Frage nach der Literarizität der Texte oder inwiefern hier neue, medial bedingte Genres entstehen, von Interesse ist vielmehr der Aspekt, dass sich auf solchen Literaturplattformen Handeln beobachten und untersuchen lässt, das sich »mit, an und für Literatur vollzieht« (Fügen 1974: 14), und diese somit unter literatursoziologischer Perspektive bedeutsam sind.

9.2.2 ›Alter Wein in neuen Schläuchen‹? – Aspekte computervermittelter Kommunikation

Literaturplattformen bieten also Raum für gemeinsames literarisches Handeln und schließen damit durchaus an bereits bekannte und etablierte Formen gemeinschaftlichen literarischen Handelns an. Erinnert sei beispielsweise an die Literarischen Salons des 18. Jahrhunderts (ausführlicher vgl. u.a. Seibert 1993) oder an Schreib- und Lesezirkel. Auch hier traf und trifft man sich, um gemeinsam über Literatur zu sprechen oder an literarischen Texten zu arbeiten. Sind Literaturplattformen also letztlich nur ›alter Wein in neuen Schläuchen‹, wie das in den vergangenen Jahren ja bereits wiederkehrend für (vermeintlich) neue Formen und Konzepte der Literatur im Kontext neuer Medien diskutiert wurde (vgl. u.a. Jucker 2000)?

In der Tat ist das Literaturplattformen zugrunde liegende Prinzip des gemeinsamen literarischen Handelns nicht neu, dennoch kann konstatiert werden, dass hier unter den spezifischen Bedingungen computervermittelter Kommunikation Schreib- und Leseräume entstehen, die, jedenfalls *in dieser Form,* außerhalb des Internets nicht existieren (können) und insofern ihren Nutzern ein spezielles Gratifikationspotential eröffnen, das sich – auch wieder: *in dieser Form* – außerhalb des Internet nicht findet. Diese Überlegung schließt an das Konzept des ›Uses and Gratifications Approach‹ von Katz, Blumler und Gurevitch an, demzufolge Medien (mehr oder weniger bewusst) genutzt werden, um bestimmte (kognitive, affektive, integrative und/oder interaktive) Bedürfnisse zielgerichtet zu befriedigen. Gratifikationen können dabei nicht nur aus den jeweiligen Medieninhalten gezogen werden, sondern auch aus dem eigentlichen Akt der Medienzuwendung sowie aus dem sozialen Kontext der jeweiligen Mediennutzung (vgl. Katz/Blumler/Gurevitch 1973). Es würde zu weit führen, hier im Detail auf Merkmale und Eigenschaften computervermittelter Kommunikation einzugehen, zumal diese an anderer Stelle unter verschiedensten Aspekten bereits ausführlich untersucht worden sind.[1] Im Folgenden sollen lediglich diejenigen Merkmale und Eigenschaften computervermittelter Kommunikation herausgegriffen werden, die für literarisches Handeln auf Literaturplattformen von Bedeutung sind, um auf dieser Grundlage die Spezifik virtueller Schreib- und Leseräume aufzuzeigen und deren Gratifikationspotential zu skizzieren.

a)   Zu nennen wäre zunächst einmal der Aspekt, dass Veröffentlichungen auf Literaturplattformen ohne größere institutionelle oder ökonomische Hürden erfolgen können (›instant publishing‹): Wer sich an die Netiquette und anderen jeweiligen Forenregeln hält, unterliegt in der Regel keinen weiteren Beschränkungen und kann sich und seine Texte umgehend ›veröffentlichen‹.

b)   Hinzu kommt, dass computervermittelte Kommunikation zu einer Beschleunigung des Austausches beiträgt, der infolgedessen teilweise nahezu synchron erfolgen kann. Die Prozesse von Produktion, Vermittlung, Rezeption und Verarbeitung können also prinzipiell innerhalb kürzester Zeit aufeinander folgen und somit dynamisch ineinander greifen.

c)   Nicht zu vernachlässigen ist in diesem Zusammenhang aber auch, dass die derart veröffentlichten Texte in einem Spannungsfeld zwischen Dokumentation und Flüchtigkeit stehen: Einerseits haben die Texte also den Status des Veröffentlichten, andererseits können sie, im Gegensatz zu gedruckten Texten, die in dieser Form zunächst einmal unveränderbar sind, in der Regel ohne größeren Aufwand von ihren Autoren revidiert, modifiziert oder sogar gelöscht werden. Literarischem Handeln auf Literaturplattformen eignet damit immer auch etwas Unverbindliches. In mehrfacher Hinsicht

---

1   Ausführlicher zu computervermittelter Kommunikation, z.B. unter sprachwissenschaftlicher, soziologischer oder medienpsychologischer Perspektive, s. u.a. Journal of Computer-Mediated Communication; Misoch 2006; Schlobinski 2006; Prommer/Vowe 1998.

interessant ist zudem, dass computervermittelte Kommunikation *automatisch* gespeichert und dokumentiert wird. Somit werden Vermittlungs- und Arbeitsprozesse literarischen Handelns sichtbar gemacht, die außerhalb des Internets in der Regel nicht aufgezeichnet werden oder gar öffentlich zugänglich sind.

d) Das ermöglicht zum einen eine zeitunabhängige und ortsungebundene – und somit in der Regel *flexiblere* – Teilnahme an Prozessen literarischen Handelns, eben weil man nicht nur jederzeit nachvollziehen kann, welche Reaktionen bereits zu einem Text erfolgt sind, sondern weil man die Anschlusskommunikation auch zu jedem Zeitpunkt wieder aufnehmen kann.

e) Zum anderen können diese »Kommunikationshistorien« (Döring 2003: 343) in Anlehnung an Gérard Genette durchaus als Paratexte (genauer: als Epitexte) verstanden werden (vgl. Genette 1992), die ihrerseits wiederum Einfluss auf die Rezeption der veröffentlichten Texte nehmen.

f) Nicht zu vernachlässigen ist in diesem Zusammenhang darüber hinaus, dass es sich bei der Dokumentation von Kommunikation immer auch um dokumentierte Aufmerksamkeit handelt, die bekanntermaßen als neue ›Währung‹ des Informationszeitalters gilt (vgl. Franck 1998) und somit als wichtiger Motor für das Funktionieren von Literaturplattformen verstanden werden kann.

g) In engem Zusammenhang damit steht ein weiterer Aspekt: Wer Aufmerksamkeit erregen möchte, muss herausstechen, sich von der Masse abheben. Ein weiteres Gratifikationspotential von literarischem Handeln auf Literaturplattformen kann daher auch in den Möglichkeiten des virtuellen ›Identitätsmanagements‹ gesehen werden. Weil Kommunikation auf Literaturplattformen fast ausschließlich schriftbasiert erfolgt und insofern, im Vergleich zu mündlicher Kommunikation, als kanalreduziert gilt (vgl. u.a. Döring 2003: 149ff.), erlaubt dies – neben allen möglichen Beschränkungen, die aus der fehlenden Übermittlung so genannter sozialer Hinweisreize (Mimik, Tonfall, Alter, …) erwachsen können – einen vergleichsweise spielerischen und kontrollierten Umgang mit Identität. Dabei gilt: Es genügt nicht, diese ›Kanalreduktion‹ mittels Emoticons oder anderer Konventionen (Akronyme, Inflektive, …) behelfsweise auszugleichen; um »kommunikativ und sozial wirksam« (Misoch 2006: 115) sein zu können, muss man für das jeweilige Gegenüber auch darüber hinaus wahrnehmbar, ›greifbar‹ sein, damit dieser sich ein ›Bild‹ machen kann. Ohne eine (virtuelle) Identität ist der Nutzer also nicht wirklich ›sichtbar‹, und wer sich an sozialer Interaktion im virtuellen Raum beteiligen möchte, muss folglich zunächst seine eigene ›Sichtbarkeit‹ herstellen. Jedenfalls

gilt, dass, »wer die Grenzen zum Cyberspace überschreitet, [...] mit der
Frage konfrontiert [ist:] Wer oder was möchte ich sein?« (Thiedeke 2004:
16). Und die Bandbreite der möglichen Identitätskonstruktionen ist dabei
groß: Sie reicht von verschiedenen Formen der Verschleierung der realen
Identität (Pseudonyme, Gender-Switching, Anonymität), über Mehrfach-
Identitäten bis hin zur Inszenierung der realen Identität.

Deutlich wird, dass es das Zusammenspiel verschiedener Eigenschaften computervermittelter Kommunikation ist, durch das sich literarisches Handeln auf
Literaturplattformen von bereits bekannten Offline-Praktiken gemeinsamen
literarischen Handelns unterscheidet. Inwiefern den aufgeführten Aspekten jedoch *tatsächlich* ein Gratifikationspotential zugeschrieben wird, steht letztlich
immer in Abhängigkeit der individuellen Erwartungen und Kompetenzen der
jeweiligen Nutzer.

9.2.3   Aufbau und Struktur von Literaturplattformen

Wie aber sehen Literaturplattformen nun aus? Formal gesehen handelt es sich
in den meisten Fällen um eine auf einer Ordnerstruktur basierende Website,
die, wie das nachstehende Beispiel zeigt, in verschiedene Rubriken unterteilt
ist, denen wiederum entsprechende Foren untergeordnet sind (vgl. Abb. 9-1).
   Jedes Forum besteht dann wiederum aus Threads (bzw. Themen), Beiträgen also, die von den Nutzern selbst erstellt werden. Die Rubriken und Foren
werden hingegen von den Betreibern und/oder Administratoren der Literaturplattform generiert, die damit den formalen und inhaltlichen Rahmen der
Plattform vorgeben. Und auch wenn sich Literaturplattformen hinsichtlich ihres Designs, ihrer Größe bzw. Reichweite, ihrer Administration (Anzahl der
Administratoren und Moderaten), ihrer Nutzerstruktur (z.B. für Senioren oder
Jugendliche)[2] oder ihrer thematischen Ausrichtung (z.B. Lyrik, Prosa, Fantasy
oder Märchen)[3] unterscheiden, lassen sie sich doch alle hinsichtlich ihres Angebots weitestgehend systematisieren:

1.   Das Herzstück einer Literaturplattform bilden die Rubriken bzw. Fo-
     ren, die für die Präsentation von literarischen Texten und für die An-
     schlusskommunikation vorgesehen sind. Threads, die hier gepostet

---

2   So z.B. *Graue Feder* (für Senioren) oder *Lizzynet* (speziell für junge Mädchen).
3   *Gedichte, Poetry, Kurzgeschichten, Kurzgeschichten-Planet, Fantasyautoren, Märchenbasar* etc.
    Allerdings kann sich eine vermeintlich eindeutige Gattungszuordnung auch als ›Etiketten-
    schwindel‹ entpuppen, wenn beispielsweise eine Plattform wie *Poetry*, auf der man Gedichte
    erwartet, auch eine Rubrik für Prosatexte bietet.

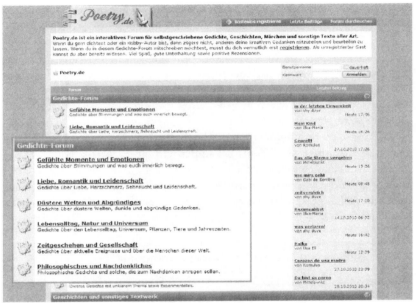

Abb. 9-1: Startseite von POETRY (Hervorhebung: Foren in der Rubrik ›Gedichte-Forum‹)

werden, enthalten Gedichte, Kurzgeschichten oder andere literarische Texte sowie normalerweise auch Rückmeldungen anderer Nutzer zu diesem Text (vgl. Abb. 9-2). Im besten Fall erhält ein Autor dabei nicht nur *positive,* sondern auch *konstruktive* Rückmeldungen. Das nachfolgende Beispiel zeigt, wie mit einfachen Mitteln Überarbeitungsvorschläge für einen Text gegeben werden. Gearbeitet wird hier mit Zitaten aus dem Originaltext sowie mit farbigen und anderen Markierungen, um Änderungsvorschläge sichtbar zu machen (vgl. Abb. 9-3). Textproduktion und Anschlusskommunikation greifen in diesem Bereich also eng ineinander, da Anschlusskommunikation, im Sinne eines ›interactive writing‹, von den meisten Nutzern als »konstitutive[r] Bestandteil des Produktionsprozesses« (Lehnen 1999: 150) verstanden wird; die »Expertise« (ebd.) anderer Nutzer wird also bewusst eingeplant.

2. Ein weiterer zentraler Bereich, der sich auf allen Literaturplattformen findet, umfasst so genannte ›Egotexte‹ (vgl. Boesken 2010: 78), Informationen also, die mit dem Nutzer zu tun haben: Dazu zählen neben systemgenerierten Informationen (Zahl der bisherigen Beiträge, Datum

Abb. 9-2: Thread mit Text und Anschlusskommunikation auf POETRY

des letzten Besuchs etc.)[4] auch alle nutzergenerierten Informationen, beispielsweise der Nickname oder der so genannte ›Avatar‹,[5] also ein persönliches Bildschirmbild, das, sofern der Nutzer eines gewählt hat, bei jedem Beitrag automatisch zusammen mit dem Nickname erscheint. Zu den ›Egotexten‹ zählen aber beispielsweise auch die Signatur (in Form von Zitaten, Sinnsprüchen, Links etc.) die, sofern gewählt, am Ende eines jeden Beitrags erscheint, oder das Autorenprofil (vgl. Abb. 9-4). In Autorenprofilen werden in der Regel alle zuvor genannten »Identitäts-Requisiten« (Döring 2003: 342) ›gebündelt‹; darüber hinaus können Nutzer hier aber auch weitere Informationen über sich veröffentlichen (Interessen, Lieblingsautoren, aktuelle Lektüre, …). Auch Vorstellungsforen zählen zum Bereich der Egotexte. Sofern sie vorhanden sind, zeigt sich hier recht eindrücklich, welcher Stellenwert dem Aspekt der Identitätskonstruktion auf Literaturplattformen zukommen kann. Vor allem auf kleineren Litera-

---

4   Ausführlicher zu systemgenerierten Informationen vgl. u.a. Boesken 2010: 183ff.
5   Der Begriff ›Avatar‹ wird von den Plattformnutzern in der Regel mit dieser Bedeutung verwandt, auch wenn dies terminologisch nicht wirklich korrekt ist, da der Begriff normalerweise virtuelle Charaktere bezeichnet, die verschiedene Funktionen übernehmen können (Spielfiguren, automatische Assistenten, …). Ausführlicher zu nutzergenerierten Daten s. u.a. Boesken 2010: 164ff.

turplattformen, wie im nachfolgenden Beispiel auf *Autorenecke,* werden neue Mitglieder dezidiert dazu aufgefordert, etwas über sich zu schreiben, bevor sie die Plattform aktiv nutzen (vgl. Abb. 9-5), während sich dies auf größeren Plattformen so gut wie nicht realisieren lässt. Immerhin geht es für viele Nutzer um etwas vergleichsweise Persönliches, weshalb, das zeigen die Untersuchungen, eine gewisse Vertrautheit eine wichtige Voraussetzung für den Austausch zu sein scheint. Diese Vertrautheit beruht auf der Glaubwürdigkeit der anderen Teilnehmer, die sich wiederum nicht unbedingt auf die (ohnehin nicht verifizierbare) Übereinstimmung von virtuellen und realen Identität stützt, sondern vielmehr auf die Stimmigkeit der im virtuellen Raum wahrnehmbaren ›Identitäts-Requisiten‹. Andererseits bieten Literaturplattformen aber immer auch die Möglichkeit, sich einer eindeutigen Identitätskonstruktion in weiten Teilen zu entziehen, etwa durch bewusste Identitätsverschleierungen oder durch Mehrfachidentitäten innerhalb derselben Plattform (vgl. oben). Eine solche Herangehensweise ist häufig verbunden mit der Vorstellung größerer (literarischer oder sonstiger) Freiheit oder mit der Hoffnung, auf diese Weise ein unvoreingenommenes Urteil zu den eigenen Texten zu erhalten.

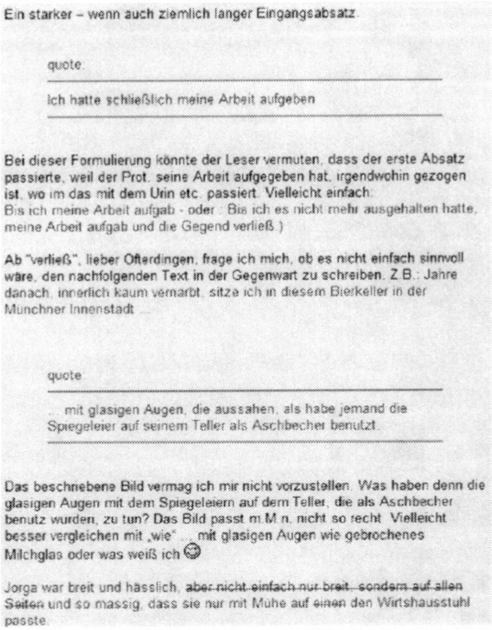
Ein starker – wenn auch ziemlich langer Eingangsabsatz.

quote:

ich hatte schließlich meine Arbeit aufgeben

Bei dieser Formulierung könnte der Leser vermuten, dass der erste Absatz passierte, weil der Prot. seine Arbeit aufgegeben hat, irgendwohin gezogen ist, wo im das mit dem Urin etc. passiert. Vielleicht einfach:
Bis ich meine Arbeit aufgab - oder : Bis ich es nicht mehr ausgehalten hatte, meine Arbeit aufgab und die Gegend verließ.)

Ab "verließ", lieber Ofterdingen, frage ich mich, ob es nicht einfach sinnvoll wäre, den nachfolgenden Text in der Gegenwart zu schreiben. Z.B.: Jahre danach, innerlich kaum vernarbt, sitze ich in diesem Bierkeller in der Münchner Innenstadt ...

quote:

... mit glasigen Augen, die aussahen, als habe jemand die Spiegeleier auf seinem Teller als Aschbecher benutzt.

Das beschriebene Bild vermag ich mir nicht vorzustellen. Was haben denn die glasigen Augen mit dem Spiegeleiern auf dem Teller, die als Aschbecher benutz wurden, zu tun? Das Bild passt m.M.n. nicht so recht. Vielleicht besser vergleichen mit „wie" ... mit glasigen Augen wie gebrochenes Milchglas oder was weiß ich ☺

Jorga war breit und hässlich, ~~aber nicht einfach nur breit, sondern auf allen Seiten~~ und so massig, dass sie nur mit Mühe auf ~~einen~~ den Wirtshausstuhl passte.

Abb. 9-3: Korrekturen zu einem Text auf LESELUPE (Ausschnitt); im Original z.T. farbige Markierung

3. Neben Textpräsentation, Anschlusskommunikation und Egotexten ist auch der Bereich der ›Kommunikation‹ ein wichtiger Bestandteil von Literaturplattformen. Hierunter fallen alle die Foren, die ausdrücklich für Nicht-Themenspezifisches, also für die so genannte ›Off-Topic‹-Kommunikation genutzt werden können (z.B. »Außer der Reihe«, »Plau-

Abb. 9-4: Beispiel für ein Autorenprofil auf POETRY (Hervorhebungen: Nickname, ›Avatar‹ sowie weitere nutzer- und systemgenerierte Daten)

derecke«, »Smalltalk« oder »Kaffeekranz«). Diese Foren dürfen in ihrer Bedeutung für das Identitätsmanagement und für die Dynamik der Gruppenkonstitution nicht unterschätzt werden.

4. Dem Bereich ›Ratgebertexte und Schreibanregungen‹ werden dann diejenigen Foren zugeordnet, in denen das Schreiben als Vorgang thematisiert wird: Man findet hier ganz allgemein Tipps zum Schreiben (»Rund ums Schreiben«, »Autoren-Talk«, ...) oder man kann, ähnlich einem Korrektorat/Lektorat, konkrete Hilfestellung für bereits bestehende Texte erhalten (z.b. »Korrektur-Ecke«, »Schreibwerkstatt« oder auch »Folterkammer«). Häufig werden auch mittels Schreibübungen (z.B. »Fingerübungen«, »Trainingscamp« oder »Schreib-Werkstatt«) und Schreibwettbewerben, die von Moderatoren begleitetet werden, immer wieder Schreibanlässe geschaffen. Obwohl die Untersuchungen zeigen, dass solche Angebote einen nicht unwesentlichen Faktor für das dauerhafte Funktionieren von Literaturplattformen bilden, findet sich der Bereich nicht auf allen Plattformen.

5. Alle weiteren Angebote auf Literaturplattformen, wie beispielsweise Linklisten, Rezensionen, Informationen zu Wettbewerben und Ausschreibungen oder auch Newsletter, die über Neuerungen auf der Plattform informieren, werden dann einem letzten Bereich zugeordnet: ›Informationen und Zusatzangebote‹. Derartige Angebote, die ebenfalls nicht zum Standardinventar gehören, tragen nicht *unmittelbar* zum Funktionie-

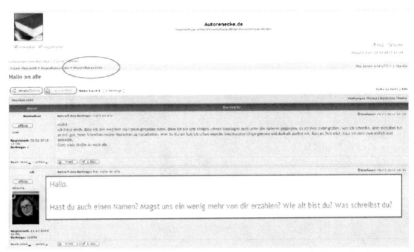

Abb. 9-5: Thread im Vorstellungsforum auf AUTORENECKE (Hervorhebung: Reaktion einer etablierten Nutzerin auf einen Eintrag eines neuen Mitglieds)

ren der Plattform bei, sind aber Aspekte, die unter Umständen für einen neuen Nutzer bei der Auswahl ausschlaggebend sind.

Es wird deutlich, dass Literaturplattformen ganz offensichtlich verschiedene Funktionen für ihre Nutzer erfüllen, insofern sie zunächst einmal ›Galerien‹ sind, in denen Nutzer ihre Texte ausstellen können. Darüber hinaus haben sie aber auch die Funktion einer ›Bühne‹, auf der man sich als Autor oder Autorin inszenieren und ausprobieren kann. Gleichzeitig dienen Literaturplattformen natürlich auch als ›Treffpunkt‹ mit anderen Nutzern, die an Literatur interessiert sind, vor allem aber werden sie als (offene) ›Werkstatt‹ genutzt, in der man gemeinsam mit anderen Schreibenden an literarischen Texten arbeitet. Weil Literaturplattformen diese Funktionen noch dazu an *einem* Ort bündeln, erweisen sie sich gewissermaßen als *Mehrzweckräume*. Welche Funktionen ein Nutzer letztlich für sich wahrnimmt, hängt natürlich von seinen individuellen Präferenzen ab, steht aber immer auch in Abhängigkeit von der Ausrichtung einer Literaturplattform, da die Funktionen von Plattform zu Plattform recht unterschiedlich gewichtet werden. In der Tendenz lässt sich beobachten, dass auf kleineren Plattformen der Werkstatt- und Treffpunktfunktion eine insgesamt größere Bedeutung zugemessen wird als auf großen Literaturplattformen, auf denen teilweise eher die Galerie- und Bühnenfunktion dominiert (vgl. ausführlicher Boesken 2010: 155ff.).

9.3 Virtuelle Schreib- und Leseräume

Literaturplattformen eröffnen also virtuelle Schreib- und Leseräume, in denen sich Handeln ›mit, an und für Literatur‹ unter den Bedingungen computervermittelter Kommunikation vollzieht, und die damit für ihre Nutzer unterschiedliche Funktionen erfüllen. Im Folgenden soll daher das Raumkonzept, das diesen virtuellen Schreib- und Leseräumen zugrunde liegt, etwas genauer beleuchtet werden: Was ist virtueller Raum, wie werden Schreib- und Leseräume auf Literaturplattformen konstruiert und genutzt und wie werden diese von den Nutzern wahrgenommen?

9.3.1 Virtueller Raum?

Eine Literaturplattform ist eine Website, die man – das legt ja bereits die lateinische Wurzel ›situs‹ nahe – durchaus als einen virtuellen *Ort* (gewissermaßen auf Abruf) verstehen kann und dem insofern etwas Benennbares und Markiertes eignet (vgl. Löw 2004: 46). Virtuelle (Schreib- und Lese-)*Räume,* die sich an einem solchen Ort eröffnen, erweisen sich hingegen insgesamt als deutlich weniger fassbar. Das ist jedoch nicht allein dem Aspekt der Virtualität geschuldet; vielmehr hängt dies ursächlich auch damit zusammen, dass Raum im Allgemeinen als »gedoppeltes Phänomen« (Ahrens 2004: 166) erachtet wird: Raum ist sowohl ein physisches als auch ein soziales Phänomen, also einerseits ein konkreter Raum, der uns ständig zu umgeben scheint, in dem wir uns aufhalten (im Sinne eines absoluten, euklidischen Raumkonzepts bzw. ›Container-Modells‹), und andererseits etwas Abstraktes, im Sinne einer relativen Raumauffassung, die den Raum nicht als ontisch, sondern als durch soziale Operationen konstituiert sieht und dem Menschen einen essentiellen kreativen Anteil an der Konstruktion des Raums zuschreibt.[6]

Der Begriff des virtuellen Raums bezeichnet wiederum zunächst lediglich einen *in der Möglichkeit* erschaffenen Raum, wobei dieses Konzept von Raum bzw. Welt nicht an Medien wie den Computer oder das Internet gebunden ist; auch imaginäre Film- und Traum-Welten, künstliche Ferienwelten, in denen die Karibik simuliert wird, oder Halluzinationen unter Drogeneinfluss können als in der Möglichkeit konstruierte und insofern virtuelle Welten/Räume verstanden werden. Dem liegt ein konstruktivistischer Ansatz zugrunde, nach dem Wirklichkeit immer als Konstruktion betrachtet werden muss. In diesem Konstruktionsprozess wird dem Menschen eine aktive Rolle zugeschrieben, Wirklichkeit wird also handelnd konstruiert. Die subjektive Wahrnehmung

---

6   Ausführlicher zum Raumkonzept in der Soziologie s. Schroer (2006).

von Raum kann insofern als ein Konstruktionsprozess verstanden werden, der, auch wenn das Subjekt von seinem historischen, gesellschaftlichen und kulturellen Kontext geprägt ist, dennoch individuell ist. »Aus theoretischer Perspektive«, so Cornelia Becker, »ist der Raum des Internet deshalb nicht weniger real als ein materieller Raum.« (Becker 2004: 110) Virtueller Raum im Internet wird daher nicht als etwas verstanden, was einem vermeintlich ontischen physischen Raum in der Realität gegenübergestellt ist, sondern vielmehr als eine weitere, wenn auch medial vermittelte und unterstützte Facette innerhalb von subjektiver Wirklichkeits- bzw. Raumkonstruktion.

Auf Literaturplattformen werden virtuelle Räume geschaffen, die – im Gegensatz zu Räumen, wie man sie beispielsweise aus Computerspielen kennt – fast ausschließlich textuell konstruiert sind. Es geht hier nicht um die Schaffung von neuartigen, phantastischen oder abenteuerlichen Welten; vielmehr sind die Raum-Konstruktionen an Strukturen aus der bekannten, realen Welt orientiert. Wie an anderer Stelle spielen auch hier Räumlichkeitsmetaphern eine wichtige Rolle: Wir ›surfen‹ oder wahlweise ›navigieren‹ durchs Netz und ›verlieren‹ uns dort, wir ›springen‹ von Link zu Link; man spricht von ›Foren‹, ›Home‹-Pages oder Chat-›Räumen‹, die man ›verlässt‹ oder ›betritt‹ und auf ›Plattformen‹, in Literarischen ›Salons‹ oder Lese-›Zimmern‹ werden ›Besucher‹ zum ›Eintreten‹ aufgefordert oder ›willkommen‹ geheißen.

Obwohl man lediglich auf einen Bildschirm blickt, der ›Raum‹ also rein visuell ohne Ausdehnung bleiben muss, erscheint es dem Nutzer doch, als bewege er sich durch das Internet. Dabei ist nicht von Belang, ob es sich beim virtuellen Raum tatsächlich um einen Raum (im euklidischen Sinne) handelt, sondern vielmehr, dass das Internet »*als Raum verstanden* [Hervorhebung G.B.] wird und man versucht, es als solchen zu gestalten« (Schroer 2006: 258).

9.3.2 ›Shared spaces‹

Weil also virtuelle Räume im Internet eine gewisse Materialität transportieren, lässt sich konstatieren, dass mittels computervermittelter Kommunikation nicht nur eine räumliche Distanz zwischen den Teilnehmern überwunden wird, sondern auch Räume geschaffen werden, in denen die Nutzer – bildlich gesprochen – ›zusammentreffen‹ können (vgl. Stegbauer 2001: 140). Es gibt also ein ›Dort‹, das man trotz seiner Virtualität zumindest temporär als ein ›Hier‹ empfindet. Virtuelle Räume bilden gewissermaßen einen (zusätzlichen) ›dritten Ort‹ zwischen den jeweiligen realen Standorten der Nutzer, der von diesen gemeinsam gestaltet und genutzt werden kann. Lombard und Ditton sprechen daher auch von »shared spaces« (Lombard/Ditton 1997).

Und so wie Cayce Pollard, William Gibsons Protagonistin aus »Mustererkennung«, ein von ihr regelmäßig genutztes Internetforum als »transportables Zuhause« (Gibson 2004: 13) bezeichnet, das »einer der konstantesten Orte in ihrem Leben« (ebd.) sei, sehen das auch viele Nutzer von Literaturplattformen: Sie bezeichnen die von ihnen frequentierten Literaturplattformen nicht selten als »Zuhause«, »Heimatforum«, »Stammkneipe« oder gar als »Internetfamilie« (vgl. Boesken 2010: 235ff.). Auch wenn sich andere Nutzer in dieser Hinsicht etwas pragmatischer zeigen und ihre Bindung an die von ihnen genutzte Literaturplattform eher mit einer »Arbeitsgruppe«, »Schreib-Werkstatt« oder – in einem Fall auch – mit einer »Schulklasse« vergleichen (ebd.), vermitteln die Zuschreibungen dennoch deutlich, dass die Plattformen als gemeinschaftlich genutzte Räume verstanden werden.

Dass Literaturplattformen als ›shared spaces‹ wahrgenommen werden, hängt v.a. auch damit zusammen, dass die Nutzer sich diese handelnd aneignen, sich zu Eigen machen, die Räume gewissermaßen ›einrichten‹ (vgl. Habermas 1996: 124ff.). Das tun sie eben, indem sie Texte einstellen, Texte anderer Nutzer lesen und Kommentare dazu verfassen oder mit anderen Plattformmitgliedern kommunizieren. Literaturplattformen, das darf man nicht vergessen, bestehen, anders als redaktionell betreute Angebote, ja überwiegend aus nutzergeneriertem Inhalt. Nur wenn die Nutzer also zur Plattform beitragen, kann sie auch weitergeführt werden. Es ist dabei unumgänglich, dass ein solches ›Einrichten‹ immer im Kontext einer *gemeinsamen* Gestaltung und Nutzung gesehen werden muss. Die Nutzung von Literaturplattformen ist notwendigerweise eingebunden in Aushandlungsprozesse, beispielsweise über die Struktur der Plattform, über Nutzungsmodalitäten, aber auch über soziale und kommunikative Konventionen (Forenregeln, Netiquette).

9.3.3 Zwischen-Räume: Mikro-Öffentlichkeiten

In dieser Hinsicht unterscheiden sich Literaturplattformen natürlich nicht von anderen Formen gemeinschaftlich genutzter Räume. Da es sich aber um virtuelle Räume handelt, die in einem der *öffentlichsten* Netzwerke überhaupt angesiedelt sind, bewegen sich diese Aushandlungsprozesse in einem spannenden Verhältnis von Öffentlichkeit und Privatheit.

Einerseits bilden sich hier Gruppierungen, die sich nach außen hin abgrenzen, um gemeinsam über Literatur zu sprechen und an Texten zu arbeiten. Vergleichsweise private Räume entstehen etwa dadurch, dass die aktive Nutzung der Plattform nur registrierten Nutzern ermöglicht wird, aber auch indem

gewisse ›soziale Aufenthaltsbedingungen‹ formuliert werden. In die Gruppe
eingebunden wird nur derjenige, der sich identifiziert, integriert und engagiert.
So werden neue Mitglieder auf der Plattform *Autorenecke* beispielsweise gleich
zu Beginn mit den Erwartungen der etablierten Plattformnutzer konfrontiert:
»Wer mitmachen möchte ... er ist willkommen. (...) ABER: Schwurbler AUF-
GEPASST ... dafür haben wir kein Publikum, höchstens bissige Opposition«.[7]

Gleichzeitig sind Literaturplattformen aber auch offen für Leser oder für
neue Teilnehmer – und müssen das auch sein, um ›in Bewegung‹ und damit
auch anschlussfähig zu bleiben. Literaturplattformen sind also immer auch
(zumindest potentiell) öffentliche Räume. Öffentlichkeit entsteht u.a. durch
einen expliziten Adressatenbezug (z.B. *Herzlich Willkommen auf KURZGE-
SCHICHTEN!*) oder beispielsweise auch durch ›Eigenwerbung‹ auf der Startseite, etwa mit Erläuterungen zur Struktur, zum Angebot und zu den Teil-
nahmebedingungen der Plattform. Hergestellt wird Öffentlichkeit aber auch
durch eine gewisse Form der Institutionalisierung und Professionalisierung,
etwa durch FAQs, Forenregeln, Zuweisung von Administratoren- oder Mo-
deratorenrollen etc.

Literaturplattformen sind in dieser Hinsicht also auch ›Zwischen-Räume‹
und können als Mikro-Öffentlichkeiten (bzw. fragmentierte oder private Öf-
fentlichkeiten) beschrieben werden, Räume also, die faktisch zwar nur eine
geringe Reichweite haben, gleichwohl aber als öffentliche Räume wahrgenommen werden (s. ausführlicher Boesken 2010: 144ff.). Diese Balance von Privatheit und Öffentlichkeit, von Vertrautheit einerseits und Anschlussfähigkeit
andererseits, kann als konstituierend für Literaturplattformen erachtet werden,
weil auf diese Weise ein Raum konstruiert wird, der übersichtlich und kontrollierbar genug ist, um gemeinsames literarisches Handeln zu ermöglichen,
gleichzeitig aber prinzipiell öffentlich ist und somit immer auch die Möglichkeit (vielleicht sogar das ›Versprechen‹) des Wahrgenommenwerdens transportiert.

9.3.4 ›Spiel-Räume‹/Spielraum

Und damit eröffnet sich eine weitere Facette des Raumaspekts: Weil Literaturplattformen gemeinsam geschaffene und genutzte virtuelle Schreib- und
Leseräume sind, die für ihre Nutzer unterschiedliche Funktionen erfüllen
(können), weil es sich um Mikro-Öffentlichkeiten handelt, aber auch, weil
computervermittelter Kommunikation immer eine gewisse Unverbindlichkeit

---

7   Quelle: Netlink 653, Hervorhebungen im Original.

eignet (vgl. Kap. 9.2.2), erweisen Literaturplattformen sich für ihre Nutzer als Spiel-Räume bzw. sie bieten Spielraum.

Zunächst einmal sind Literaturplattformen Spiel-Räume, in denen man sich als Autor oder als Kritiker ausprobieren kann. Das ›Schreiben für sich‹, das außerhalb des Internets in der Regel nur einen geringen Öffentlichkeitsgrad entwickelt (etwa in der Familie oder bei Freunden) und nicht selten als ›Schubladentext‹ endet, kann hier in einem Raum realisiert werden, der vergleichsweise überschaubar und kontrollierbar ist, in dem aber gleichzeitig ein gewisser Öffentlichkeitsgrad messbar ist – eben weil sich Anschlusskommunikation entwickelt und dokumentiert wird.

Literaturplattformen bieten aber auch Spielraum für das Austesten der Viabilität der eigenen Wirklichkeit, ganz im Sinne eines Freudschen Probehandelns. Das betrifft sowohl den Umgang mit der eigenen Identität (vgl. Kap. 9.2.2) als auch soziales Handeln. Es lässt sich hier durchaus an Georg Simmels Überlegungen zur ›Soziologie der Geselligkeit‹ anschließen, die er als eine »Spielform der Vergesellschaftung« (Simmel [1917] 2001: 179) betrachtet, in der sich zwar dieselben großen formalen Motive finden wie in der Realität des Lebens, die dort jedoch »von der Materie entlastet« (ebd.) sind. In einem solchen Zwischen-Raum kann also literarisches und soziales Handeln ausprobiert werden, ohne dass die »Reibungswiderstände der Realität« (ebd.) zu stark wirken.

9.4 Ausblick

Der Aspekt der ›Spiel-Räume‹ bzw. des Spielraums, der sich auf Literaturplattformen eröffnet, birgt also ein großes Potential, das beispielsweise auch unter didaktischer Perspektive von Interesse ist und sich etwa im Deutschunterricht realisieren ließe: Das Konzept der Literaturplattform ermöglicht Lernenden den spielerischen Umgang mit literarischem Schreiben und Schreiben über Literatur in einem Rahmen, der zwar von den Lehrenden gesteuert und kontrolliert wird (Administratoren-/Moderatorenrolle), der aber auch im Austausch mit der ›social community‹ (Schulklasse, Peers) mitgestaltet und beeinflusst werden kann. Durch die Variation des Öffentlichkeitsgrads ließe sich zudem ein Spannungsverhältnis von geschütztem Lern- und Arbeitsraum einerseits, und einem Aufmerksamkeit und Anerkennung ermöglichenden Raum andererseits erzeugen, das mit Sicherheit eine wichtige motivationale Funktion hätte.

Gleichzeitig ist der Spielraum, der auf Literaturplattformen ermöglicht wird, aber auch eine nicht unerhebliche Schwachstelle des Konzepts: Es gilt nämlich nicht nur, eine Balance zwischen Öffentlichkeit und Privatheit zu finden, Literaturplattformen müssen vor allem auch dauerhaft und reziprok genutzt werden. Nur wenn die Nutzer immer wieder Texte und Kommentare gleichermaßen veröffentlichen, wenn also Bewegung stattfindet und neue Inhalte generiert werden, ist die Plattform ein belebter Ort und damit auch interessant. Auch (oder gerade?) unter den Bedingungen des Web 2.0 gilt also die bekannte Devise: ›Der Verein lebt vom Mitmachen!‹.

Literatur

Ahrens, Daniela (2004).»Internet, Nicht-Orte und die Mikrophysik des Ortes«. In: Internetgeographien. Beobachtungen zum Verhältnis von Internet, Raum und Gesellschaft. Hgg. v. Alexandra Budke, Detlef Kanwischer u. Andreas Pott. Stuttgart, S. 163–177.

Becker, Cornelia (2004). »Raum-Metaphern als Brücke zwischen Internetwahrnehmung und -kommunikation«. In: Internetgeographien. Beobachtungen zum Verhältnis von Internet, Raum und Gesellschaft. Hgg. v. Alexandra Budke, Detlef Kanwischer u. Andreas Pott. Stuttgart, S. 109–122.

Boesken, Gesine (2010). Literarisches Handeln im Internet. Schreib- und Leseräume auf Literaturplattformen. Konstanz.

Castells, Manuel (2002). Das Informationszeitalter. Teil 2: Die Macht der Identität. Opladen.

Döring, Nicola (²2003). Sozialpsychologie des Internet. Die Bedeutung des Internet für Kommunikationsprozesse, Identitäten, soziale Beziehungen und Gruppen. Göttingen.

Ebersbach, Anja, Markus Glaser und Richard Heigl (2008). Social Web. Konstanz.

Franck, Georg (1998). Ökonomie der Aufmerksamkeit. München.

Fügen, Hans Norbert (61974). Die Hauptrichtungen der Literatursoziologie und ihre Methoden. Bonn.

Funken, Christiane (2001). »Zur Topographie der Anonymität«. In: Die Adresse des Mediums. Hgg. v. Stefan Andriopoulos, Gabriele Schabacher u. Eckhard Schumacher. Köln, S. 64–81.

Genette, Gérard (1992). Paratexte. Das Buch vom Beiwerk des Buches. Frankfurt/Main.

Gibson, William (2004). Mustererkennung. Stuttgart.

Habermas, Tilmann (1996). Geliebte Objekte. Symbole und Instrumente der Identitätsbildung. Berlin, New York.

Jucker, Andreas H. (2000). »Multimedia und Hypertext. Neue Formen der Kommunikation oder alter Wein in neuen Schläuchen?«. In: Kommunikationsformen im Wandel der Zeit. Hgg. v. Gerd Fritz u. Andreas H. Jucker. Tübingen, S. 7–28.

Lehnen, Katrin (1999). »Kooperative Textproduktion«. In: Schlüsselkompetenz Schreiben. Hgg. v. Otto Kruse, Eva-Maria Jakobs und Gabriela Ruhmann. Neuwied, S. 147–170.

Lombard, Matthew und Theresa Ditton (1997). »At the Heart of It All: The Concept of Presence«. In: Journal of Computer-mediated Communication, 3 (2). http://jcmc.indiana.edu/vol3/issue2/lombard.html (31.10.2010).

Löw, Martina (2004). »Raum – Die topologische Dimension der Kultur«. In: Handbuch der Kulturwissenschaften. Bd. 1: Grundlagen und Schlüsselbegriffe. Hgg. v. Friedrich Jaeger u. Burkhard Liebsch. Stuttgart, S. 46-59.

Matussek, Peter (2002). »Netzfluchten. Selbstentgrenzung online«. In: Navigationen, 2 (2), S. 85–98.

Misoch, Sabina (2006). Online-Kommunikation. Konstanz.

O'Reilly, Tim (2005). What is Web 2.0? http://oreilly.com/web2/archive/what-is-web-20.html (27.10.2010).

Prommer, Elizabeth & Gerhard Vowe (Hgg., 1998). Computervermittelte Kommunikation. Öffentlichkeit im Wandel. Konstanz.

Schlobinski, Peter (Hg., 2006). Von *hdl* bis *cul8r*. Sprache und Kommunikation in den Neuen Medien. Mannheim u.a. (= Thema Deutsch, Band 7).

Schroer, Markus (2006). Räume, Orte, Grenzen. Auf dem Weg zu einer Soziologie des Raums. Frankfurt/Main.

Seibert, Peter (1993). Der literarische Salon. Literatur und Geselligkeit zwischen Aufklärung und Vormärz. Stuttgart.

Simmel, Georg ([1917] 2001). Soziologie der Geselligkeit. In: Georg Simmel. Aufsätze und Abhandlungen 1909–1918. Hgg. v. Rüdiger Kramme u. Angela Rammstedt. Frankfurt/Main, S. 177–193.

Stegbauer, Christian (2001). Grenzen virtueller Gemeinschaft. Strukturen internetbasierter Kommunikationsforen. Wiesbaden.

Sutter, Tilmann (2006). »Anschlusskommunikation und die kommunikative Verarbeitung von Medienangeboten. Ein Aufriss einer konstruktivistischen Theorie der Mediensozialisation«. In: Lesekompetenz. Bedingungen, Dimensionen, Funktionen. Hgg. v. Norbert Groeben u. Bettina Hurrelmann. Weinheim, München, S. 80–105.

Thiedeke, Udo (2004). »Wir Kosmopoliten. Einführung in eine Soziologie des Cyberspace«. In: Soziologie des Cyberspace. Medien, Strukturen und Semantiken. Hg. von Udo Thiedeke. Wiesbaden, S. 15–47.

Websites

Autorenecke: Netlink 654

Facebook: Netlink 446

Fantasyautoren: Netlink 655

Gedichte: Netlink 656

Graue Feder: Netlink 657

Journal of Computer-Mediated Communication: Netlink 658

Kurzgeschichten.de: Netlink 659

Kurzgeschichten-Planet: Netlink 660

Leselupe: Netlink 661

Lizzynet: Netlink 662

Märchenbasar: Netlink 663

Poetry: Netlink 664

Twitter: Netlink 665

Die Autorinnen und Autoren

Gesine Boesken ist Wissenschaftliche Mitarbeiterin am Institut für Deutsche Sprache und Literatur II, Universität zu Köln. 2009 Abschluss der Promotion zum Thema ›Literarisches Handeln auf Literaturplattformen‹ (erschienen 2010 bei UVK). Arbeitsschwerpunkte: Literatur und neue Medien, neue Medien in der Literaturdidaktik. E-Mail: gesine.boesken@uni-koeln.de

Netaya Lotze ist Wissenschaftliche Mitarbeiterin der Leibniz Universität Hannover. Promotion zum Thema Alignment in der Mensch-Maschine-Interaktion. Forschungsschwerpunkte sind Mensch-Maschine-Interaktion, Sprache und Kommunikation im Internet, Syntax des Deutschen. E-Mail: netaya. lotze@germanistik.uni-hannover.de E-Mail:

Stefan Meier, Assistent an der Professur Medienkommunikation der Technischen Universität Chemnitz; Ko-Leitung des DFG-Projektes »Methodeninstrumentarium zur Bestimmung von Online-Diskursen«, Vorstandsmitglied der Gesellschaft für Interdisziplinäre Bildwissenschaft (GIB), Beirat für Jugend- und Subkultur in der Deutschen Gesellschaft für Semiotik, Mitglied in der DGPUK-Fachgruppe Visuelle Kommunikation, zur Zeit Arbeit am Habilitationsprojekt: Visuelle Stile als Mittel der Medienkonvergenz, 2007 promoviert zum Thema (Bild-)Diskurs im Netz, Konzept und Methode für eine semiotische Diskursanalyse, weitere Arbeitsschwerpunkte: Online-Forschung, Mediensprache, Diskursanalyse, Mediensemiotik, Popkultur, qualitative Sozialforschung. E-Mail: stefan.meier@phil.tu-chemnitz.de

Lucia Miškulin Saletović, geboren 1976 in Vinež (Kroatien), ist nach dem Studium der Germanistik und Anglistik an der Philosophischen Fakultät an der Universität Zagreb und einem Studienaufenthalt in Jena seit 2009 Lektorin für die deutsche und englische Sprache an Kroatischen Studien der Universität Zagreb. E-Mail: lmiskulin@hrstud.hr

Christina Margit Müller ist Forschungsstipendiatin im Doktoratsprogramm »Sprache als soziale und kulturelle Praxis« im Forschungsmodul »Öffentliche und private Kommunikation in den Neuen Medien« des Schweizerischen Nationalfonds. Forschungsschwerpunkte sind Kommunikation in den neuen Medien und Dialektologie. E-Mail: christina.mueller@ds.uzh.ch

Jens Runkehl ist Wissenschaftlicher Mitarbeiter der Technischen Universität Darmstadt. Promotion zum Thema Bannerwerbung im Internet. Forschungsschwerpunkte sind Sprache und Kommunikation im Internet, Werbesprache, Medienlinguistik sowie Wirtschaftskommunikation. E-Mail: runkehl@mediensprache.net

Larissa Shchipitsina ist Dozentin des Lehrstuhls für Deutsch der Nördlichen (Arktischen) föderalen Universität, Archangelsk. 2011 Habilitation zum Thema »Komplexe linguistische Charakteristik der computervermittelten Kommunikation (am Beispiel des Deutschen)«. Aktuelle Forschungsschwerpunkte sind textuelle Aspekte der computervermittelten Kommunikation und Kommunikationsformen im Internet. E-Mail: l.shchipitsina@narfu.ru

Torsten Siever studierte germanistische Linguistik und Sozialpsychologie an der Leibniz Universität Hannover und ist seit 2002 Wissenschaftlicher Mitarbeiter am Deutschen Seminar. Er wurde 2008 zum Thema Sprachökonomie promoviert und habilitiert sich im Bereich E-Learning. Weitere Forschungsschwerpunkte: computervermittelte Kommunikation, Werbesprache, Morphologie, e-tutorium.net. E-Mail: siever@mediensprache.net

Vivien Sommer ist wissenschaftliche Mitarbeiterin an der TU Chemnitz, am Institut für Medienforschung. Promotion zum Thema erinnerungskulturelle Diskurspraktiken im World Wide Web. Forschungsschwerpunkte sind Diskursforschung, Qualitative Sozialforschung, Mediensoziologie, Wissenssoziologie, Visuelle Soziologie und Soziale Gedächtnisforschung. E-Mail: vivien.sommer@phil.tu-chemnitz.de

Melanie Wagner ist Postdoktorandin im Laboratoire de linguistique et de littératures luxembourgeoises an der Universität Luxemburg. Sie forscht hauptsächlich im Bereich Soziolinguistik und veröffentlicht zu soziolinguistischen Themen wie Sprachvariation, Normbewusstsein, Spracheinstellungen und -ideologien. E-Mail: melanie.wagner@uni.lu

Sprache – Medien – Innovationen

Herausgegeben von Jens Runkehl, Peter Schlobinski und Torsten Siever

Die Reihe »Sprache – Medien – Innovationen« hat sprachliche und kommunikative Strukturen in Medien zum Gegenstand und versammelt innovative Arbeiten zur Medienlinguistik. Schwerpunkte bilden die grundlegende Beschreibung und Analyse vermittelter Kommunikationspraxen auf der linguistischen und medialen Ebene sowie die Auseinandersetzung mit der Frage, wie sich diese Formen im Sprachgebrauch und auf das Sprachsystem niederschlagen. Hierbei kann der Fokus auf theoretischen, angewandten oder methodischen Fragestellungen liegen.
Die Reihe stellt eine Erweiterung des Wissenschaftsportals mediensprache.net dar und ist offen für Dissertationen und andere Forschungsarbeiten mit innovativem Charakter. Dabei sollen ausdrücklich auch ›Schnittstellenarbeiten‹ eine angemessene Berücksichtigung finden. Als Erscheinungsformen sind sowohl Monographien vorgesehen als auch thematisch gebundene Sammel- oder Tagungsbände.

Band 1   Torsten Siever: Texte i. d. Enge. Sprachökonomische Reduktion in stark raumbegrenzten Textsorten. 2011.

Band 2   Jens Runkehl: www.werbesprache.net. Sprachliche und kommunikative Strukturen von Bannerwerbung im Internet. 2011.

Band 3   Torsten Siever / Peter Schlobinski (Hrsg.): Entwicklungen im Web 2.0. Entwicklungen zum III. Workshop zur linguistischen Internetforschung. 2012.

www.peterlang.de

Peter Schlobinski / Oliver Siebold

Wörterbuch der Science-Fiction

Frankfurt am Main, Berlin, Bern, Bruxelles, New York, Oxford, Wien, 2008.
323 S.
ISBN 978-3-631-57980-0 · br. € 26,95*

Das Wörterbuch der Science-Fiction umfasst genrespezifische Wörter,
geordnet nach den Themenbereichen Zeit und Zeitreisen, Raum
und Kosmologie, Raumschiffe/Transportmittel, Waffensysteme,
Roboter/Cyborgs/Androiden, Technologien, Virtuelle Welten/Künstliche
Intelligenz, Kulturen, Lebensformen, Kommunikation und Sprache,
Kognition/Emotion. Dem Wörterbuch liegt eine Textkorpusanalyse zugrunde,
so dass neben Worterklärungen in vielen Fällen Belegstellen angeführt
werden. Das Buch ist nicht nur interessant für diejenigen, die sich mit
Wortbildung und Wortsemantik oder professionell mit Science-Fiction
beschäftigen, sondern für alle Science-Fiction-Leser.

Aus dem Inhalt: Genrespezifische Wörter aus den Themenbereichen: Zeit
und Zeitreisen · Raum und Kosmologie · Raumschiffe/Transportmittel ·
Waffensysteme · Roboter/Cyborgs/Androiden · Technologien · Virtuelle
Welten/Künstliche Intelligenz · Kulturen · Lebensformen · Kommunikation
und Sprache · Kognition/Emotion

*inklusive der in Deutschland gültigen Mehrwertsteuer. Preisänderungen vorbehalten

Frankfurt am Main · Berlin · Bern · Bruxelles · New York · Oxford · Wien
Auslieferung: Verlag Peter Lang AG
Moosstr. 1, CH-2542 Pieterlen
Telefax 00 41 (0) 32 / 376 17 27
E-Mail info@peterlang.com

Seit 40 Jahren Ihr Partner für die Wissenschaft
Homepage http://www.peterlang.de

Peter Lang · Internationaler Verlag der Wissenschaften